中外重大
历史之谜图考

ZHONGWAI ZHONGDA LISHI ZHI MI TUKAO

第二集

徐作生 著

中国社会科学出版社

图书在版编目（CIP）数据

中外重大历史之谜图考（第二集）/徐作生著.—北京：
中国社会科学出版社，2009.3
ISBN 978-7-5004-7513-2

Ⅰ.中… Ⅱ.徐… Ⅲ.世界史—史料 Ⅳ.K106

中国版本图书馆 CIP 数据核字（2008）第 205711 号

责任编辑	丁玉灵
责任校对	小 冰
封面设计	李尘工作室
版式设计	戴 宽

出版发行	中国社会科学出版社
社　　址	北京鼓楼西大街甲 158 号　邮 编 100720
电　　话	010—84029450（邮购）
网　　址	http://www.csspw.cn
经　　销	新华书店
印刷装订	三河君旺印装厂
版　　次	2009 年 3 月第 1 版　印 次 2009 年 3 月第 1 次印刷
开　　本	710×1000　1/16
印　　张	19.75
字　　数	370 千字
定　　价	38.00 元

凡购买中国社会科学出版社图书，如有质量问题请与本社发行部联系调换
版权所有　侵权必究

目录 CONTENTS

自 序/1

第一篇　罗城三重锁君王/8
　　——踏勘关押勾践、范蠡的牢狱

第一章　历史背景及谜案焦点/9
　　一　淹城是谁建造的/9
　　二　淹城是吴国的都邑吗/16

第二章　古老民谚，一把解谜的钥匙/18
　　——实地勘察图录之一
　　一　"独木舟渡古无坝"/18
　　二　"四周林立百余墩"/20

第三章　窦氏宗谱透露淹城秘事/23
　　——实地勘察图录之二 
　　一　窦氏：淹城最早原住民/23
　　二　淹城是吴国一座监狱/28

第四章　淹城系吴王阖闾所筑/31
　　——实地勘察图录之三

第五章　结语：勾践范蠡被拘的牢狱在淹城/36
　　——实地勘察图录之四

第六章　最不幸的消息：春秋淹城遗址遭到人为破坏/38
　　——实地勘察图录之五

附录一　大小两座阖闾城/42
附录二　关于吴国石室/44
附录三　寻找勾践的后裔/49
附录四　40户姒姓迁入守陵村/52
附录五　科学家对姒姓家族进行基因研究/53
附录六　浙川、肥城、运城范蠡后裔之争/54

第二篇　"China"一语惊世界/56
　　　　——蜀身毒道跋涉记

第一章　历史背景及谜案焦点/57
　　　一　"China"一词典出何处/57
　　　二　两次长途跋涉探谜案/60

第二章　华夏文明的传播源/62
　　　——蜀身毒道勘察图录之一
　　　一　张骞发现蜀身毒道/62
　　　二　"狙兽食铁，猩猩能言"/64
　　　三　古道上的先民遗踪/69
　　　四　民风民俗相互同化/71
　　　五　"China"一词得到语言印证/75

第三章　支那，一座被历史湮没的商城/78
　　　——蜀身毒道勘察图录之二
　　　一　"生还发瘴，尸弃道旁"/78
　　　二　货币"以铜为珠"/80
　　　三　"China"一词缘起蜀身毒道/84

第四章　古老西南丝路今状/85
　　　——蜀身毒道勘察图录之三
　　　一　大理三文笔村觅宝/85
　　　二　弄曼一犬吠两国/88
　　　三　瑞丽的七岁小番商/90
　　　四　神护关的马帮蹄印/92
　　　五　茶山"野人"今何在/94

目录 CONTENTS

第三篇　佛妓踏歌颂华章／100
——南洋古麻刺朗国悬案勘访

第一章　历史背景及谜案焦点／101
　　一　一个悬疑重重的古国／101
　　二　为湮没的史迹提供佐证／102

第二章　明朝使臣出访古麻刺朗／104
　　一　张谦使团阵容有多大／104
　　二　奉旨御祭天妃／108
　　三　过洋牵星／113
　　四　三屿国还生记／114

第三章　神秘岛国古麻刺朗／119
　　一　有州百余，佛宇四千／119
　　二　佛妓踏歌迎远客／122
　　三　天子赐印"古麻刺朗"／124

第四章　古麻刺朗国王来华朝贡／126
　　一　"天子以义宁我"／126
　　二　贡麒麟而庆盛世／128
　　三　奉天殿内的上宾／131

第五章　国王遗言"卒葬中华"／136
　　一　明成祖赐谥"康靖"／136
　　二　王子刺苾在华受封王位／138
　　三　一个古麻刺朗老臣的心愿／139

第六章　古麻剌朗"康靖"王陵考证/142
——实地勘察图录之一
一　"旗鼓山前筑墓庐"/142
二　关于国王陵寝形制/143
三　国王在华后裔葛氏一族/145

第七章　古麻剌朗疆域考证/149
——实地勘察图录之二
一　从张谦的航路寻找古麻剌朗位置/149
二　古麻剌朗就是今"库马拉朗"/152
三　在古麻剌朗旧地感受亲情/156
四　菲律宾学术之旅感恩记/161
五　跋语/168

附录一　蕃王来华的盛典/170
附录二　蕃国迎诏仪/176
附录三　蕃国受印物/178
附录四　在马尼拉国际学术大会上的发言/179
附录五　古麻剌朗所在地被确认/184
附录六　"为菲中友谊做了件大好事"/185
——在阿基诺祖屋度蜜月

目录 CONTENTS

第四篇　迷失的倭船/188
　　　　——古百济国泛槎考谜

引言　好太王碑"说"倭患/189
　　　——实地勘察图录之一

第一章　历史背景及谜案焦点/192

第二章　一夜间，400艘倭船被击沉/193
　　一　新罗国王的一封求援信/193
　　二　"白袍大将"扬威白马江口/195

第三章　"都督传家"话百济/196
　　　——实地勘察图录之二
　　一　熊津都督看守祖坟/196
　　二　太子扶余隆命运结局/197
　　三　百济大将当上皇帝的"警备司令"/203
　　四　90名留唐新罗生进士及第/204

第四章　在百济旧地寻访遗迹/205
　　　——实地勘察图录之三
　　一　百济国熊津古都何处寻/205
　　二　扶余郡守的镇宅之宝/207
　　三　苏定方纪功碑被韩国列为国宝/210

第五章　400艘倭船沉陷筽篒岛海域/212
　　　——实地勘察图录之四
　　一　根据三千宫女投江史事找线索/213
　　二　扶余郡官员的探访/214

附录一　关于大唐、百济、日本诸国之战船/216
附录二　在哈佛燕京图书馆发现唐日海战史料/221
附录三　《唐新联合军百济王都泗沘城攻略》校注/224
附录四　长眠在洛阳的百济人/230
附录五　在唐韩半岛遗民墓志铭一览/231

第五篇　千年宝玺话沉浮/232
——秦始皇传国玺材质及形制研究

第一章　历史背景及谜案焦点/233
一　秦始皇宝玺成疑团/233
二　宋元明清真假宝玺层出不穷/235

第二章　传国玺是和氏璧琢成的吗/236
一　"和氏璧"的虚构成分/236
二　传国玺为何呈五色彩/237
三　坊间一说：李斯赴印沟采玉/239

第三章　老妪与"金镶玉玺"/241
一　一身缟素的老妪/241
二　井底奇石上的血色"文告"/242
三　王莽篡汉夺宝玺/243
四　史家对元后掷玺的评说/244

第四章　玺文乃"虫鱼鸟迹"/245
一　段氏店铺的一枚古玺惊动朝廷/245
二　13名老学究的参验/245
三　姑妄存录：传国玺被冯道私藏墓中/246

第五章　鄠县富绅献假玺/248

第六章　南明存档：永历帝携玺奔缅/250

第七章　乾隆帝说：秦玺煨烬/251

第八章　传国玺印文及螭纽版本/254
一　毕景儒本/254
二　向巨源本/254
三　蔡平仲本/254
四　蓝田县志本/258
五　螭纽本/259
六　结语：秦始皇传国玺"现世"蓝田/260

目录 CONTENTS

第六篇　宝山烽堠留谜文/264
　　　　　——上海外高桥海域履险

　　第一章　宝山烽堠神秘失踪/265
　　第二章　踏访"恐怖水域"/266
　　　　　——实地勘察图录之一
　　　　一　海图上的"恐怖水域"/266
　　　　二　海豹轮老船长侃古/267
　　　　三　乡绅护碑传佳话/267
　　　　四　永乐宝山烽堠御碑释读/268

　　第三章　"闻得宝山山不见"/272
　　　　　——实地勘察图录之二
　　　　一　万历十年：烽堠坍陷入海/272
　　　　二　"恐怖水域"帽子彻底摘掉/275

　　第四章　海疆烽堠与边塞烽燧/276
　　　　　——实地勘察图录之三
　　　　一　古代海疆、湖泊中的烽堠/276
　　　　二　古代边塞烽燧/277
　　　　三　宝山烽堠形制还原/279

　　第五章　宝山烽堠设计者陈瑄/280
　　　　　——实地勘察图录之四
　　　　一　老宝山城隍庙里有座"神"/280
　　　　二　他是明朝的水利部部长/280
　　　　三　明武宗赐匾"德缵禹功"/281

　　第六章　宝山烽堠系郑和舟师的遗物/284
　　　　一　明人王世贞的"一家之言"/284
　　　　二　郑和航海图中的宝山/285

　　第七章　宝山管辖"天下第一都会"/287
　　　　　——实地勘察图录之五
　　　　一　高桥大桅集如森林/287
　　　　二　天妃宫：郑和下西洋总指挥部/288

　　第八章　从宝山千户所到浚浦局/290
　　　　　——实地勘察图录之六

7

第九章 今日中国沿海灯塔/292
——实地勘察图录之七

附录一 明·杨士奇《平江侯谥恭襄陈公神道碑铭》/299
附录二 明·郑和《娄东刘家港天妃宫石刻通番事迹碑铭》/303

自序

让读者在第一时间了解谜案真相

我考述历史谜案，若是自1971年赴吴中地区踏勘建文帝出亡佚事算起，迄今也已30多个年头了。这30余年所考证的史事，之中常常会有新的东西出现。

学术研究，应当要求不断有新的材料公之于世，而决不能"炒冷饭"。更何况那些发表时间已经久远的东西，否则宁愿弃之不用。"炒冷饭"，是对读者不负责任的表现。有鉴于此，我在检索史料或实地踏勘之时，便会格外留意，一旦发现新的材料，当于及时录之。尤其是一些从未公布过的、极有学术和史料价值的图片，用它们解析历史悬案比文字更显直观和重要。

今值《中外重大历史之谜图考》第二集出版之际，谨借这篇自序，分别把三本集子中所考述的将近20个历史悬案，关于其中一些最新的研究成果，在第一时间告诉读者，以起到一个承续前者（第一集）、启应后者（第三集）的作用。

为叙述方便，兹按拙著中历史之谜所公布的时间之先后，择其要者，述之如次：

溥洽临终偈语解析
——关于神秘谋僧姚广孝之谜

宣德元年（1426年）七月二十八日，建文帝主录僧溥洽盘坐在南京大报恩寺中念经，他自感已是灯尽之日，于是召来弟子，留下了一段偈语，便霭然逝去。

溥洽临终留下的这段偈语共四句，20字，偈语云：

　　清净自在中，还是如是住。

　　一切大安乐，清静自在住。

从字面上读来，这段偈语令人费解。但是，大学士杨士奇为何要将它传录下来呢？

著者围绕这首诗，一直困惑了20多年，直到2005年夏重访吴县湘城，踏勘妙智寺遗迹时，灵犀顿开，才揭开其谜底。原来，这是一首谶诗！

古代的佛经，十分艰涩难懂，但是深入研究进去，便会发觉包含许多哲理。而这些佛经中，许多又是谶诗。谶者，卜知吉凶也。

在溥洽留下的这首谶诗中，语句毫不押韵，甚至辞不达意，亦无什么意境，但细细品解，内中自有奥秘！这个奥秘，我们只须把20字中的"住"，换成"主"，谜面就迎刃而解了。它的实际含义是：

清静自在中，还是如是主。

一切大安乐，清静自在主。

很明显，谶诗中的"主"，也就是自己的故主建文帝。住者，拆而析之，人之主也。

中国古代的知识分子，尤其像溥洽这样一个高僧大德，传统的忠君思想是根深蒂固的。由他所做的这首谶诗，便很能说明问题。

另外，关于神秘谋僧姚广孝之谜，《图考》第一集还首次公布了一些对解析悬案可资参考的图片，如姚广孝使用过的"法雨泉"。笔者于1983年冬在穹山寻访姚广孝遗迹，于福臻禅院配殿后发现这四眼泉，即姚广孝住持福臻禅院时的"法雨泉"。20世纪40年代初期，上海佛教青年会一行来此游览，竟杜撰了一个"鹤来泉"，并立石于泉畔，殊不知这样一个异名，破坏了历史原貌，使后来者再也难觅"法雨泉"所在了。

神秘的"墙中墙"

——关于明建文帝出亡遗踪之一

位于南京中山门外前湖边上，9路公交车可达。"墙中墙"的论证可以说是建文帝出亡的焦点。在未发现它之前，学术界曾经有人断言，建文帝不可能逃出南京，因为当时京都没有地下水道设施。然而，事实却恰恰相反。1991年南京建邺路拓宽工地发现规模宏大的明初地下水道。更令人惊奇的是，明城墙内竟然隐藏着一道小城墙！这道神秘的"墙中墙"，在被掩埋了600多年之后，于1998年6月在前湖边上坍塌的城墙里露面。

又及，关于"墙中墙"，笔者曾于2000年6月20日致函南京市城垣史博物馆核实，未几，即获博物馆馆员杨国庆先生来函，函云："所及墙中墙一事，属实。但与建文帝出亡一语，目前尚无定论，待考。"杨国庆还就"墙中墙"建造年代及相关问题撰文，发表在《东南文化》上。

质疑"青川县青溪发现明十四陵"

——关于明建文帝出亡遗踪之二

2004年8月，笔者陆续收到一些史学爱好者的电话和来函，他们纷纷就新华社播发的一则消息《青川县青溪发现明十四陵》（有的报纸标题又作《"明十四陵"遗址在四川发现》），进行咨询并提出若干疑问。

该文是2004年8月4日由新华社娱乐版刊布的。消息起头，便疑定青川县青溪镇是"明十四陵"遗址，这"明十四陵"，也就是明惠帝的葬处。继而，又称"考古人员初步认定，这是明朝第二代皇帝明惠帝的避难之处"。余细细览之，疑点至少有六，而最可疑虑的是，文章还提出一个证据，就是"新中国成立初期庵内正殿佛前的黄龙镶边金字木牌，上写有大明建文皇帝万岁万岁万万岁"。拿这个才有50年历史的木牌来证明600年前的那段疑案，不亦令人发噱乎？

2005年7月5日，在南京举行的郑和下西洋600周年国际论坛上，四川大学历史系李映发教授还向海内外学者披露了一段鲜为人知的内幕：原来这篇消息最初出于青川县文化局有关领导之手。此前，县文化部门曾邀请四川大学的4名专家进行座谈。4名专家经过史料比对，认为建文帝殁于青川之说太过轻率，不予采信。但是，令李教授等人遗憾的是，这篇东西后来还是由新华社娱乐版刊登出来了。明眼人一看就明白，娱乐版是不宜登载考古、历史类学术消息的。于是笔者在《图考》第一集以附篇的形式，及时向读者披露了这些内幕。

作者2007年夏在台湾北投图书馆小憩

从疑冢诗选中寻蛛丝马迹
——关于曹操七十二疑冢

自从清代起,曹操七十二疑冢不断被人盗掘,结果都是假的。"疑冢"之说也就不攻自破。当时就有人提出,曹操的真正陵寝不是建造在地面上,而是造在漳河的河床下面。其论据为,曹丕废汉称帝之后,曾写过一份诏书,诏书的题名叫《止临淄侯植求祭先王诏》,其中有"欲祭先王于河上,览省上下,悲伤感切"之句。由此使我考虑到,在一时还无法寻找到更多有说服力的材料和证物之前,能够从另外"渠道"向读者提供一些历史名人或学者关于曹操陵寝的诗文,不是对谜案的解析又辟了一条途径吗?

曹操殁后,因其陵寝难以寻觅,历代文人墨客怀着兴趣到临漳或磁州游历,题咏者甚多。余遂选录其中部分流传较广的诗句,以供读者诸君参考,或许从中能找到曹操陵寝的蛛丝马迹。

除此而外,《图考》第一集收入的这篇谜案中,还有许多珍贵的史料图片是第一次与读者见面。这些图片以第一直观,给人以强烈的视角冲击力。比如,绘制于乾隆五十二年的"临漳县图",读者可以从图中的曹操翁媳双陵,了解清代初期编纂县志的那些老学究,他们"含沙射影",用图示翁媳双陵的手法来表达对这一悬案所蕴含的学术思想。 令人愤慨的是,《图考》出版后,一些人看中了这一学术"卖点",大段剽窃,用于《盗墓传奇》书中。学术道德之沦丧, 由此可见一斑。

郑和姓名的英文古译
——关于苏禄国本头公墓铭

2005年7月12日,应香港大学中文系主任赵令扬教授邀请,我有幸在该校作题为《故苏禄国本头公墓祠发现始末》的课题演讲。

在我此次展示的十数张照片之中,有一张本头公英文墓志铭引起与会的海内外学者关注。先是,为了方便听讲者,我将这篇英文墓志铭用电脑打印出,会上散发。但由于翻译时仓促,又没有将打印文本与碑文进行仔细校核,问题便因此发生了。厦门大学有位教授就电脑文本提出异议,他认为这方墓志铭是假的,或者是当代人做出来的。讲这番话的教授握有证据:如果是老的(即真的)墓志铭,那么这个郑和的"和"字不应该是"HE",而应该是"HO"。理由很简单,只有"HO"音,才符合菲华族群的语言特征。

就在我呆立的当儿,讲席的右侧,北京大学原副校长、著名历史学家何芳川教授快步走到讲坛前,他从我手中展示的图片中,将本头公英文墓志铭那张取走，继而又回到他自己的坐位上。那是一张打印在 A4 纸上的彩色图片，墓志铭虽然已经漫漶，但是大多数的英文字母还是可以辨认。约莫过了十分钟工夫，何教授再次站起身来，走到讲坛前面，把图片递给香港大学杨永安博士复识，并说了声："墓志铭中是 HO，字母出现过两次，有两次提到郑和。很清晰。"而后，他又对席中诸多专家说："是徐先生译错了一个字母，把 HO 错译成 HE。英文墓志铭上的这个 HO，也就是郑和的和字，它的读法才符合当时的语音规律。"

关于苏禄国本头公谜案研究，将收入《图考》第三集第一篇中。

哈佛燕京图书馆发现一份珍档
——关于"迷失的倭船"

2004 年 7 月至 8 月在美国作学术访问期间，我有缘对心仪已久的哈佛大学进行了访问。引以为荣的是，拙著《泛槎考谜录》被端放在哈佛燕京图书馆的藏书架上，细览编目，英文贴签为：哈佛.(C)DS 735.H785，索书号：008624862。在哈佛期间，我还被额外得到照顾，获得该馆赠予的阅览证，随之还配备电子复印卡一张。有了这两样证件，阅览者可在馆内自由寻阅和复印各种珍藏本图书资料。

颇值一提的是，在这里我意外发现了古代日语秘藏本《唐新联合军百济王都泗沘城攻略》一书。这本《唐新联合军百济王都泗沘城攻略》，为深蓝色封面装帧，纸质因年代久远而发黄变脆，未署作者姓名和所著年月。全书文字部分计 14 页；书末附插图"百济王都防御编成立唐新攻击方向略图"，描绘之功极为精细。该书为竖排，手抄本，每页 11 行，每行约 21 字，全书总约 3500 字。书中述及的人名与图中所示的地名，均可与笔者五年前所发表的论文《古百济国四百艘倭船遗踪察勘录》所作的考证相互印证。

古老家谱里的重要信息
——关于春秋遗址淹城

笔者考证历史，到实地踏勘遗迹时，总是分外留意当地的家谱。因为在家谱里，或多或少地保存着一些历史信息。如《图考》第一集夜郎族属研究，笔者在贵州广顺见到一部金氏家谱，为清雍正二年（1724）所修，石印本。在祀典图中，中堂供奉着两块牌位，其上分别刻有"汉始祖金筑夜郎王讳多同位"，以及"金筑安抚司讳密定位"字样。自汉夜郎王多同一世算起，其后裔延至今世，已历九十一世，而这本家谱的保存者金邦明、金邦鼎兄弟为八十四世孙。

又如《图考》第二集首篇,《淹城窦氏家谱》记载着一条颇有价值的信息,内容涉及淹城在吴越争霸时,曾作为一座庞大的监狱,关押过勾践和范蠡。谱之卷一"淹城记",文中有这么一段记载:"吴越争霸,越子为质于吴,被拘于斯,不得还国。自哀其羁縻之情,乡思之切,因以淹、留名城,是皆前代事迹载(于)籍,历历可考者也!予尝生长乎是邑,少得其城之大概矣!试述(之),以供诸君子之考据。城周围三重,濠堑深阔,天险绝越,四面巨墙,隆绕于上。环郭清流,映带左右……"

文中讲到的"越子为质于吴,被拘于斯,不得还国",这个越子,是勾践和范蠡的通称。全句意思是说,春秋时期,吴越争霸,夫椒之战,越国败降,越王勾践俯首称臣,吴王夫差把越王勾践作为人质监禁在淹城。家谱告诉我们,居住在淹城的窦氏,俱从先祖的口碑中,约略知道这座古城的大概经历。他们从淹城固若金汤的建筑形制,来考证这件史事的可能性,并姑且将这件事情记录在谱里,以供后人考述。

但是,这个似乎有点不起眼的信息,被人疏忽和轻易否定了。否定的依据并不是从淹城这座城池的出土文物去考证,而是因循旧说,即就史料而史料,故其论证益显薄弱,经不起推敲。对《淹城窦氏家谱》里记载的这条信息,除了被一些学者怀疑、否定外,学术界再没有人对其进行过专门的研究和考证。《淹城窦氏家谱》里,窦氏在述及"越子为质于吴,被拘于斯",不是随便说说的,其论据就是淹城的形制。请看谱中的这段记载"城周围三重,濠堑深阔,天险绝越,四面巨墙,隆绕于上。环郭清流……"

正是基于这些论证,笔者在实地考察时灵犀顿开,以至在6年断断续续的往来中,每次几乎都有所获。

学术之旅感恩记

——关于古麻剌朗悬案

在菲律宾踏勘古麻剌朗历史遗迹及寻找古麻剌朗后裔的日子里,我得到了许许多多华人的无私相助。他们虽然与我素昧平生,却伸出宽厚的臂膀,迎接我这个来自乡梓的学人。其间,或向我提供交通工具,或免费提供膳宿,或抽出时间,陪我作现场翻译。

这之中,最令我难以忘怀的是在马尼拉考察时,华侨善举公所董事魏文艺老人,当时他已年逾七旬,每天一大早,便亲自驾驶着轿车,静静地在我的住处等候,然后我们一起去早餐,再后一起去查访华人古迹。而且,每次的考察,魏老的夫人,一位满口国语的老太太也会随侍在"副驾驶"之座。

现在,我虽然已经离开了那个千岛之国,但只要一回忆起往事,他们的音容笑貌便会立时浮上我的脑际。实在说,如果没有这些热心同胞的援手,我在这个被西班牙语和他加禄语包围的国度里,几乎是寸步难行。

至今,我仍清楚地记起其中一些人的名字:菲律宾中华总商会理事长李逢梧,菲中友好协会副理事长柯清淡,菲律宾华侨善举公所董事魏文艺,世界日报社社长陈华岳,宿雾市华裔报人李炯荣,世界日报社老编辑庄惠泉,三宝颜菲中联谊会理事长柯柄彪,三宝颜实业家林便良,三宝颜福泉寺住持传禅,三宝颜奋发百货商场总经理洪和平,三宝颜菲华善举公所理事长吴注来……

在《图考》第二集第三篇之末尾,笔者谨怀着感恩之心,略记其中一二。

第一篇

罗城三重锁君王
——踏勘关押勾践、范蠡的牢狱

第一章　历史背景及谜案焦点

一　淹城是谁建造的

  春天来了，我们乘坐的直升机，在青山绿水环绕的江南大地上空盘旋。当飞机航行至常州市区南偏西约7公里的地方，就可以非常清楚地看到有一个如同古代八卦形状的小小圆点。而飞机越往下，这个八卦形状就越真切：那是由三个不规则的圆圈层层相套所形成的八卦！这个奇怪的八卦形建筑就是闻名于海内外考古界的淹城。

  别看它是座不起眼的小村庄，然而却是我国目前保存最完整、年代最古老的地面城池，三河三城形制古朴独特。淹城的城墙高10余米，总长4289米，面积0.67平方公里，迄今已有将近3000年的历史，1988年被国务院公布为全国重点文物保护单位。

图1-1 淹城鸟瞰

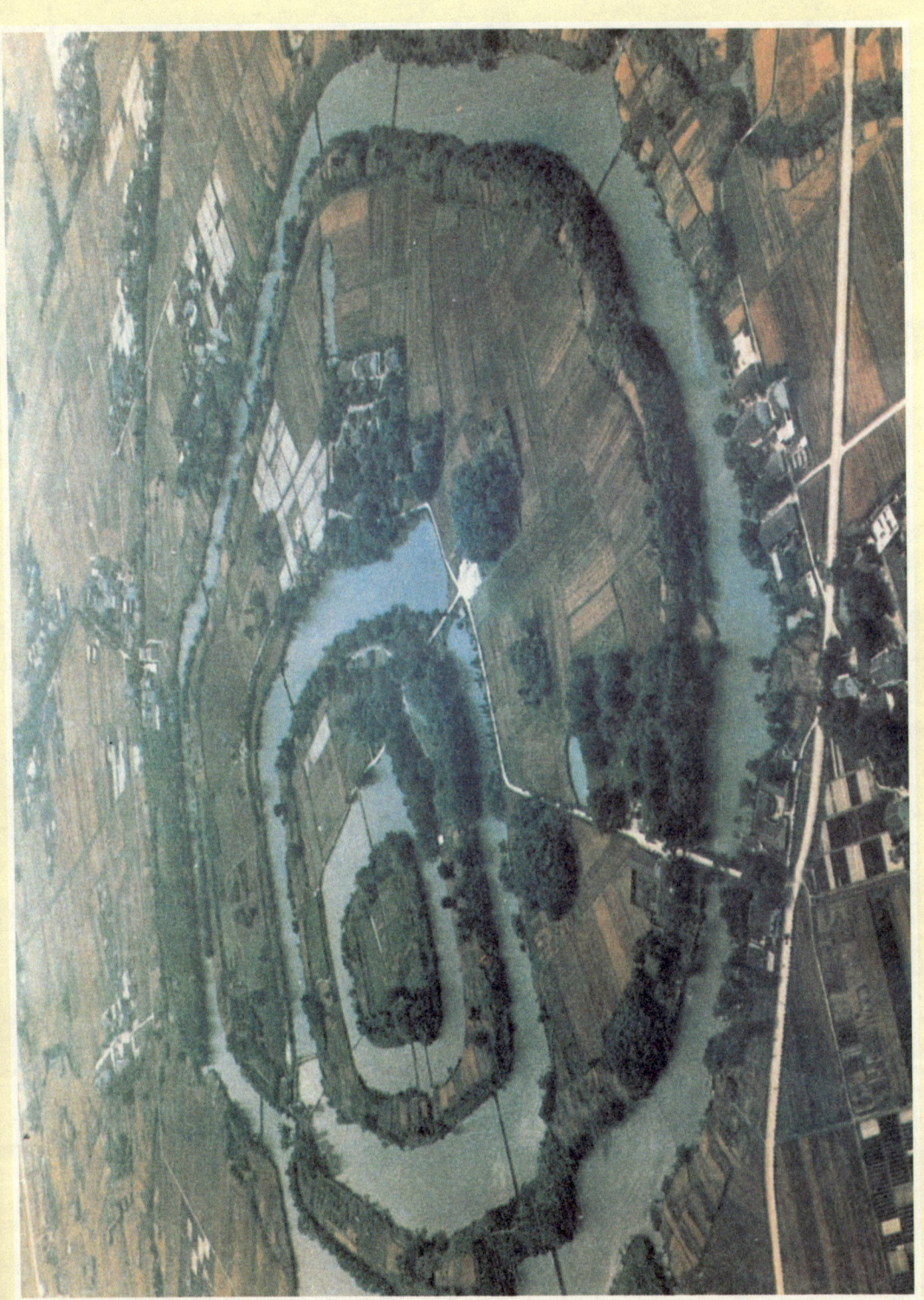

提起考古界对淹城进行的研究，还是20世纪30年代的事。

民国二十四年（1935年），卫聚贤、陈志良等考古学者首次对淹城进行了实地调查，确认淹城为一处古代居民的活动遗存，并发表了《淹城访古记》一文，使淹城重为世人所知，并引起了学术界的重视。淹城的"三河三城形制"，指的是外城、内城和子城三重土城。三城均有护城河环抱，河水清澈，长年不干。子城俗称王城，又称紫罗城，呈方形，周长不足0.5公里。内城也称里罗城，呈方形，周长1.5公里。外城为不规则圆形，周长2.5公里。另有周长为3.5公里的外城郭围绕整个古城。古时出入淹城时，只有一条水道相通，必须乘船才能入城，如同一座森严壁垒。三座城、三条护城河环环相套，宛若迷宫一般。这种建筑形制，在我国的古城遗址中是绝无仅有的。

图1-2 淹城遗址碑

20世纪90年代初，淹城遗址考古队在对淹城的子城城中进行发掘时，发现了一口由竹木组合而成的古井，并从井中清理出土一批陶器等物，古井由竖穴深土坑和坑内的竹木方形竖框框架组成。方形竹木构筑的框架就遗存于坑的下部。竹木井每边宽80余厘米，其四角均用直径约10厘米左右粗的圆木做桩，每边相邻两桩的外侧均用多根横木相扣，形成一个方形竖式框架，而在横木外侧，又用2.5厘米左右粗的竹子竖直密集排编成竹幕做井壁，竹幕外侧用泥填塞，从而构成一座完整的方形竹木井，其井口设施另用四根圆木构筑成井字形井圈。从井口至井底深达6米余，由于圆径在2.5厘米左右的竹子不可能有如此之长能一竿子达到这样的深度，所以估计井壁的竹栅是由两段或多段拼接起来的，这样构筑成的竹木井，既防止土壁的坍塌，又能起到对水的过滤作用。关于水井的年代问题。由于没有确切的纪年文字可考，目前尚难断定[1]。

---

[1] 壮宏亮：《淹城遗址中发现的竹木古井及相关问题的研究》，载常州市博物馆《学术动态》2005年6月29日。

第一篇

图1-3 竹木井

漫步于古代的城池之内，那些个起伏不定的土墩上面，长满布了美丽的紫藤萝，依河环行，犹如进入陶渊明所描述的境象中，"缘溪行，忘路之远近。忽逢桃花林，夹岸数百步，中无杂树，芳草鲜美，落英缤纷"；"良田美池桑竹之属，阡陌交通，鸡犬相闻"，给人以古老幽静、乐而忘忧的感受。古代的文人墨客到此游览探胜时，曾发出这样的感叹："淹溪古迹，曲水环围，苍松郁秀，颇类空山无尘绝俗之境！"[2] 无怪乎旅游界的业内人士谈及中国的古建筑时会这样说"明清看北京，隋唐看西安，春秋看淹城。"

那么，这座历经3000年风雨沧桑的古城，到底是谁建造的呢？这一问题在学术界一直是聚讼纷纭，莫衷一是。

较早提出这一问题的为东汉学者袁康、吴平，他俩在共同辑录的《越绝书·吴地传》中云："毗陵，古为延陵，吴季子所居。毗陵县南城，故古淹君地也。东南大冢。淹君子女冢也。去县十八里。吴所葬。"[3] 常州及所辖的武进地区在春秋吴国时称延陵,汉高祖五年(前202年),改延陵为毗陵。由史书记载可知,春秋晚期为吴王梦寿四子季札的食邑。季札因不满阖闾刺杀王僚篡位,立誓"终身不入吴",遂在自己的封地延陵掘河筑城。用今天的话来说,就是建起了一个"独立王国"。但有人提出反驳,认为季子几次让王位于他人,被孔子称为礼贤第一人的君子,怎么可能做此大逆不道之事,建造此都城呢?就算他想称王,很早就可以称王了,没有必要过了那么多年,还设计建造如此复杂的城池。从多年考古出土的文物可以知道,该城是一次性堆筑而成,而淹城的历史至少要早于季子500年,淹城的主人不可能是季子。可见季子并非开发常州第一人,常州的建城史也不是2500年,至少还可再上推500年。淹城的主人既然不是季子,那又会是谁呢?学术界有人根据《越绝书》中"毗陵县南城,故古淹君地也"一语考证,商代后期,在今山东曲阜旧城东,有一个古国名"奄"。奄君在周成王时与商代后人武庚勾结,发动叛乱,被周所灭,奄君带领残部从山东辗转逃到江南,在这里凿沟为堑,堆土为城,仍称"奄",因古代"淹"通"奄",名之"淹城",以示淹留至死之意。故认为淹城是奄君所筑。然而上述考证仅凭一点文字资料,而缺乏足够证据故难以被采信。

[2]录自《春秋淹城》,注引清康熙年间重修淹城古刹碑铭,武进淹城博物馆编辑出版。
[3](东汉)袁康、吴平辑录,俞继东校注:《越绝书·吴地传》第二卷,贵州人民出版社1990年版,第53页。

图1-4 淹城的栈桥

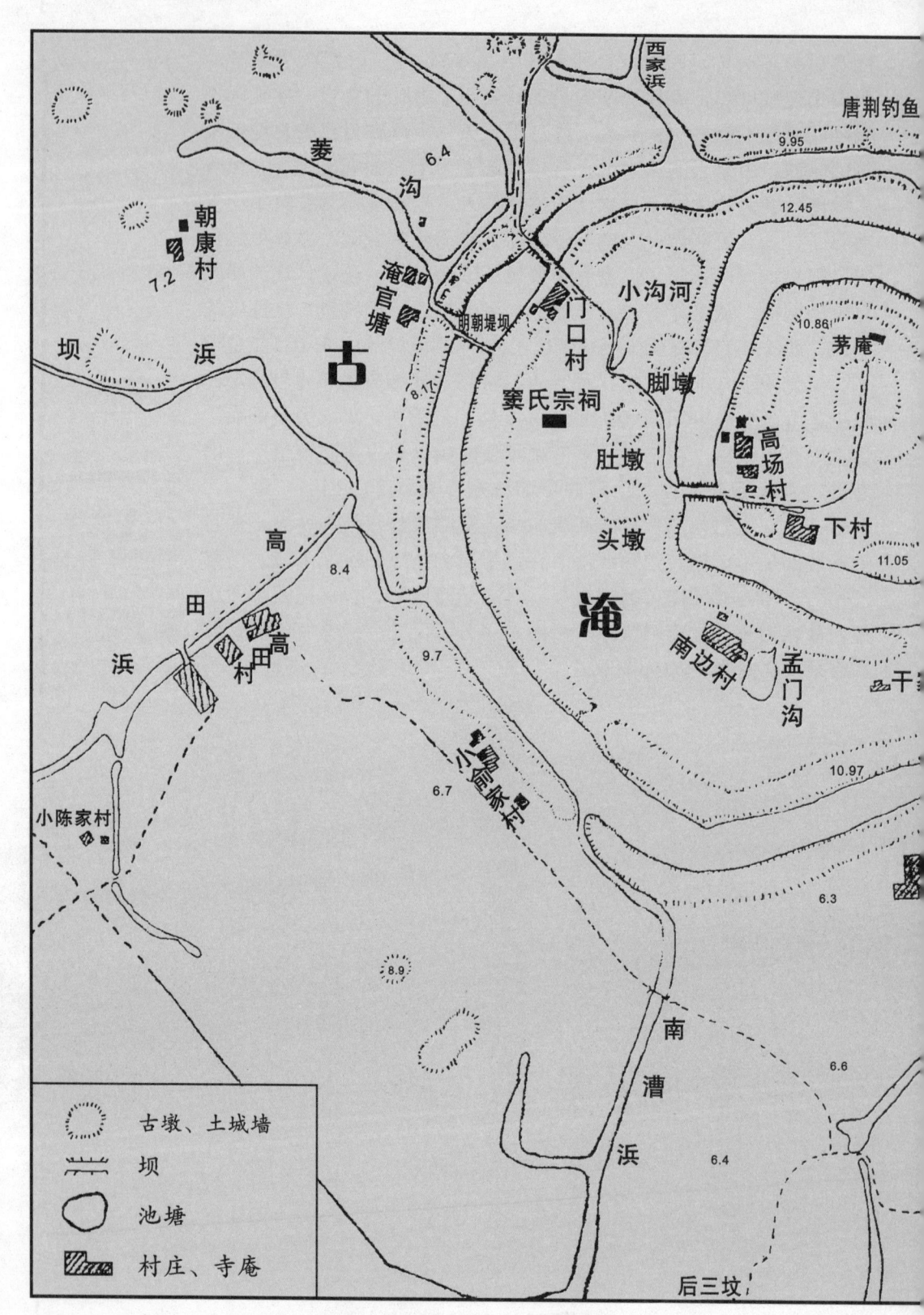

图1-5 武进县古淹城地貌图

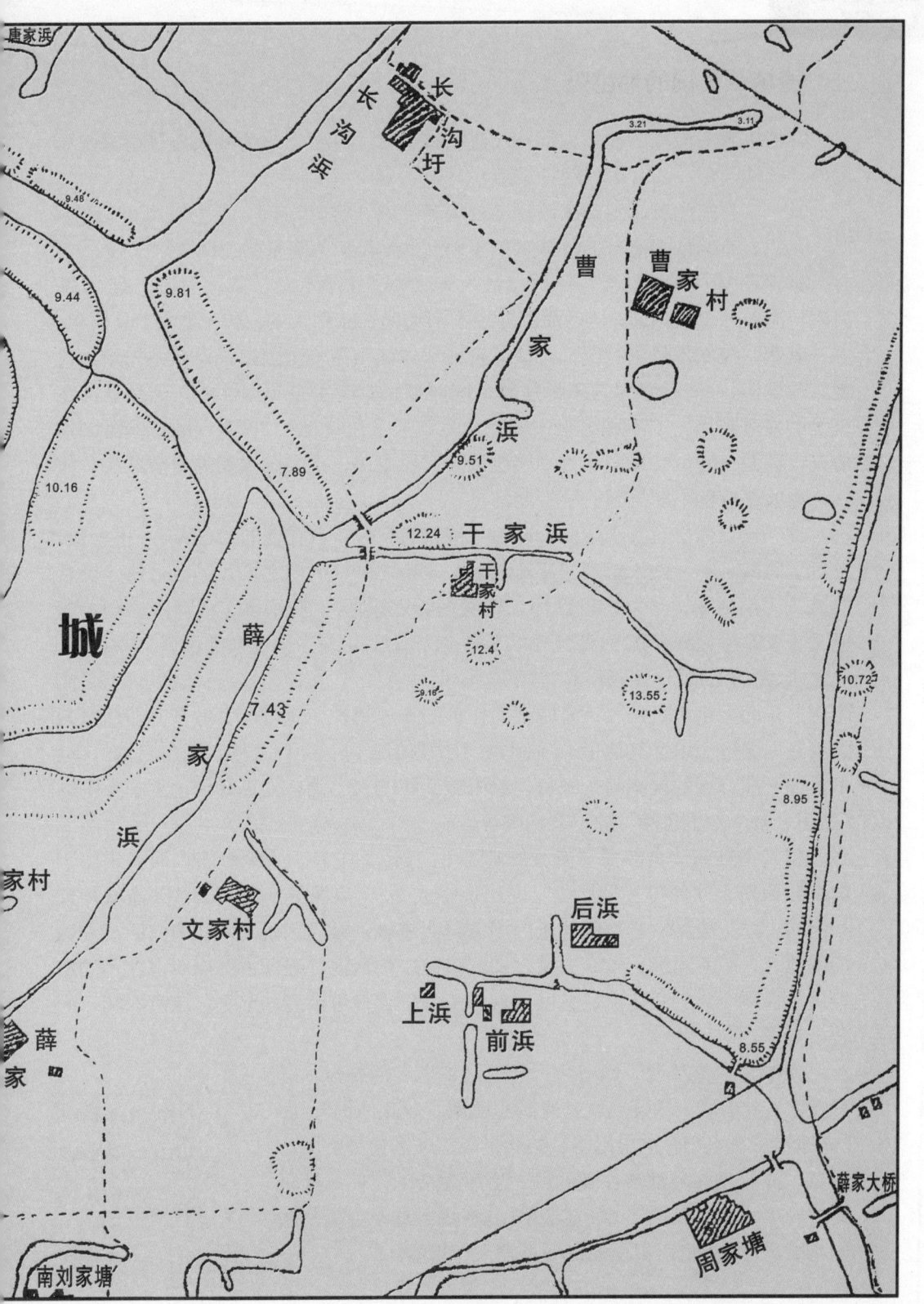

说明：此图系1934年旧貌，演城窦义先生提供

第一篇

二 淹城是吴国的都邑吗

在考古界对淹城的性质也即作用进行探讨时，除了上述两种较为普遍的说法之外，归纳起来，尚有下列四种观点：

其一，有的学者认为，淹城就是毗陵老县城（前202年），距今有2200余年。

其二，有的认为淹城的外城肇始于公元616年，为隋末梁王沈法兴所建。

其三，有人从淹城结构分析，认为淹城为一军事水寨，其理由是，有10条河浜与淹城外城河相连，这些河浜多经大河通向长江和太湖，水上交通十分便利。

其四，淹城是吴国的国都，持此说者以镇江市博物馆副馆长肖梦龙先生为代表。他提出，"淹城布局为王都建制，同时特别具有军事防御性能，这是吴都建筑上的显著特点"，"淹城出土文物完全呈现吴文化特征"，其中一批青铜器制作精良，造型奇特，礼乐之器为上层统治阶级所享用，是吴国中期的典型器物。故认为淹城是春秋中期吴国的早中期都邑。

这一论点似乎有其一定的合理性。清末有一位学者在他的《淹城记》里写道，游玩于淹城之中，使人感到"泌水之乐，东山之卧，衡门之栖，钓台之依，奚若斯城之天然成趣，足以游目愉怀，极我视听之娱耶"。[4] 泌水，在河南泌阳，郦道元《水经注》曾述及之，谓其在"千峰披绿，万谷凝翠"图画般的境界之中。"泌水之乐，衡门之栖"一语，源自《诗经·国风·陈风》。按照朱熹《诗集传》译解，"此隐居自乐而无求者之词"。《淹城记》作者的意思是说，淹城这个地方，即使贤者隐居在里面也无求于其他了。"泌水之乐，东山之卧，衡门之栖，钓台之依"，这不正像一座都城的规格吗？并且，就淹城面积的大小而言，正好和《孟子》中的"三里之城，七里之廓"的记载相吻合。

但是细细阅读肖梦龙《淹城吴都考》，其论文中有一个致命伤，而正是由于这个致命伤，才使得"吴都说"理论难以成立。《淹城吴都考》云："（淹城）开一面门，与一般都城都是四面设门相殊异。淹城子城门正南，内城门向西，外城门朝西北，互不对通一致。三城之间隔以宽广护城河，经考古钻探原来并无陆路相通，过往全靠船只摆渡；各城口置水门守护，真可谓高墙壁垒，壕堑深阔，固若金汤。"[5]

肖梦龙"吴都说"抛出后，经过诸多学者的探讨，疑惑颇多，其中最大的疑点就是淹城的通道。对此他们发问："淹城是三重水门，进出用船，如此封闭，怎么会是都城？再者，淹城是在吴都迁往阖闾城之后才建造的，使用期很短暂，考古发掘证实了这一点。所以淹城本身不会是勾践的都城。"学者们所提出的疑问是发人深思的。

[4] 同[1]，注引清佚名《淹城记》。
[5] 肖梦龙：《淹城吴都考》，载《东南文化》1996年第2期，南京博物院出版。

图1-6　部分残存的淹城外城墙

试想，作为一个国家的都城，考虑到军事战略（出征或防御）的目的，必须而且一定要开设多道城门。比照春秋列国的都城建筑，就可以证明这一点，如（前514年）吴国宰相伍子胥奉吴王阖闾之命"相土尝水"构筑都城，辟有水陆城门八座，分别是阊、胥、盘、蛇、娄、匠、平和齐门，当时都是土城。范蠡在越建都城时（故址在今浙江绍兴），就有4座城门，33条河道，229座石桥。就连当时的小国齐国故都临淄，建城门13座，门宽多至10米以上，城内交通与排水系统，布局科学规整。凡此等等，不一一枚举。

虽然淹城"吴都说"遭到质疑，但是无论如何，肖梦龙先生在他的论文中，那些关于淹城吴文化特征（主要是淹城出土遗物）的论述，给笔者对这座古代城池的断代及其作用的研究拓展了思路。[6]

图1-7　淹城部分出土文物之一：三轮青铜车

[6]关于淹城吴文化特征的论述，考述较详者可参阅淹城博物馆原馆长赵玉泉《武进县淹城遗址出土春秋文物》，载《东南文化》1989年第4—5期，及赵玉泉、壮宏亮合撰《淹城屠家墩出土春秋文物》，载《东南文化》1995年第4期。这两篇文章结论为：淹城所有的出土文物，具有浓郁的吴文化特色。因此，淹城应该是吴国的一座重要城池遗址。由于文章通篇并未论及"淹城吴都"之关系，故不赘述。

17

第二章　古老民谚，一把解谜的钥匙
——实地勘察图录之一

一　"独木舟渡古无坝"

淹城的内、中、外三城城墙逶迤起伏，植被葱茏，犹如三只翡翠镯子。这些城墙都用泥土堆筑而成。三城均有护城河环抱，河水清澈，长年不干。你若是到这座古老的城池内旅游，会听到当地所流传的许多关于淹城历史和民间传说的古谣谚。

有一首民谣云："内河坝，外河坝，通道唯有西城坝，独木舟渡古无坝。"

这首民谣惟妙惟肖地勾勒出淹城独特的概貌。"通道唯有西城坝"一句，说的是进入淹城的交通要道，只有西城坝一条。其实，这是一个大错觉！

在远古春秋时，进出淹城是没有陆路相通的，只能走水道。现在淹城的三套城之间，有一土坝相通，这道土坝是当地村民为方便生产和生活，于20世纪50年代所筑。淹城窦义生老人则云，土坝在明代末年筑成。也有民国淹城地貌图为证。

图1-8　楠木制成的独木舟

据当地年纪大的人讲：在1934年（民国二十三年）江南大旱，百条河道干涸，千里田地龟裂。唯独淹城河里碧波荡漾，河水清澈如常，当地百姓依靠此水渡过了大旱之年的难关。这种三城三河、层层相套及出入方向不同的城池，是古人的一个创造奇迹。

民谚中唱到的"独木舟渡古无坝"，还有一段故事：

1958年，当时的淹城村村支书窦哺金带领村民挖泥聚肥，将护城河内的水抽干后，意外地在内城河中挖出了一条独木舟和一批青铜器，共25件珍贵文物。2005年12月的一天，窦哺金老汉在向《扬子晚报》记者回忆当时情况时笑道："那时我想把河里的水草挖出来当肥料，谁知道水草还缠住了一个大家伙，结果拉出来一看，竟然是一条独木舟⋯⋯"随后在淹城内城河中，他们又先后挖出了3条独木舟和一批青铜器、陶器等文物。在4条独木舟中，最大的一条长达11米，宽0.9米，壁厚0.3米，深0.42米。据碳14测定，它属西周遗物，距今已有两千八百年历史，是用整段楠木挖空而成，内壁有焦炭和斧凿的痕迹，充分证明当时的独木舟是用火烤以后所造，与《易经》中"刳木为舟"的文字记载相印证。这条独木舟，被誉为"东方造船业的鼻祖"和"天下第一舟"，现在保存于中国国家历史博物馆。

"在淹城的独木舟中，有梭形和敞尾形两种，都是由整段楠木、槠木或柏木凿成。"文物专家介绍说。20世纪40年代以前，淹城三城之间还没有筑坝，那时三城之间的交通，还得依靠独木舟这种交通工具。但令专家们疑惑的是，史料记载淹城是一个战略要塞，然而这里目前发现的仅有民船而无战舟，极不合情理。[7]

其实，专家们对淹城"仅配备民船而无战舟"这一点之所以疑惑，是思路局限于这座古城池的作用或性质所致。倘若人们把思路再拓展开来，那么关于"仅配备民船而无战舟"这一千古之谜也就会迎刃而解了。笔者将在后面的章节向读者诸君用实物证据的形式，来破译这个历史悬案。

[7]《常州千古"谜城"谁人造》，载《扬子晚报》2005年12月11日"江苏探秘"版。

图1-9　独木舟渡古无坝

二 "四周林立百余墩"

"里罗城，外罗城，中间方形紫罗城，三套环河四套城；内高墩，外高墩，四周林立百余墩，城中兀立玉女墩。"

在一抹如血的夕阳里，我凝视着淹城四周杂树摇曳中，那一座座锯齿般如小山丘似的土墩，侧耳聆听从薄薄的暮霭中传来的哀怨的民谣。这如泣如诉的歌谣，向人们讲述着数千年前的一个个凄迷的历史故事。

据考证，20世纪60年代淹城平墩整地前，淹城内外原有200多座大小不等的土墩，经过数十年的变迁，目前尚存78座，大多为春秋时期墓葬。淹城城内和外围一公里范围内，有大小土墩70多个，其墩高1.5—7米，直径大多在25—30米之间，经考古发掘证实，这些土墩均系墓葬，是淹城遗址重要组成部分。城内土墩，均为贵族墓葬；城外土墩则均为平民的家庭墓葬。

在现存的这78座土墩墓中，最大的一座称"磨盘墩"，面积竟逾6万平方米，

图1-10 里罗城巨大的土墩墓

而小的也有数百平方米。有历史学家认为，这与城防有关。1987年11月上旬至12月底，考古学家试掘了一个干家墩，出土了40余件精致的陶器和青瓷器，及部分骨骼，进一步证实这些土墩为古墓葬群。考古学家认为，土墩墓属于西周至春秋时期吴越民族的特殊葬俗，主要分布在皖南、苏南和浙北这一相互连接的地区。[8]

在外城内西面偏南，有三个大土墩一字排开，俗称"头墩"、"肚墩"、"脚墩"，高达15至20米，面积分别为7亩、3亩、5亩。《越绝书》记载："东南大冢，淹君子女冢也，去县十八里，吴所葬。"即指这三个土墩。亦即民谣传说的"玉女墩"。相传是淹君百灵公主头、肚、足三个墓葬地。

淹城当地的老百姓流传着一个"龙女嬉水，玉龟造河"的神话故事。传说淹君有一个女儿，叫百灵公主，长得如花似玉，是淹君夫妇的掌上明珠。百灵公主知书达礼，是一个才貌双全的勤劳姑娘。淹城邻近有个留城，野心勃勃的留王之子，骗取了淹王的信任，被淹王招为东床驸马。有一天驸马乘淹王外出之际，盗用百灵的名义，骗得了后花园的钥匙，偷去了淹君的护城之宝——白玉龟。淹君回城后大发雷霆，不分青红皂白，就把百灵公主处死，并碎尸三段。后来淹君弄清事实真相后，懊悔莫及，遂下令以国葬仪式将百灵公主的头、肚、脚各葬一处，即我们现在看到的这三个土墩。当然，这仅是个美丽而凄婉的民间传说，其实历史上的君王即使再残忍无道，也不至于将自己的亲生女儿凌迟剐割，分尸下葬。而考古发掘的结果表明，实际史实亦并非如此。

1991年，江苏省淹城遗址考古发掘队对头墩进行了考古发掘，头墩是一座春秋时期的墓葬，整个墓穴长20米、宽6米，有葬具，为一墩一墓。出土随葬品290件，有制作精良的原始青瓷器和纹饰繁缛的几何印纹陶器。出土文物时代属春秋晚期。值得注意的是，在整个出土文物中，有玉珠串和陶纺轮等装饰物和纺纱工具，三十余件陶纺轮存放在一件印纹陶罐内。陶纺轮是古代妇女手工纺纱工具，说明墓主人是一位女性。其次，这座墓葬在外城内，说明墓主人与淹城有一种特殊关系。

笔者若是从玉珠串和陶纺轮这两件独特的出土文物来分析，

---

[8]张爱冰、陆勤毅：《皖南商周青铜文化研究的意义》，载《光明日报》2006年2月14日第11版。

第一篇

图1-11　淹城部分出土文物之二：纺轮

可以肯定地下这一结论：淹城内最初住过女人！所以它不可能是一座单纯的军事建筑。

又，1993年4月25日上午，淹城村民窦小明等人在外护城河西的屠家墩拉土填坝，发现土中有不少带花纹的陶片和瓷片。淹城博物馆接报后，立即派员前往现场进行调查处理。经过考察，这是一座墓葬。从出土器物的品位来看，墓主人的地位是比较显赫的，决非一般平民所能及。由于器物没有铭文，又无完整的地层资料，对其墓葬和器物的年代，淹城博物馆专家以史书上有关记载，并参照其他同类器物，加以考析后认为，淹城与春秋吴国有直接关系，淹城应是吴国的一座重要城池遗址。[9]

但是，这样的一座吴国重要城池，它到底派做什么用处呢？它是怎样性质的城池呢？考古专家们迷失了思路，以至于考证功亏一篑，使得这个千古谜案，如同窗户上糊着的那一层薄纸，无法将其捅破。

---

[9]赵玉泉、壮宏亮合撰：《淹城屠家墩出土春秋文物》，载《东南文化》1995年第4期。

第三章　窦氏宗谱透露淹城秘事
——实地勘察图录之二

一　窦氏：淹城最早原住民

在一张被放大了的武进县地图上，我们可以看到，位于淹城附近，护城河内外，珠玑般地散落地着许多小村子，你若是要去这些村庄稽古勘访，便会发现一个非常有趣的现象，那就是村庄中的原住民大都姓窦。这到底是什么原因呢？窦氏在淹城一带地区又有多么久远的历史呢？窦氏家族和淹城有着怎样的"牵连"关系呢？带着这一连串疑问，我在淹城考察的当儿，专门留意关于窦氏家族的史料。而且，说来也巧，我之寻访窦氏，并能亲自一睹其家谱，完全是因为与窦氏后裔——一个叫窦玲玲的女孩的一段善缘。事情是这样的：

2005 年的一个酷暑，日当午，我在淹城附近一个叫淹官塘的村庄访查。由于口渴难耐，遂驻足于村口的一家小店铺前，想买一根冰棍解暑。店铺的"掌柜"是一名年纪才可 10 岁左右的小女孩，她和另一名小伙伴正在看小人书，见有顾客，便放下书，仰起头，睁着一对亮晶晶的眸子，操着吴语问："阿伯，奈（吴语，您）要买啥些？""就买一根冰棍。"小女孩接过钱，客气地给我递上一根冰棍，同时还拿来一张小木凳，请我在店铺前的檐下歇脚。我不会忘记此次所来的目的，于是不经意地问道："小朋友，你们这里有没有姓窦的人家？"想不到她竟脱口而言："有啊，我家就是姓窦！我叫窦玲玲。"我一听，赶忙又问："那么，你爷爷在吗？我可否和他谈谈？""不过他现在不在家，在文化站打牌。这样吧，我带奈去寻伊！"这个纯朴的女孩十分爽快地答，继而她向店内另一个小伙伴打了声招呼，便走出柜台，在我的前面引路。

23

第一篇

图1-12 淹城里的旧式民宅

从淹官塘到文化站有2公里光景的路程，由于天气炎热难当，我在路上叫了一辆机动三轮车，一路驶到淹城文化站。窦玲玲的爷爷窦产华原先在县教育部门供职，现已退休。他告诉我，淹城的窦氏现在还遗有一部从祖宗手中传下来的家谱，这部家谱续修于清道光二十九年（1849年），目前由其叔窦义生老人保存。窦义生，也就是窦玲玲的太公，家住淹城村的城门口。文化站里几位牌友不让窦产华离桌，窦产华歉意地对我笑笑，仍旧嘱小孙女陪同我去。

于是，我们重新坐着车，按原路返回到了淹城。车子才开到护城河畔，只见玲玲拍了拍车子的窗玻璃，说道："到了！"我们就此下车。小玲玲在前面指路，我在后面跟着。

倚傍护城河行走，我们来到一户农家的院子前，玲玲说，这就是太公的家了。屋内，一个约五十多岁的农妇正在收拾瓜果。这位农妇是窦义生老人的女儿，她见我来访，热情地邀我入屋歇凉，同时告诉我，她父亲正在睡午觉，可否稍候一刻再叫醒他。我点点头。于是在这一刻钟的等待里，我想先请她谈谈她的父亲。

图1-13 窦玲玲与太公

从交谈中得知，在武进水利局退休的窦义生老人，年已82岁，老伴早已去世，由女儿照顾他生活。大约在数年前，窦老便以一名窦氏家族内的志愿者的角色，开始进行一项十分艰难的工作：为了担起撰写淹城窦氏家族的历史，他独自一人决定遍访常州、武进一带的窦姓人家，搜集资料，撰写文章。须知，常州、武进地区的窦氏家族，光淹城附近的村镇就有好多个，而且现在窦氏已经繁衍到了第五代、第六代，人数众多，所有这些，全靠一个年迈老汉的双脚去一家家调查、寻问，可想而知，这项访查任务的工作量之艰巨。窦义生不为其难，足迹遍及牛塘村、丫后村、敏凤镇、卢家巷……这些村镇的窦氏，有些知情的长者原先就居住在淹城的内城，现在陆续搬出淹城，或住在北京，或住到上海，窦义生千方百计找到他们的电话号码，一个个打电话或者写信联系。窦老患有脑梗塞病症，发病时，常手握笔无力，他就写写停停，但是数年以来一直坚持不辍。家人看着他夜晚就着昏黄的灯光，弓着腰，刻写、复印《淹城窦氏史料》，既心疼又埋怨地责备说"您做这种吃力不讨好的事情，自己还得贴钱，有啥格用场？真是想不通。"而每每这时候，窦老便一笑置之。经过不懈的努力，这部15万字的油印本《淹城窦氏史料》终于告竣。

我们正在交谈间，只见小玲玲站在一架木梯下，仰头朝上面的阁楼连连喊着："太公，有人寻侬来了！"好一会儿，阁楼上传来一阵拖鞋声，接着便看见一位耄耋长者从楼上缓步走下梯子。还未等我开口，小玲玲抢先告诉说："太公，是爷爷叫我带这个阿伯来寻你的。"我闻听，连忙拱手上前作了自我介绍。

窦义生老人，高高的个子，声音洪亮，人显得清瘦而儒雅。他的祖居原先在淹城的内城，地名叫城内高场。后因县文化局出于对淹城遗址保护的需要，举家迁至淹城外城门口。"算起来，我们祖辈才是真正的淹城城里人哪！"老人爽朗地笑着说。

图1-14 淹城窦氏举行家谱首发仪式

　　老人一边说着，一边立起身来："请等一下，我去拿家谱给你看。"接着就爬上阁楼，拿下一个纸包，他将这个包裹得十分严实的纸包打开，里面是一部民国癸亥年修纂的《淹城窦氏家谱》。这部《淹城窦氏家谱》，为五凤堂藏版，木刻版，共四卷，保存完好。之所以如此，完全是因为在"文革"那个年代，淹城处于全封闭式的状态，而居住在城中的土人，由于出入的道路仅有城西的一坝三节木桥，几与外界隔绝，受到的冲击颇少，故家谱得以完好保存。我们从家谱的"谱序"中可知，窦氏家谱初修于明朝，后来在道光、光绪、民国年间又先后三次续修。

　　据窦义生老人介绍，窦氏宗族原来保存一部明朝崇祯初的家谱，后遗失。现在的这部民国癸亥年修纂的家谱，是他在20年前用50元钱从附近卢家巷的一位族人窦柏渊的手中买下的。

　　该家谱"大序"撰于道光二十九年（1849年），序中述及淹城窦氏的源流，最早的一支为"隋朝燕山窦公之裔"；而其中能够确认支系的，仅可从有明年间，自瓜州迁入淹城的那一支算起，余皆囿于口授，但是没有文字记载可作凭证。为了便于读者了解，现将民国癸亥年《淹城窦氏家谱》"大序"中，关于淹城窦氏

26

家族源流记载的原文照录如下："淹城窦氏，当亦折桂五枝，（延）隋朝燕山窦公之裔。但述其所流传者云，有明年间，自瓜州迁淹城，仅同（囿）于口授，无实录可凭。未由访旧地，搜旧籍，以探其本。而溯其源，又迄今二百有多年……"

　　文中提到的"溯其源，又迄今二百有多年"这句话，是指道光二十九年往上溯，即明朝崇祯初。继而，家谱又云："居斯城者，惟窦氏为多，并异姓之户，不下百有余家。其田皆膏腴之壤，广约十五里之遥。其产麦麻桑竹之属。惟其水道与外相隔，舟楫不通，然能潜蛟龙。珍禽异兽咸萃于此，芳草嘉木勃列其间。"

　　由上述记载可知，明清以来，窦氏就是淹城的中心地区人数最多的一个家族。按照老辈传下的规矩，凡窦氏家族之内，是不允许通婚的，这种规矩一直沿续到20世纪的90年代才逐渐被一些新潮的年轻人打破。

图1-15　淹城土著窦氏家族合影

　　淹城的三套城内及城外附近的自然村落，除去高场、鱼池等村庄的窦氏大姓而外，到了清朝道光年间，又陆续迁进干、吴、孟、丁四个姓氏，分别散居在干家、丁家、南边、城门口等一带村庄。

　　据窦老通过数年的调查，目前已经初步摸清，窦氏家族居住淹城者，计96户380余人，其间最年长的与最年幼的，相隔有六代！如果包括从淹城外迁京沪两地者，总数则有780人左右。窦老说，当时他住在内城中心的家，其地名称为高场，是古代淹城的办事机构所在地，而且这里还建有一座窦氏宗祠，这是淹城内唯一的一座宗族祠堂，殿内供奉窦氏先祖牌位。窦氏宗祠除大殿外，还有三个

第一篇

配殿，规模不小。1969年，淹城村生产队将这座祠堂改作织布厂，后毁于火灾。从这些遗迹可以表明，窦氏这一古姓，的确系淹城有迹可循的原住民！

武进市政府十分重视淹城遗迹的保护管理工作，1996年由市府成立专门保护管理机构，并集资300万元，搬迁三套城内的450多间农屋，征地逾千亩，规划淹城的保护范围和建设控制地带。窦义生老人及其子女也就从那个时期搬迁到了城外，安居在依傍外城河畔的城门口一处新屋。

2005年7月3日，笔者赴南京出席郑和国际学术论坛，并顺路到武进淹城拜访窦义生老人，双方约定择日拍摄一张窦氏家族合影照。但事情一直延搁至2006年春，才得以偿愿。参加合影的窦姓族人，共有70余人，分别来自淹城原高场村、鱼池村、淹官塘和城门口四个自然村落。其中，最长的一辈是十世裔窦义生，83岁；最小的一辈为十六世裔窦佳军，5岁。其间相隔六世，不可不谓是盛世家族！

图1-16 宗族里的祖孙辈
窦义生老人抱着的这两个小孩，右边的叫窦泽宇，八个月大，为十四世孙；左边的叫窦佳军，五岁，为十六世孙。由此排列，五岁的窦佳军应该称八个月的窦泽宇为"爷爷"呢！

二 淹城是吴国一座监狱

《淹城窦氏家谱》记载着一则颇有价值的信息，内容涉及到淹城在吴越争霸时，曾作为一座庞大的监狱，关押过勾践和范蠡。谱之卷一"淹城记"，文中有这么一段记载："吴越争霸，越子为质于吴，被拘于斯，不得还国。自哀其羁縻之情，乡思之切，因以淹、留名城，是皆前代事迹载（于）籍，历历可考者也！予尝生长乎是邑，少得其城之大概矣！试述（之），以供诸君子之考据。城周围三重，濠堑深阔，天险绝越，四面巨墙，隆绕于上。环郭清流，映带左右……"

文中讲到的"越子为质于吴，被拘于斯，不得还国"，这个"越子"，是勾践和范蠡的通称。[10] 全句意思是说，春秋时期，吴越争霸，夫椒之战，越国败降，越王勾践俯首称臣，吴王夫差把越王勾践作为人质监禁在淹城。家谱告诉我们，

---

[10]《武进阳湖合志》里的"吴王囚越质子处"，有人在网上发帖，错误地将其理解为"吴王羁押了越王的儿子"，其实，这是一个大笑话！须知，这里的"子"，属古代王者禄爵之中的一个，《礼记·王制》曰："王者之制禄爵：公、侯、伯、子、男，凡五等。"春秋吴越争霸时，越国被囚在吴的不仅有勾践，还有范蠡等贵族，故这里所说的"子"，是对勾践、范蠡等人的统称，表示是越国的贵族人等。

[11] 林志方，《淹城遗址探源》，其结论为：淹城最初筑于西周早期，系周初山东淹族被周成王伐淹时所逐南迁定居所留遗迹。2000年 "吴文化国际学术研讨会"发言稿，摘引自《吴文化国际学术研讨会论文集》一书。

居住在淹城的窦氏，俱从先祖的口碑中，约略知这座古城的大概经历。他们从淹城固若金汤的建筑形制，来考证这件史事的可能性，并且将这件事情记录在谱里，以供后人考述。

又，清代道光二十三年（1843年）修纂的《武进阳湖合志》内，也非常简略地提到了这件事，但全文仅有"吴王囚越质子处"7字。

按，《淹城窦氏家谱》从明朝崇祯初，以后每隔30年续修一次。家谱的每次续修，除了后裔内容的增加而外，其他关于史事的记载，一般都沿袭旧谱，也就是说沿袭明崇祯年间的版本。以此比照，可以推断，《武进阳湖合志》："吴王囚越质子处"这一记载，其出处只能源自《淹城窦氏家谱》。

但是，这个似乎有点不起眼的信息，被人疏忽和轻易否定了。否定的依据并不是从淹城这座城池的出土文物去考证，而是因循旧说，即就史料而史料，故其论证益显薄弱，经不起推敲。[11]对《淹城窦氏家谱》里记载的这条信息，除了被一些学者怀疑、否定外，学术界再没有人对其进行过专门的研究和考证。

《淹城窦氏家谱》里，窦氏在述及"越子为质于吴，被拘于斯"，不是随便说

图1-17 《淹城窦氏家谱》记载着一条颇有价值的信息

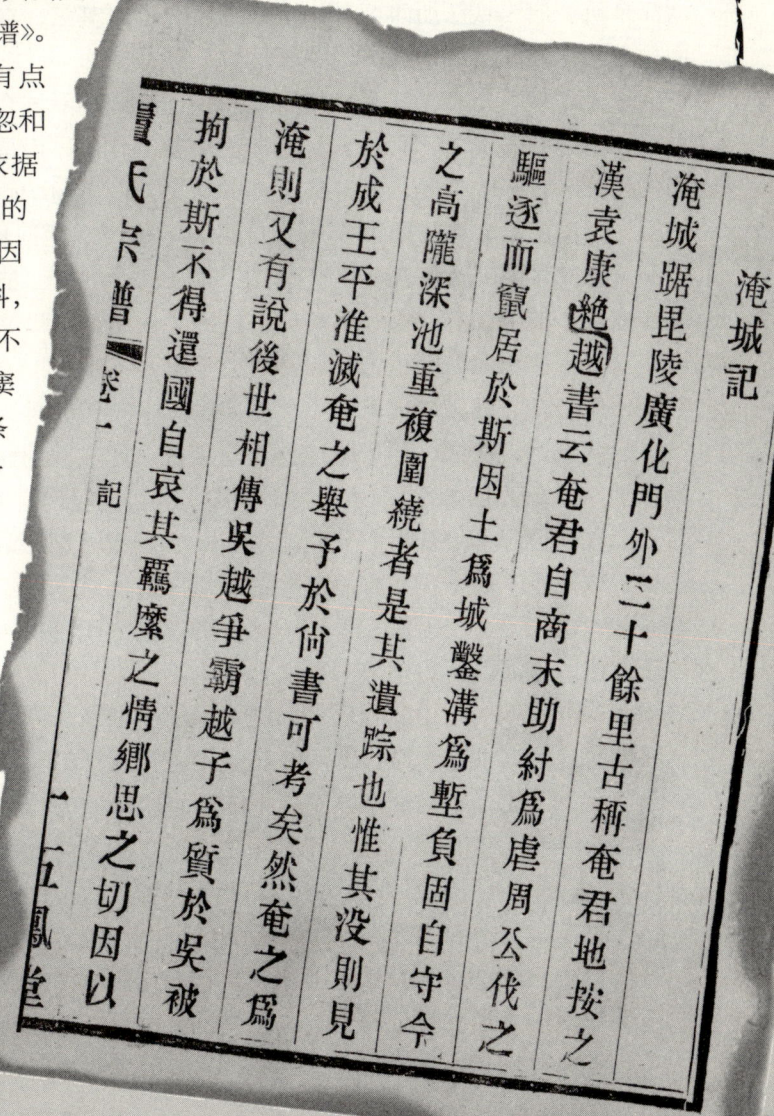

说的，其论据就是淹城的形制。请看谱中的这段记载："城周围三重，濠堑深阔，天险绝越，四面巨墙，隆绕于上。环郭清流……"

我们可以从窦氏家谱的记述，进一步把思路拓开。你再听一首古老民歌的传唱："里罗城外罗城，中间方形紫罗城，三套环河四套城。"罗，繁体字作"羅"。六书属会意字，古字最原始的意思，就是鸟被丝织成的网所套住。许慎《说文解字》："羅，以丝罟鸟也。从网，从维。"[12] 这就告诉我们，罗在汉字中最原始的意思为捕鸟的网。罗城者，古代极言其形制之坚固也。查《辞源》"罗城"条曰："为加强防守，在城墙外加建的凸出形小围城。"在我国，罗城有多处。其一，在浙江余杭。唐末钱缪所筑。其二，在浙江建德。其三，在四川键为县。其四，在山西汾阳东北。其五，在广西罗城县。

以上诸地，以在浙江余杭的罗城和山西汾阳的罗城在历史上较为闻名。这些罗城，在古代的战略防御方面，起过非常重要的作用。但是，与武进淹城不同的是，它们都位于地势险要处，而且最关键的是，开有多道城门。如汾阳罗城，又名八门城，在汾阳县北8公里。《元和郡县志》称："在西河县北十五里，刘元海（即刘渊）遣将乔嵩攻西河，筑营自固，营有八门，因名。清时称罗城村，今仍之。"又如浙江余杭罗城，钱缪先筑夹城，周五十里有奇。后又筑罗城，自秦望山由夹城东亘江干。泊钱塘湖霍山范浦，周七十里。[13]

由此可知，在我国建筑史上，淹城是其中年代最早的一座罗城。

让我们回过头来，用排除法再重新审视这座古城的性质，则谜的答案也就很明晰地浮显出我们眼前：一、考古发掘表明，淹城是一座春秋时期吴国的城池，这一点现在已经考证是毋庸置疑的事实。二、淹城是三重水门，过往全靠船只摆渡；各城口置水门守护，高墙壁垒，濠堑深阔，进出用船，如此封闭，决不会是都城建筑的形制。"出路只有一条"，这是监狱的显著特征。三、吴越争霸时期，位于武进的淹城既不占地势险要之处，也不处吴越交界的边境之地，更没有陆地城门。由此我们可以进一步作出推断：淹城不是单纯意义上的军事城池或水寨，它应该是一座守备森严的吴国监狱。就如《淹城窦氏家谱》内那条颇有价值的信息所推断的："越子为质于吴，被拘于斯，不得还国。自哀其羁縻之情，乡思之切，因以淹、留名城，是皆前代事迹载（于）籍，历历可考者也！"

行文至此，细心的读者一定会发问：那么，淹城附近的留城、阖闾城等春秋吴国建筑，它们与淹城又有什么必然的关系呢？笔者通过史料记载中的蛛丝马迹和留城、阖闾城形制的内在联系来一一论证。

---

[12]许慎：《说文解字》第七"网"部，中华书局1989年版。

[13]臧励禾《中国古今地名大辞典》"罗城"，注引《临安府志》，商务印书馆1931年版。

第四章　淹城系吴王阖闾所筑
——实地勘察图录之三

关于淹城建筑的确切年代，到目前为止，考古界只能说出个大概，一般认为是在春秋吴国的中期或晚期，[14] 即约于公元前672年或公元前570年之后。

淹城建筑的确切年代究竟是何时？建造淹城的主人又是何人？以下，笔者就根据淹城附近的地面建筑遗存进行比照和解析。

查阅淹城历史资料，我们常可读到关于其中的留城和阖闾城记载。

先说留城——

留城位于武进县湖塘镇留村，土名"何留墅"。《淹城窦氏家谱》云："自哀其羁縻之情，乡思之切，因以淹、留名城，是皆前代事迹载（于）籍，历历可考者也！"

又，《武进掌故》引《武阳志余》记载，春秋战国时，留城在淹城东五里许。为吴王质越子于淹城的同时，质越后于留城。故有淹、留二城。据《常州赋》记载，留城之大小形状，一如淹之子城。岗阜环抱，仅留南向一通道。[15] 至明朝，岗阜上尚有寺庙遗址。

据薛梅卿《我国监狱及狱制探源》云：远古时期，牢狱的异名为"稽留"。监狱设施及建筑形式，由丛棘、洞穴、栏槛式到囹圄的地牢式、圈棚式、圜土的土围，以及坐嘉石示众的思过式。

留城原有一圈完整的土城垣，城垣系泥土所筑，未经夯打，形状为方形，周长500米左右，总面积1.1万平方米。城垣底宽25—30米，上宽10—15米，城垣残高4—5米。城的南面有大河，其他三面有小沟

[14] 持淹城建于春秋吴国的中期一说者，见肖梦龙《淹城吴都考》；持淹城建于春秋吴国晚期一说者，见赵玉泉《武进县淹城遗址出土春秋文物》。
[15] 见《武进掌故》，中国文史出版社2000年版。

第一篇

环绕，城址经调查为春秋晚期吴国所筑。其性质可能同于胥城。1978年冬，为改造河道，当地农民将留城岗阜之土，填没旧河以造田，留城遂被废。

从史料、家谱记载和地面遗存可以说明，留城之名，与淹城一样，其原始意义有"淹留"之解，就这一点而言，留城的作用似乎与淹城一样，也是吴国的一座监狱。但是，再细细推敲留城的别名"何留墅"，则此城的作用可能又是另外一种性质了。

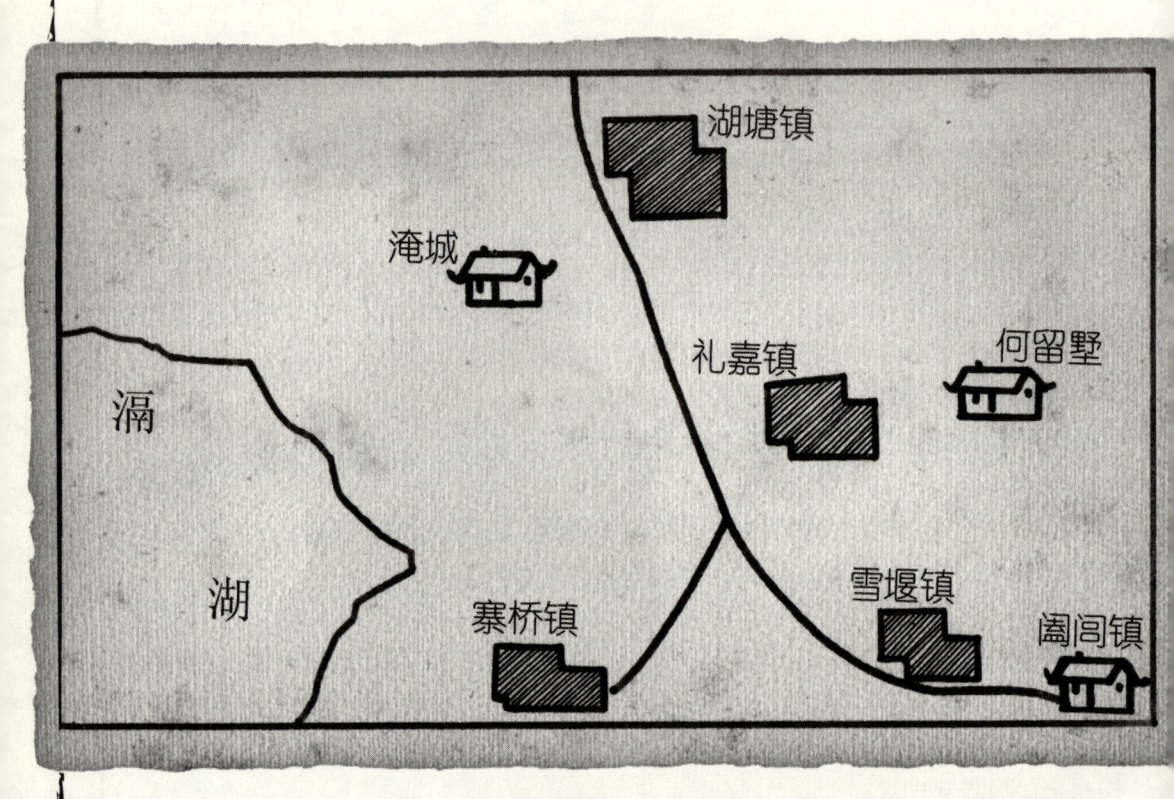

图1-18 淹城、何留墅、阖闾城所处位置示意图

笔者多次乘坐农家的三轮车在留城考察，一位长者告诉我，只是在早先，进入留城时，老远的地方抬眼就能望见何留墅一块巨大的石牌坊。这座石牌坊可惜在几年前才被人推掉。询之当地老农，这"何留墅"作何解？无人知晓，就连方志中亦无解释。那么，我们只有从古汉语中找答案了。何，最古的意思与"荷"相通，为担、扛之意。不过"何"在古汉语里用途最广的还是疑问词了。但是这两种意思显然与地名搭不上。在吴语中，何与吴的读音是一样的。墅，《辞源》

里有一条解释:"墅,别馆。供游乐休养的园林房屋。《晋书》谢安传:又于土山营墅,楼馆林竹甚盛。"按照《晋书》中的这个典故,也就是说,墅一般都是建在岗阜之上。有鉴于此,何留墅——留城,这一古建筑,其最早可能是吴国君王的行宫别馆所在。

再看"阖闾城"——

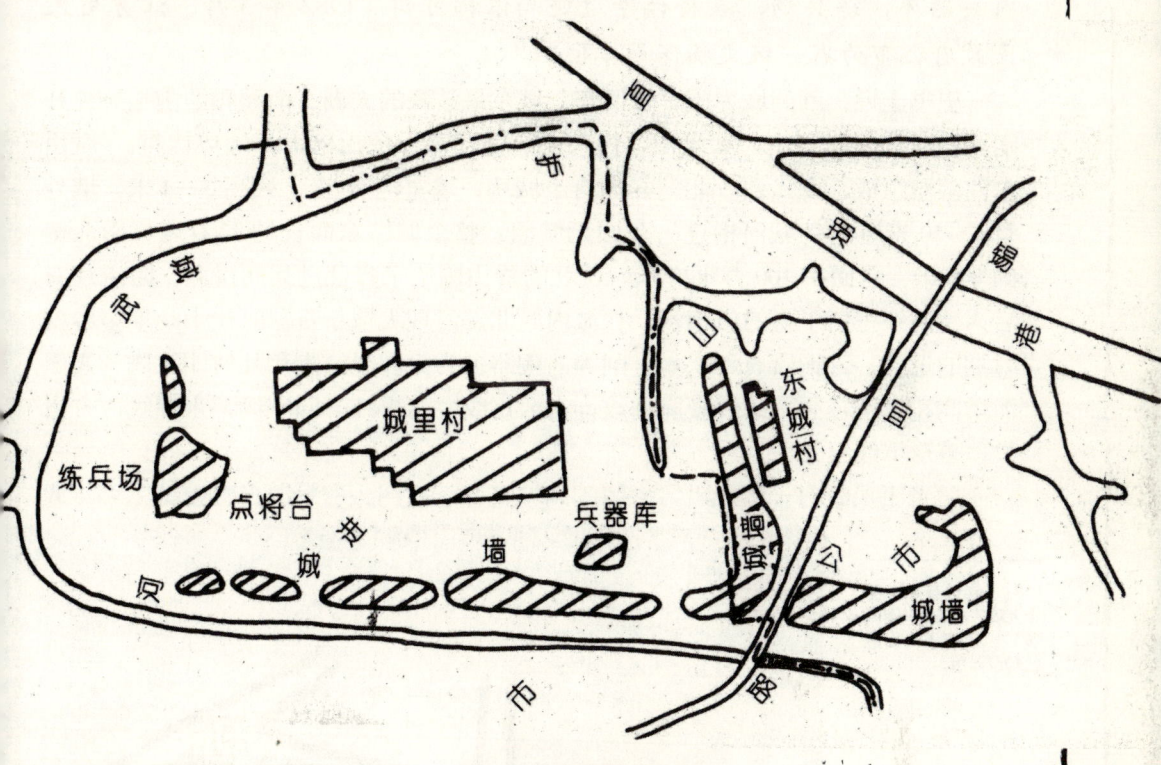

图1-19 武进雪堰镇阖闾城示意图

说到阖闾城,我们不得不提及吴王阖闾这个人。

《越绝书》曰,在吴越春秋史上,"吴王大霸,楚昭王、孔子时也"。也就是说,吴国之鼎盛,正当阖闾在位的时期。在这个时期,吴国不但军事实力雄厚,而且社会生产力也得到迅速发展。传世和新出土的吴王夫差剑计有四件,形饰精美,刃口锋利,说明青铜冶铸有了相当水平。传说吴国所铸干将、莫邪的宝剑,是盖世的利器,证明实有所本。阖闾采纳伍子胥的建议,筑城郭,立仓库;造大城周回四十七里,另筑小城周十里等。[16]

1978年新版的《武进县志》,第十九篇"古城堡"中,专门

[16]应永深等:《春秋史话》第十六章"吴楚之争与吴国的霸业",中国青年出版社1982年版。

第一篇

列条记云：

阖闾城，在（武进县）雪堰乡和无锡县胡埭乡交界处。周敬王六年，吴王阖闾伐楚还师时所筑。分东城和西城。东城较小，在今无锡县境；西城较大，跨今武进、无锡两县边境。城墙夯土而成，城外有护城河。城内兵器库、练兵场、点将台等遗迹尚依稀可辨。1982年3月，江苏省人民政府公布为省一级文物保护单位。[17]

史书上说，阖闾城为伍子胥所建。城东是浩淼的太湖，南面和西南是一片开阔平原，北面有胥山、磨盘山、白药山、龙山等，依山傍水，地势优越。城由东西两城组成，南、西、北三面均有土城墙，墙宽约20米，残高3—4米。墙外有6—10米宽的护城河相连。东面无城墙。整个城区东面长约1300米，南北宽约800米，总面积100万平方米。城北的胥山因伍子胥驻过兵而得名，附近还有后人建的祭祀伍子胥的伍相祠。在城内西北部发现大量新石器时代中晚期至春秋时期的遗物，青铜器有剑、矛、削等。陶器多为夹砂绳纹陶和几何印纹陶。素面泥质陶和黑陶较少，印纹硬陶的纹饰有云雷纹、曲折纹、回字纹、米筛纹、方格纹、菱形填线纹等。

笔者手头绘有一幅武进雪堰镇阖闾城复原示意图，资料源自秦蔚诚主编《武

---

[17]《武进县志》第十九篇"古城堡·阖闾城"，上海人民出版社1987年版。

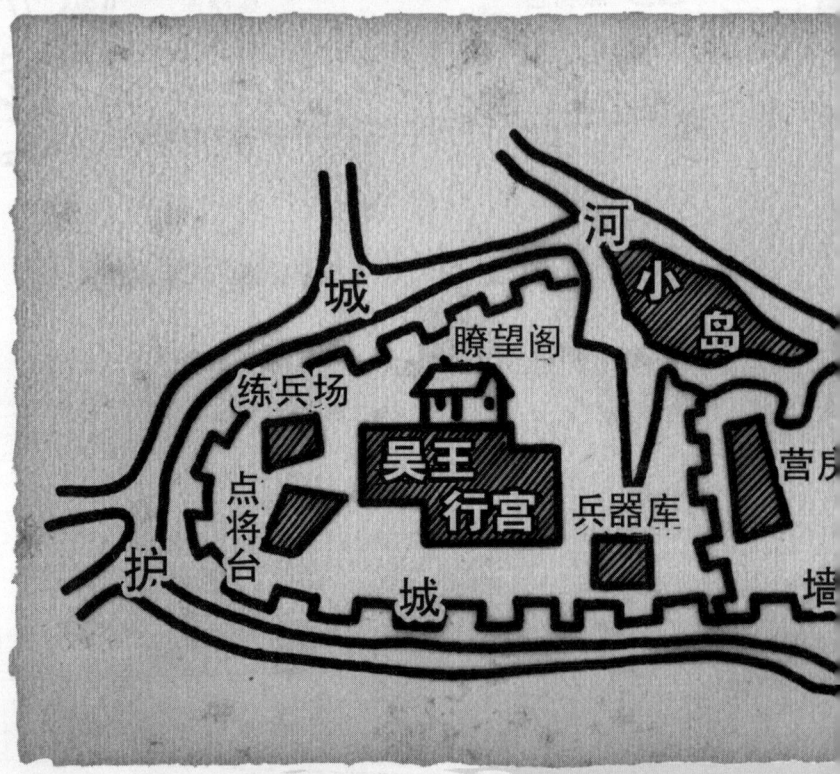

图1—20　复原后的阖闾城示意图

进文物景点指南》。在这幅示意图上，可以看出距今2520年前那座古城池的原来风貌：阖闾城是一座被护城河封闭严实的城池，整座城堡分大小两座，东城小而西城大，互相连为一体，合起来形状颇似一只古人的鞋履。在城的北面和西面，各辟有两条水道；城东偏北，有一小岛。另外，位于城中央的宫殿高场上，设立类似瞭望哨功能的台阁，此种高场，在淹城的中心同样也存在，即窦氏之祖居地也。城内建筑尚有兵器库、练兵场、点将台等。在东城墙和小岛之间，还有一个居民点，似乎是专供地位较低的官吏或士卒居住。

2004年4月5日，《苏州日报》刊发了读者朱炳炎的来稿，讲述他心内一个疑惑：苏州有个阖闾城，无锡（武进）怎么也会有个阖闾城？对此，该报有位记者产生了一探究竟的欲望。在朱先生的陪同下，那位记者来到无锡与武进交界处实地察访（为让读者了解真实情况，特将这篇实地采访记于附录一）。

就在《苏州日报》登载这篇文章后不久，由南京博物院考古研究所陆建方研究员、武进区淹城博物馆研究人员、江阴佘城遗址联合考古队钻探组一行，对常锡交界处的阖闾城遗址进行了为期11天的调查钻探。初步认定，这一带有可能就是当年的吴国阖闾大城，专家们撰写了调查报告，从多个方面进行了论证。

阖闾城筑于公元前514年，即阖闾元年。《吴地记》文："阖闾城，周敬王六年（前514年），伍员伐楚还，运润州利湖土筑之，不足又取吴地黄渎土，为大小二城。当阖闾伐楚回，取以为号，子城在无锡富安乡，地名闾江。大城在阳湖界十六都八图。"

《吴地记》所载的富安乡，又称闾江乡，现称胡埭乡。阳湖界十六都八图即武进雪堰镇城里村。《吴地记》里所说的大城即今苏州市，小城即阖闾城。这说明大小二城建筑于相同时期。

据考古人员勘察，阖闾城四周皆河围绕，城墙仅遗存西南半个城。在城的断面并未发现砖石之类，说明此城纯用土筑。城的南面略偏东处有一洞口，可能是当时的门洞。

那么，吴王阖闾为什么要在苏州和武进这两个不同的地方，同时建造两座阖闾城呢？关于这一疑问，我们只要从阖闾在位时期的政治形势作一分析，即可找到答案。

第五章　结语：勾践范蠡被拘的牢狱在淹城
——实地勘察图录之四

阖闾争霸天下，除了在战场上杀了无数的兵卒，还在邻国俘获了许多人质。这些人质，多为战败国的王公贵戚，而且其中女眷也甚多。举其著者，吴王阖闾九年（前506年）四月，蔡国灭了不参与盟会的沈国，蔡侯又将自己的儿子和大夫的儿子给吴国作人质，表示伐楚的决心。继而，冬十一月，阖闾伐楚，攻陷楚国的郢都，楚昭王只带着一个妹妹出逃。于是吴国君臣按等级强掳楚国君臣夫人。两年之后，即阖闾十一年（前504年），吴人用舟师打败楚军，俘虏了楚国7个大夫和2个水军将领等。[18] 还有，阖闾攻打齐国时，大获全胜，又虏取齐王的女儿为人质。[19]

阖闾还国后，要把这么多的人质或俘虏囚禁起来，其中还有不少女人，这就必须要有一座庞大而坚固的监狱才能行。这就是他之所以要造阖闾城、何留墅（留城）和淹城的原因所在！这三座城池，阖闾城、何留墅可以推断为吴王阖闾的行宫和别馆，只有淹城才是真正意义上的监狱。而从这三座城池的规模来看，淹城当属最大。

那么阖闾为什么要在同一个地方建筑三座城呢？其实，这是不成问题的问题。原因有二。其一，这些被关押的人质或俘虏，大都是战败国的王公贵戚及将领，吴王常常会因尚未平息的战事来提审他们。其二，一些被掳掠的女眷，也成了吴王及其大臣的战利品，如上面所提到的楚国君臣的夫人就是。吴王及其大臣住在行宫和别馆之中，可随时从监狱内提取女性人质，供他们享乐。今在淹城出土的文物中，有玉珠串和陶纺轮等装饰物和三十余件纺纱工具，这些只有女人使用的物件，便是一个明证。

关于淹城，本文有一点需要说明的是，其肇始于阖闾在位时，而夫差只不过是坐享其成，于是这里也就成了囚禁勾践和范蠡的牢狱。所以我们回过头来看，《淹城窦氏家谱》记载的"越子为质于吴，被拘于斯，不得还国"，只点到了其中的一段历史。

行文至此，一定会有不少读者发出这样的疑问：史载勾践和范蠡入吴时，他们是被拘押在石室之中的，而淹城并无石室。关于这一点，笔者在本篇末附录二中再作详细探讨。

---

[18]应永深等：《春秋史话》第十六章"吴楚之争与吴国的霸业"，中国青年出版社1982年版。
[19]（东汉）袁康、吴平辑录，俞继东校注：《越绝书·吴地传》第二卷，贵州人民出版社1990年版，第53页。

第六章 最不幸的消息：春秋淹城遗址遭到人为破坏
——实地勘察图录之五

2006年5月16日清晨，我尚在睡梦之中，被一阵急促的电话铃声催醒。

打来电话的是常州市武进区淹城村84岁的老党员窦义生。他用急切的语气说："不好了，我们淹城被人破坏了！"原来，自5月10日以来，武进区城建局下属的一个工程队开来了抓土机和推土车共两辆，在淹城东护城河进行填土筑坝工程。两辆工程车夜以继日地施工，目前已经在东护城河的东城冈至外城廓之间，赶筑了两道土坝。

图1-21 最不幸的消息之一

淹城为国务院1988年公布的全国重点文物保护单位。在其所规定的景区内，任何人不得擅自动土改建。事不宜迟。在请示了文汇报社领导之后，我于当日下午立即乘火车赶赴现场，了解情况。

其时已是傍晚6点40分之后，天色将暝。我在淹城村乡民的陪同下，由老城门入城，自西往东行。及至走到半路，便听到从东护城河方向传来的推土机隆隆的声响。

我们趋至护城河边，拨开浓密的树枝，可以看到一辆深黄色的抓土机正把泥土从岸上抓入河道之中。而另一辆推土车则发出阵阵轰鸣，在将要筑成的坝上来回推土，平整河坝。

此刻，乡民们又将我带至离新坝约百米远处，只见另一条土坝已在河心当中筑成。这两条土坝，每条长约70米，宽约8米，拦腰斩断了淹城东护城河的河道，从而将淹城的"三河三城形制"完全破坏！

第一篇

图1-22　最不幸的消息之二

　　我连夜在淹城走访了十数户村民，其中有村干部，离退休干部，也有平民百姓。他们对武进区城建局下属单位的某些人为经济利益驱动，随意改动这座古城池格局的做法表示坚决反对。此前，即5月15日，淹城村委会曹建浩书记、许中华村长，以及附近5个生产队干部、群众，聚集在村委会，就淹城格局被破坏一事，质询武进区城建局干部何杰。何杰说："淹城填土筑坝一事已经成为定局。淹城到了必须开发的时候了。所以这个坝我们赶在汛期（即梅雨季）前要筑好。"而当村干部提出要施工部门解释他们这种野蛮施工的做法，与国务院文物保护条例是否相悖时，这名干部沉默不语。

　　5月17日，我在推土填坝的现场拍了照片。当我离开淹城时，淹城的原住民窦义生老人赠我一部2005年续修的《窦氏宗谱》，谱中"淹城大事记"，对解放后50多年来，党和人民政府对淹城采取的保护性措施，所记颇为详明。

　　公理自在人心。《中华人民共和国文物保护法》第九条明确指出："基本建设、旅游发展必须遵守文物保护工作的方针，其活动不得对文物造成损害。" 笔者相信，淹城老百姓手中握有国家赋于的这柄"尚方宝剑"，一定会制止这场文物之劫难。

图1-23 最不幸的消息之三

作者附笔：书稿付梓之际，江苏省文物局文保处干部陈朋光打来电话告诉，他们已发文武进文化管理部门，责令停止施工，恢复原貌。

【附录一】

大小两座阖闾城

　　成书于汉代的《吴越春秋》等史料记载，公元前514年，吴王阖闾命伍子胥建阖闾大城（今苏州古城区），本报1日据此刊登了《2500年——从阖闾大城走来》一文。但读者朱炳炎先生却致电本报，称阖闾城应该在无锡，并且是省级文物保护单位，他亲眼看到过。

　　这一消息让记者产生了一探究竟的欲望。在朱先生的陪同下，记者昨天来到无锡与武进交界处。只见几座小山与太湖之间的平坦大地上，一条宽约20米、高约3米的土冈断断续续地蜿蜒着，南北长约1000余米，东西宽约800米。土冈上粉红的桃花娇艳欲滴，金黄的油菜花随微风送来阵

图1-24 阖闾城遗址碑
图片源自常文史"雪堰阖闾城再掀吴都之争"。

阵芳香。土岗与锡宜公路交叉口,一块石碑高高耸立,上面写着:"江苏省文物保护单位:阖闾城。时代:周敬王六年(前514年)。江苏省人民政府1982年3月25日公布。无锡县人民政府1982年10月立"。

当地居民刘玉凤介绍,阖闾城分东城和西城两个部分,两城以中部的小河为界。他们村建在东城,就叫东城村,属无锡市湖埭镇闾江村;西城里面有个城里村,属武进市雪堰桥镇。记者看到的土冈,就是当年的城墙遗址,现在成了当地的旱田。土冈里出土过不少古代的遗物,她家也挖到过一只陶碗。最近,当地政府派人对土城进行了测绘,可能是想进一步保护土城。

在她的带领下,记者真的在那里挖到了几块陶器碎片。据当地传说,建阖闾城时,吴国军队的大本营在土城北面的胥山,伍子胥为配合水陆作战,下命令开挖三江,以利水师出入太湖,并利用三江之土筑了阖闾城。这个城北有胥山,南有太湖,城内又便于屯兵操练,这样就可以控制楚、越两国之入侵,保障吴都的安全。 苏州城被称为阖闾大城不容置疑,为何这里又出现了一个"阖闾城"?记者查阅了有关资料,发现以下记载:"阖闾城建于春秋晚期,周敬王六年(前514年),伍员伐楚还师,吴王阖闾命其筑大小二城,大城即今苏州市,小城即阖闾城。" 看来,无锡阖闾城只是苏州古城的兄弟城。

(原文载2004年4月5日《苏州日报》,作者:施晓平。标题有所改动)

【附录二】

关于吴国石室

一 馆娃宫里的性贿赂

从苏州人民桥起程,有好几条公交线路可达木渎镇灵岩山。下车后,步行一段山道始至山脚。道旁奇石,穿空壁立,有云罗汉,有曰石佛,其态或拱或揖。再看山路两边的青松,若老龙鳞,长林参天,苍岩蔽日,幽异不可名状。才至山腰,但见梵宇迭次,钟磬之音不绝袅袅,如临九渊,人心至此,独持半偈,而万缘皆息矣!

历史上传说的夫差拘押勾践和范蠡的石室,就在灵岩山馆娃宫下,经灵岩寺一缁衣老僧指点,石室的遗址仍存,即观音洞所在也。

要说勾践和范蠡被押入吴困居石室,我们不得不提及发生在公元前488年馆娃宫里的那场性贿赂。

这场性贿赂中的主角,一边是吴王夫差,一边是越国美女西施。

西施,历史上确有其人。早在荀子《正论》里就写到了她。荀子曰:"譬之是犹以人之情为欲,富贵而不欲货也,好美而恶西施也。"这句话的意思说,一个想盼望富贵的人,若是说他

图1-25 馆娃宫原址

不要财宝的话，那就犹如一个贪恋情欲的人讨厌西施一样，这是不可能的呀。荀子出生于公元前313年，他写《正论》的年代，距西施入吴时间也只有200年左右，其所记当属可信。

近年来，有些史学工作者撰文认为，历史上实无西施这个人，他们的依据：在先秦诸子著作中就已屡见"西施"之说。如《管子·小乘篇》中就载有："毛嫱、西施，天下之美人也。"该书作者管仲系春秋初期人，可见，"西施"至少比勾践早出生200多年，管仲怎么能够说到200多年后的西施呢？其实，学术界已经有专家对这个疑问作出了解答，经研究，《管子》一书，并非系齐国管仲撰，多认为战国秦汉时人假托之作。[20]

西施入吴后，吴王命人在山上大兴土木，修建了一座华丽无比的行宫，名"馆娃宫"，供她游憩。"馆娃宫"工程浩大，从水路运来的木头，把山下的河汊都填满了，所谓"木于渎"，即指此事。现在山下的"木渎镇"之名，亦由此而来。尽管藏娃金屋早已烟消灰灭，然终不能减少游人寻古猎奇之心。

"馆娃宫"建成之初，铜柱玉槛，金装玉饰，华丽无比。关于"馆娃"之名，

图1-26 馆娃宫下的木渎古镇

图1-27 吴王井

---

[20]关于《管子》的成书年代，据郭沫若研究结论，《管子·侈靡》一篇是荀卿学派的后起之秀、李斯的门人或门下客所作。见《千古之谜》之九："典籍考证"，中州古籍出版社1989年版，第254页。

《吴县志》有这段记载："扬雄方言：吴人呼美女为娃。"又曰："今灵岩寺即其地也。"馆在古语里是客舍的意思，也就是说，灵岩山上的馆娃宫，为吴王夫差的别馆所在[21]。

吴王还别出心裁，在"馆娃宫"建"响屐廊"。《东周列国志》上说："何为响屐？屐乃鞋名，凿空廊下之地，将大瓮铺平，复以厚板。令西施与宫人步屐绕之，故名响屐。今灵岩寺照塔前，小斜廊，即其址也。"由此可知，响屐廊为一小斜廊，当时工匠们将廊下的岩石凿空以后，铺以大缸，再覆以厚板，西施和宫女们便穿着木屐在廊中行走，便发出铮铮响声，如敲木琴，逗吴王和西施欢乐。

山顶花园中，有梳妆整容的"吴王井"、良宵戏水的"玩月池"、西施赏花的"玩花池"等古迹。吴王则尽其所能以博取西施欢心，但西施却总是郁悒不乐。一天，吴王问西施："你要什么我给你什么，就是月亮还没有拿来给你，可是你为什么还不高兴呢？"西施说："要摘天上的月亮，倒也不难。"她献计道："大王只要命人在山顶凿井，井边开池，取井水注入池内，即可得月。"吴王当然照办。西施的琴台位于山的最高处。史书上说吴"尝与西施鸣琴于山巅"。琴台上刻有明代王鏊题书"琴室"两大字。

唐代大诗人皮日休《馆娃宫怀古（其一）》云：

绮阁飘香下太湖，
乱兵侵晓上姑苏。
越王大有堪羞处，
只把西施赚得吴。

图1-28 西施玩月池

[21]2004年5月，苏州博物馆姚瑶将其新发表的论文惠赐于我，论文标题为《从苏州春秋晚期聚落形态看灵岩大城址》。该文提到一个重要证据：新发现灵岩春秋大型城址，在布局上形成小城、大城、郭城三重套叠结构，在小城内发现有大量台基，可能是宫殿区。

诗人不去指责吴王夫差的荒淫误国，却把矛头指向了越王。诗中的第三、第四句就勾践灭吴一事，批评越王将一个美女西施，赚来了整个吴国，真是"大有堪羞"啊！这是很值得今人回味的妙喻。试看吴越兴亡的史实，诸如越王十年生聚，卧薪尝胆；吴王沉湎酒色，杀伍子胥，用太宰嚭。凡此种种，也算是古代的一种成功的性贿赂范例吧！

二 勾践被囚的牢狱不在灵岩山

灵岩寺老僧告诉我，关押勾践和范蠡的石室所在地，史无明载。只是在苏州一带老百姓的口碑中，依稀能找到它的影子。老僧指点说，石室的遗址就是观音洞，位于山腰之中，你可上去游览。

图1-29 传说中拘押勾践的石室

趋前一看，不禁失望。这个石室，其实是一个自然形成的山洞，它紧贴着山壁，面积很小，我踱步丈量，洞宽约4步，进深约6步，算起来大概也只有20余平方米吧。怎么能够让人相信，如此狭小的山洞，竟然会是一个囚室，而且关押过一国之君的勾践及其股肱大臣范蠡！此其一也。监狱一般都是设立在人迹罕至、交通偏僻的地方，而灵岩山馆娃宫距吴都甚近，附近缺少军事防御设施，若作为吴宫别馆尚有可能，但拘押要犯，尤其是像勾践、范蠡这样的要犯则不可能。此其二也。所以，由上述两点观之，我们完全可以断言，勾践、范蠡被囚的牢狱不在灵岩山。

三 关于吴国石室的形制及其作用

关于吴国石室的形制及其作用，笔者在文中有必要向读者诸君多交代几笔。

20世纪80年代初，江苏、浙江的考古工作者在春秋吴国故地、吴越边界的吴县、宜兴、长兴等地和长江口的山脉脊上作了认真调查，发现了数以千计的石室土墩遗迹。通过科学发掘，出土了大量的几何印纹硬陶和原始瓷器。几何印纹硬陶主要有陶罐、陶瓿、陶鼎等。原始瓷器主要有碗等食器，造型、胎质、釉色等都很完好。从出土遗物的情况看，在春秋时期，石室土墩曾多次利用，是古代遗留下来的军事建筑遗迹。

石室土墩大多直接建筑在山脊的基岩上，左右后三壁用当地石块垒筑，平面呈缺口长方形。壁高一般2米左右，底宽1.2米，顶宽1米。用方整的大块石做盖顶。壁石较大，一般1米见方。石缝间嵌小石块。出入口处堆70—80厘米高的一块，做掩蔽用。关于石室土墩的建筑目的和用途，地方志上曾有记载，《吴县志·古迹》卷三十二云：望越台，俗称"烟火墩"，吴王时所筑。《吴县志·古迹》横山（七子山）条有："山之九岭，九岭各有墩，中空，为藏军处。"20世纪80年代初，笔者利用两天时间，在吴县七子山踏勘土墩石室。七子山在苏州城西南7公里处，在苏州火车站乘1路旅游公交车即可到达。山的海拔294.6米。它因山顶上有七个土墩石室而俗称七子山。七子山上的土墩石室都作平顶圆锥形，水平高度5米左右，底径20米左右，顶径8米左右。墩用石块和石条堆砌而成。石壁成"八"字形，上面有压顶石，内部空间可容纳十多人。因此，有人说它是春秋末期吴国防御越国攻击所筑的烽燧墩，供驻兵瞭望，每当发现有敌兵来犯，即在墩上举火烧烟，一墩相应一墩，以告戍守之兵及时御敌，形成一夫当关，万夫莫开之势。

图1-30 馆娃宫的西南屏障——七子山远眺

【附录三】

寻找勾践的后裔

  关于勾践姓名得来之原由，我们根据《史记》"越王勾践世家"记载，可以上溯其源流。勾践是夏人苗裔，夏以姒姓，勾践理所当然也是姓姒。

  勾践的姒姓，是中华民族最古老的22姓之一。顾炎武《日知录》卷22云："言姓者本于五帝，见于春秋者，得二十有二。"这之中，勾践的姒姓便是其一。学术界认为，见于春秋时代的22个姓，也就是远古22个氏族延续到春秋时期的后代。

  时至今日，绍兴大禹陵附近，还有一个姒姓村庄，自谓是勾践后裔。为了考证勾践后裔的历史和今状，央视国家地理频道采访并播映了他们在越国故都绍兴所拍摄的片子。以下就是该片的解说词：

  在中国众多的姓氏中，姒姓可以说是一个小姓氏，分布在各地的姒姓后裔不足2000人。据史料考证，姒姓是一个有着4000多年历史的姓氏。姒姓的祖先是被世人千古传颂的中国古代治水英雄大禹。大禹也是华夏民族杰出的圣祖。

  据司马迁《史记·夏本纪》记载，大禹治水告成后，在江南会集诸侯，记功行赏。大禹去逝后，葬在浙江省绍兴市的会稽山。

  大禹，姓姒，号文命，生于公元前2277年，卒于公元前2213年，享年64岁。

  《绍兴市志》总编研究员任桂全介绍：当时大禹的五世孙，少康的时候，他考虑到祭禹的事情，所以封他的庶子无馀到绍兴来定居。因为大禹姓姒，那么他的子孙，姒姓就在绍兴定居下来了，主要是守陵。按照《姒氏世谱》记载，从大禹到现在，世代相传已经140多世了。

  清光绪元年所修《祀禹录》中的大禹家谱，记载了从大禹开始，到禹的141世后裔期间姒姓在浙江绍兴会稽山数千年的繁衍过程。如今，在绍兴市，姒姓后裔大约有150户人家，400多人。他们当中的大部分姒姓后裔，主要聚居在大禹陵附近禹陵乡的禹陵村。

绍兴市禹陵乡禹陵村大禹142世孙姒元谋说：从大禹到现在已经四千多年了，传到我这一辈已是142代了。禹陵村姓姒的人家有100多户，人口有300多人，其中最小的辈分是第145代。

《绍兴市志》主编研究员任桂全说：据说，现在全国姓姒的，总数不过2000人，而这2000多人，又分布在全国各地，包括北京、上海、天津、黑龙江、陕西、云南等地，台湾也有姒姓的子孙。

姒姓的子孙，在中国历史上也出过不少名人。据考证，春秋战国时期的越王夫谭、允常和勾践，他们都是大禹的子孙。越王勾践是大禹的第44世孙。大禹则是姒姓中最杰出的历史人物。

《绍兴市志》主编研究员任桂全说：大禹是我国古代的治水英雄，也是华夏民族开国之祖。他的治水精神，三过家门而不入，为民造福的精神，向来受到老百姓的敬重，特别是我们绍兴老百姓的敬重。因为大禹死后，他葬在会稽山下，现在这里有大禹陵、禹庙、禹祠。历代都纪念大禹。

大禹陵位于绍兴市城东南6公里处的会稽山。是一处合陵、祠、庙于一体的古建筑群。自禹葬会稽之后，祭禹活动已持续了四千多年。祭禹是中华民族的传统，是自古以来的重要祭典。

《绍兴市志》主编研究员任桂全说：我们绍兴从1995年开始恢复公祭大禹。这几年，包括台湾的夏氏，河南的禹氏，全国各地大禹的子孙都前来这里。因为大禹的子孙当时封在全国各地，那么便以国为姓，子孙的姓氏据我知道就有23个。其中有夏氏、禹氏、费氏、辛氏、杞氏等等。那么，姒姓是大禹的嫡传子孙。

绍兴市禹陵乡禹陵村大禹142世孙姒元谋说：国家现在是每年4月20日祭禹。祭禹的时候，分布在台湾的姒姓亲人也赶来，其他地方的人也来，在祭禹的时候，这里是非常热闹。

近几年来，分布在海内外的大禹后代们，纷纷前来绍兴公祭大禹。台湾夏氏宗亲会和台北绍兴同乡联谊会，年年组团来绍兴寻根祭祖。

台湾夏氏宗亲会一位大禹后裔说：我们是姓姒，他是姒氏的143代。他是我的孙子，每年我们都来，我们老家就在禹陵门口那边。

原来我们是守墓子孙。大禹是我们的老祖宗，他真是很伟大。

台湾夏氏宗亲会另一位台胞说：因为我是姓夏，也可以说，夏禹是我们夏氏的始祖，所以，我每年基本上都要参加。

台湾夏氏宗亲会还有一位台胞说：在台湾50年，我们下面的第一代、第二代对祖先，说良心话，都已经没什么印象，比较淡忘了。回来参加大典，告诉小孩子，我们回家参加我们夏氏祖先祭大禹，大禹在历史上非常有名，那我们夏氏觉得非常荣幸，回来让小孩子也了解一下祖先的一些光辉历史，让他们也回忆一下祖先有什么事迹，让他们了解一下祖先。

提示：

姒是中国古老的姓氏。姒姓的祖先是大禹。

历史上姒姓人物有：大禹、夫谭、允常和勾践等。

明清时期，姒氏后裔从浙江陆续迁到台湾定居。

（原载《中华姓氏文化》，题为《古城绍兴话姒姓》）

【附录四】

40户姒姓迁入守陵村

被誉为"中国第一守陵村"的新禹陵村已于2006年2月正式竣工。这个守陵村，是在颇具传奇色彩的原禹陵村的旧址上建造的。

新建起的禹陵村，蜷伏在大禹陵附近。穿过祭禹广场，只见一幢幢古色古香的房子，粉墙黛瓦，错落有致，这些房子临河而建，仿佛散发着远古的气息。新禹陵村被一条小河分成两个部分，五座石桥连接着一河两岸。新建的禹陵村内青竹翠绿，梅树吐芳，石板小径，小巷悠长。

据大禹陵景区负责人王水良介绍，新禹陵村于2003年底开始改造新建，保留了原禹陵村有价值的古建筑。新禹陵村占地4.8万平方米，全村分成两个部分，一是禹陵村文化展示区，展示禹陵村古代耕作生活和民俗等；一是大禹后人的居住地，近40户姒姓人家将回迁于此地。

据王水良介绍，这里的文化布展很有新意，如水龙间民俗风情图片、祭禹文化展示、大禹后裔姓氏展示、生育文化布展等。守陵村在开放后将向游客推出"为大禹守一夜陵"、"寻根游"等项目。

据悉，新建的第一守陵村将于今年4月1日祭禹前正式开放。

（原载《新民晚报》2006年2月13日）

【附录五】

科学家对姒姓家族进行基因研究

  2001年10月上旬，羊城晚报、《新快报》、《今日早报》等新闻媒体先后载文报道，上海科技界从绍兴市越城区禹陵村姒姓的男性村民中抽取血样，进行人类基因研究。以下就是这篇报道的全文——

  杭州消息 治水英雄大禹到底是何方人氏？在中国史学界内一直有争议。随着人类基因技术这一高科技手段的介入，谜底不久将被揭开。

  上海复旦大学生命科学学院现代人类学研究中心，目前正在开展"百越源流的遗传探索"的课题，"禹夏的族属分析"是其中的一项研究内容。9月下旬，该研究中心的两位研究生李辉与黄颖第二次来到绍兴市越城区禹陵村从姒姓的男性村民中抽取血样。据研究者介绍，在人类的基因组中，男性特有的一段Y染色体是世代相传千年不变的。

  大禹治水的功绩几千年来广为流传，绍兴人也一直为有这样的英雄而自豪。史载大禹姓姒，至今禹陵村里还有几百名姒姓村民，相传是大禹之后。然而，大禹的身世在学术界却是争执不下的悬案，有的认为大禹生于四川，在中原开夏朝。这个历史之谜，由于分子遗传学的介入，有望得到解决。

【附录六】

淅川、肥城、运城范蠡后裔之争

范蠡是何方人氏？目前综合学术界讨论，计有三种说法，即山东肥城、河南淅川及山西运城，现略述如次：

山西运城说。在山西运城市郊陶村镇，镇上老百姓说，陶村镇是范蠡故里。范蠡墓仍存，位于村西口一所学校旁。墓前有一座约3米高的碑楼，上书"越名臣"三个大字，篆额为《重修陶朱公墓碑记》，系清康熙年间安邑县官扈亭父撰文立石。碑文赞颂了范蠡一生事迹，继云因范蠡墓岁久倾圮，其后裔请求县官捐俸助修。陶村镇还有范蠡遗迹碑楼一座，碑楼前有一小块刻着"运城市文物保护单位 陶朱公墓"的方形石碑。

肥城陶山说。清代著名学者唐仲冕所著《岱览》中记载："（范蠡）扁舟至齐，止于陶，号陶朱公，即今肥之陶山也。"

陶山周围至今仍留有范公经商的村名，如钱庄、兴隆、张店、毛家铺、董庄铺等，山下陶姓、范姓、朱姓，据说就是范蠡的后裔。

陶山有范蠡祠遗迹，欧阳中石题额。范蠡祠建筑精美，祠前竖立着两石柱，上刻"赤心报国兴越时竭能洁己，立志诛奸灭吴后独善知人"，文字十分清晰，是后人对范蠡的高度评价。步出范蠡祠，沿小路拾级而上，就是范公墓了。墓坐落于群山环抱之中，墓前有日本友人酒井的"陶朱公金玉良言"石碑共十六则。登上台阶，来到墓前，又有一石碑，用篆文刻着"忠以事君，智以保身；千载而下，孰与比伦"，据传为李斯手笔。

又，山东《大众日报》2004年4月12日刊发报道，题为《范蠡墓的确在肥城陶山》，原文如下：

山东、浙江纷争已久的范蠡墓地一事终于水落石出，肥城市近日出土的3块明代石碑记载，被誉为中国商家鼻祖的范蠡死后确实葬在肥城陶山。据《史记》记载，战国时期的越国大夫范蠡"浮海出齐，止于陶"，陶即肥城陶山。但浙江的史学界普遍认为，范蠡墓应当不在山东。近日，肥城市湖屯镇幽栖寺村村民在村后水库边的一口古井中挖掘出8块石碑，分属明代、清代和民国时期，其中3块是明代重修幽栖寺时所刻。据村民介绍，石碑是"文化大革命"时期拆除幽栖寺大殿时运出殿外修砌水井的。专家考证，其中一块为明崇祯七年立，碑上刻有"太史公纪范蠡避地居陶，陶为通衢……"另一块上刻有"幽栖寺何为而名世，以越大夫范蠡自春秋迄于今也"。据此，原国家文物局局长孙轶青、北京大学教授于希贤、杭州大学教授陈桥驿等权威人士一致确认，石碑的出土，充分证实了两千年前范蠡在陶山一带隐居经商、死后葬于陶山之说。

河南淅川说。按《吕氏春秋》记载，"范蠡，楚三户人，字少伯"，而楚三户则在河南淅川县大石桥乡柳家泉附近。据南阳范氏家谱记载，范氏为尧的儿子丹朱的后裔。随着封地或官位的变化，先后姓祁、韦、杜、士。战国时，士会任晋中军主帅，执掌国政，得范邑封地。后世分士氏、范氏、随氏。晋静公二年，范氏迁入南阳顺阳川（在现淅川县境内），开辟了顺阳范氏旺族。范蠡就是其中的佼佼者之一。

淅川县城建范蠡公园，并有商圣祠等历史遗迹。商圣祠位于牛尾山顶峰，面阔3间，进深3间，为硬山式建筑，两山出檐，四角挑檐，突出丈余，飞脊挑梁，四周环廊排列有12根红色大柱，柱高7米。整个建筑坐落于汉白玉构建的台阶之上，四周有栏杆相依，远观雄伟壮丽，近看雍容典雅、古朴美观。祠内高丈余的商圣范蠡端坐中央，昂首挺胸，极目南望。

第二篇

"China"1语惊世界
——蜀身毒道[1]跋涉记

[1] "身毒"一词,读作"yuān dú",这是云南古方言的遗存。

第一章　历史背景及谜案焦点

一　"China"一词典出何处

纵观古今，外国人称呼中国的名称很多，如古代的俄罗斯人称中国为契丹，这个词一直沿袭至今而未改易；中世纪西方伊斯兰教徒有称中国为唐家子；其他还有如汉土、桃花石、赛里斯等等，而其中流传最为广泛的是"支那"这个名称。世界上所有的文明古国，如印度、罗马、希腊、伊朗，以及当代许多发达国家，如英、美、德、捷、日，几乎都用 China 即"支那"或与之音近的名称来称呼中国。

查权威的《辞源》和《辞海》，两者对"China"即"支那"一词的解释，亦互有抵牾。因此，对"China"这一音译名称的出典，时至今日仍难以断定，论者各执其是，且皆言之凿凿，论文累牍连篇，其结论也大相径庭，这就很值得加以研究，一诘其所以然了。

关于"支那"一词，在古代印度是有所解释的。慧苑《华严经音义》载："支那，此翻为思维。以其国人多所思虑，多所制作，故以为名。"法云《翻译名义集》则云："支那，此名文物国。"意谓以"支那"来称呼中国这一思维发达、文物昌盛的国度。近代以来，中外史学界对"支那"一词的缘起不断进行探究，有的认为与中国的特产有关，如源于"茶"、源于"瓷"、源于"丝"，等等；有的认为与中国的古代王朝或地域有关，如源于"秦"、源于"滇"、源地"荆"，等等。除秦而外，其他见解大都支持者有限，论据亦嫌单薄，兹不一一赘述。

最早提出"支那"源于秦的大概是唐僧玄奘。玄奘在印度对羯若鞠国王说的一番话，对"支那"的解释提出了自己的观点，他说："支那者，前王之国号；大唐者，我君之国称。"这里的"前王之国号"，当然不可能是汉，只能是秦。

57

第二篇

　　玄奘的这一论点，虽然没有任何论据，但却赢得了不少后世学者的认可，至今已沿袭成较为流行的一种说法。三百多年前，明末西方传教士卫匡国首先提出相同的看法，认为"支那"是秦的译音。日本学者高桑驹吉在《中国文化史》里也认为，由于秦始皇统一了六国，结束了分裂割据的局面，建立了第一个中央集权的空前强大的统一国家，在中国历史上开创了崭新的局面。秦帝国威名远播，使中国过境的少数游牧民族和中国北方、西方、南方的一些国家，都强烈感受到秦朝的强大，每每以秦人作为中国人的代称。《史记·匈奴传》、《史记·大宛列传》等古籍中均有所记载。清代学者薛福成在《出使日记》中说："欧洲各国，其称中国之名，英称采依纳，法曰细纳，意曰期纳，德曰赫依纳，拉丁之名则曰西奈。问其何义，则皆秦字之音译……揆厥由来，当由始皇逼逐匈奴，威震殊俗，匈奴之流徙极远者，往往至今欧洲北土。彼等称中国为秦，欧洲诸国亦相沿之而不改也。"因此，认为"支那"一词是由"秦"音转变而来，似乎已十分合乎逻辑了。

　　1911年，德国学者雅可比对"支那源于秦"说第一个提出了质疑。他指出，公元前300年前，印度梅陀罗简多王之臣商那阁的《政论》一书中就记载："支那"产丝，其丝货曾贩卖到印度。[2] 秦国强盛开始于公元前247年，而《政论》成书在公元前300年，早于秦，因此，"支那源于秦"说如沙上聚塔，难以成立。其后，又有学者论证印度的两部史诗《摩诃婆罗多》和《罗摩衍那》，其梵文定本编成于纪元后，但是其基本内容形成于公元前5世纪，其时业已出现"支那"的称呼。如此，通过排比分析，可以得出这样一个结论："支那"一词的出现要早于秦王朝的出现。

　　综上所列，人们在考证"支那"这一名词的起源时，往往只从梵语的字义上或其转音上去"对号入座"，这样考证的结果，前者因字生义，难诘其究竟；后者或论据单薄，或牵强附会，均经不起推敲。

　　言及于此，笔者敛笔沉思：事物总是由其因而种其果。印度人知道China——支那（中国）这个词，其中必定有一个传播源，正是因了这个传播源，才得以点点滴滴地、如同接力棒似的把中国文明传播到印度和中亚，以至更远的国家。

　　这个传播源是什么呢？它就是汉使张骞向汉武帝报告的"蜀身毒道"！这个传播源和支那的起源有必然的内在联系，而自玄奘以后的一千三百多年来关于"支那"一词的聚讼，恰恰忽略或者偏离了这个重要的内在联系！

　　围绕"蜀身毒道"与"支那"传播因果的这一大前提，笔者稽诸史实，并先后两次赴丝路古道，作艰苦的实地考察，从蜀身毒道的民族成分、文物、语言、风俗、地理、交通等多重角度，对"支那"之词源钩沉如此，方家通人，幸以教之。

[2] 雅可比所引的《政论》，疑为乔胝厘耶著的《治国安邦术》。季羡林：《中国蚕丝输入印度问题的初步研究》，载《中印文化关系史论文集》，生活·读书·新知三联书店1998年版，第76页有专条述及。

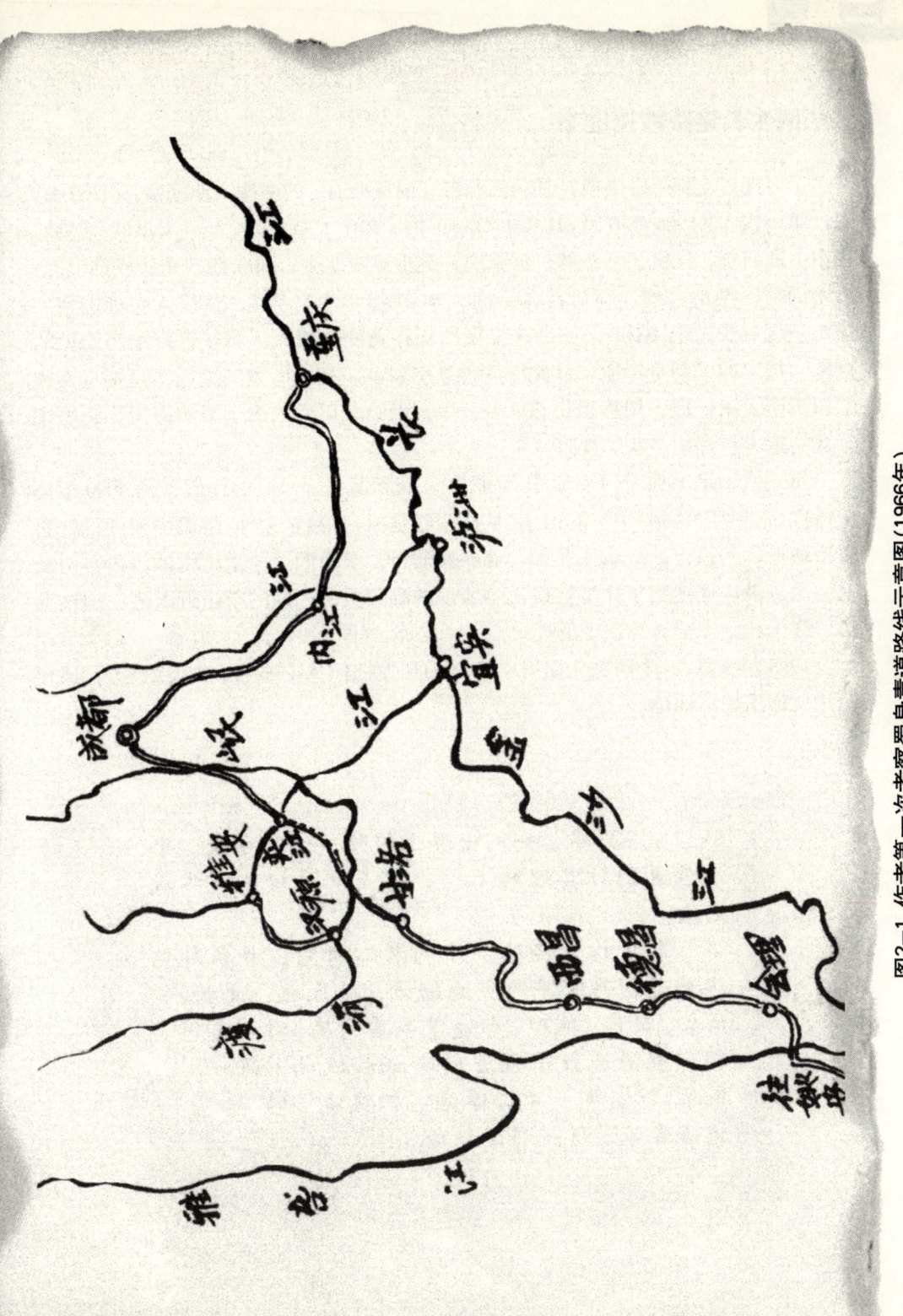

图2-1 作者第一次考察蜀身毒道路线示意图（1966年）

第二篇

二 两次长途跋涉探谜案

笔者考"支那"之出典，其动因源自"蜀身毒道"的两次实地勘察。（图2-1）

第一次，是1966年8月，其年17岁，正值"文化大革命"全国"大串联"时期。我由上海启程，经杭州、桂林，至重庆。继由重庆北上，到成都。又从成都出发，折南而行，抵达会理。同行者有云南大学67级学生赵从荣（曾任云南德宏州广播电视局局长，已离休），正是这位自幼长在腾冲的滇人，对我进行绘声绘色的宣传，神秘的"蜀身毒道"从此深深地吸引着我。初次考察的途程，是蜀身毒道的四川至云南一段，里程虽仅700多公里，但给我以后的人生影响极大，它磨练了我的意志，开拓了我的视野。

第二次，是1991年4月，其年42岁，我积蓄了一个月的休假，越4000多公里行程，来到"关隘悬绝"的云南，从昆明经楚雄、弥渡至大理，继而由大理、保山，过惠通桥，到芒市。最后从芒市、瑞丽折北行，至滇西边陲重镇腾冲，再自南及北，足迹最远处走到了徐霞客日记中所说的高黎贡山西麓的茶山野人区，通过勘访，终于找到了蜀身毒道上的连接点——支那。（图2-2）

1995年3月，《中国文化研究》春之卷刊发拙作《支那源于古傣语考》，该刊对论文作出如下评语：

> "支那"一词出典于何处？古往今来，中外学者们对其理解不一，以至聚讼纷纭，难成定论。
>
> 本文作者经过多年的潜心研究，并亲赴丝路古道，作艰苦的实地勘访，从民族、文物、语言、风俗、地理、交通等多重角度，对"支那"词源进行了周密的考证和破译，得出了"'支那'是古傣语'铜钱城'的梵语音译"这一科学结论。

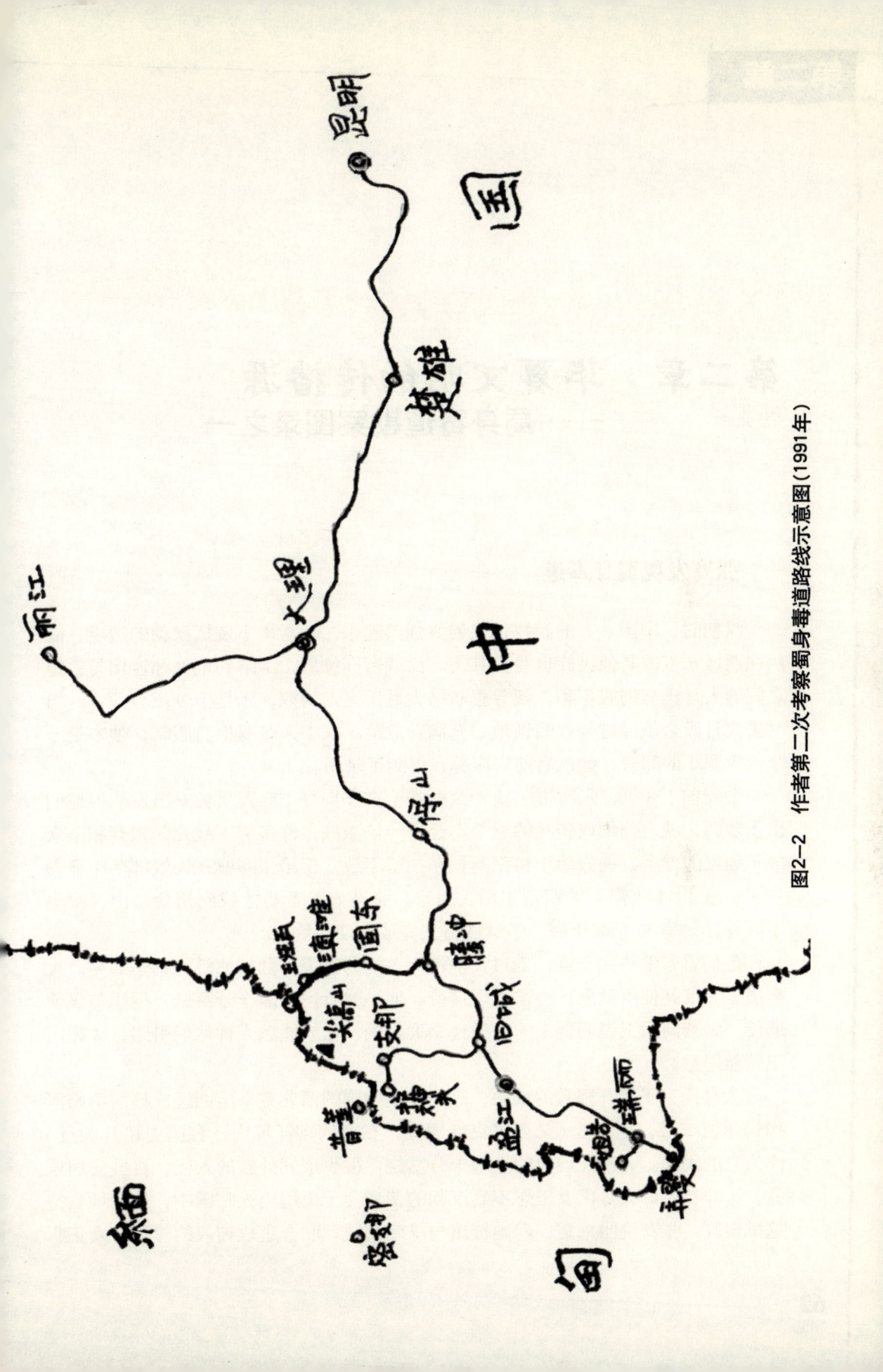

图2-2 作者第二次考察蜀身毒道路线示意图(1991年)

第二篇

第二章　华夏文明的传播源
——蜀身毒道勘察图录之一

一　张骞发现蜀身毒道

汉初时，中国北方的游牧民族匈奴强盛起来，时常南下侵扰汉朝的边境，散居在西域一带的其他民族也身受其害。汉武帝即位后，了解到地处祁连山与敦煌之间的大月氏与匈奴不和，便寻思联络大月氏夹击匈奴，于是下令招募使者。当时去大月氏必须经过匈奴的领地，充满着危险。汉中人张骞很有胆略，他本是一个位卑职小的郎官，闻讯后前去应募，得到了录用。

公元前138年，张骞带了精于骑射的士卒和向导100人从长安出发。但他们出了陇西，就遭到匈奴骑兵的追杀。经过一场激战，许多部下战死，张骞和余众成了匈奴的俘虏。匈奴单于将张骞长期扣留不放，于是张骞就在匈奴部落中娶妻生子，过了11年漫长的羁留生活。后来，张骞好不容易才找到机会逃出，聚集了向导甘父等30余名下属，继续西行去完成出使的重任。

他们忍着酷热和干渴，走过黄沙铺天盖地的荒漠，翻越葱岭，到了大宛。大宛国王见汉朝使臣到来，连忙予以接待。他早就听说中国十分富庶，很想与汉朝通使。张骞向国王说明他去的目的地是大月氏，希望能派人替他们引路，大宛国王欣然同意。

大月氏为了避开强敌的威胁，这时已从中国的西北方举国西迁，移居阿姆河和锡尔河一带，把大夏（又名巴克特里亚，在今阿富汗境内。我国史籍称大夏）作为它的属国。大月氏境内的土地十分富饶，很少遭到外族的入侵，百姓安居乐业，远非昔比。大月氏女王想不到汉朝的使者会千里迢迢光临国中，热情地款待这批贵宾。张骞说明来意，向她提出与汉朝结盟、联合进攻匈奴的建议。女王听了不住点头，但又不作决定。她留汉使在国内居住并到各处游览，张骞只得留下来等待答复。原来大月氏人当时的生活很安逸，已不再想动干戈向匈奴报国仇了，并且汉朝地处遥远，而凶悍的匈奴人就在自己的国门之外，所以对与汉朝结成军事同盟显得很犹豫。张骞数次前去催问，大月氏女王只是不置可否。

张骞在大月氏停留了一年多，了解了当地的许多风土民情。一次，他在集市上竟发现有中国四川出产的邛竹杖和蜀布出售，觉得十分惊奇。经询问后得知，原来这些物产是从身毒（印度的古称）运到大夏去，然后再贩运到这里的。从这一情况中他意外地发现一条回国的路径。既然联兵对付匈奴无望，于是他就率领使团启程归国。大月氏女王为汉使饯行，赠送了当地的土特产品等许多礼物，让他们带回汉朝。

汉使回程时没有从身毒走，也没有走来时的老路，他们取道葱岭以南的南山，穿过隘口，进入羌地。由于这片地区也在匈奴的控制下，张骞在归途中再次被匈奴扣住。关了一年多光景，直至匈奴王廷发生继位战争，张骞和甘父才趁着混乱逃了出来。公元前126年，他们回到长安，从出使到归国前后共13年，出发时有百余人，而归来时只剩下他们两人了。

张骞的出使虽然未能达到联合大月氏的预期目的，但却实地勘察了东西交通要道，开辟了举世闻名的"丝绸之路"，从而大大开拓了人们的地理视野，将一个新天地呈现在古人面前。作为官方的正式使节，张骞亦成为凿通西域的第一人。从这一点上说，张骞此行的意义远远超出了他的直接使命。关于出使的见闻，张骞曾向汉武帝写了一份具体翔实的报告，今天它已成为伊朗、阿富汗、印度古代历史的最早记载，弥足珍贵。鉴于这一功绩，汉武帝封张骞为太中大夫，后晋升为博望侯。

张骞向汉武帝提供了在身毒可以得到四川邛竹和蜀布的情况。建议派人去寻找从中国西南部通往古代印度、然后到达大夏的去西域的路线。公元前122年，武帝命张骞从蜀地犍为派队伍，分四路去寻找身毒国。这几支探险队深入西南边地，由于山川险阻，最后没有到达身毒，但他们横贯云南、贵州两地，无意中对巩固中国的西南边疆起了很大的作用。

公元前115年，张骞回到汉朝，被汉武帝封为大行。这"大行"之官职，是在宫廷里专门接待宾客的官员，如同今天的礼宾司司长。第二年，这位

图2-3 蜀身毒道上的马蹄印痕

作出巨大贡献的探险家、旅行家和外交家与世长辞。

张骞两次出使西域,沟通了中西经济文化交流的渠道。他带回了许多物产,植物的品种计有石榴、葡萄、苜蓿、胡桃、大蒜、芝麻、黄瓜、芫荽、蚕豆、芹菜、胡萝卜、番红花等不下十余种,它们在中国土地上生根繁殖,有些植物的汉语名称至今仍保留外来语的形式,如葡萄是从希腊语博特鲁(botrus)来的。西方的舞蹈、音乐、绘画、雕塑等也对中国古代的文化艺术产生了积极影响,某些汉石刻壁画以及汉青铜古镜也吸收了希腊艺术的风格。先进的汉文化也通过这条渠道传播到西方去,西域人得到了汉朝的铁器,并学会了铸造铁器,还把这种技术进一步向西传播。西方的冶铁技术最早就是从中国传去的。

二 "狙兽食铁,猩猩能言"

1. 腓尼基人做起中国丝绸生意

早在秦汉以前,中国西南地区就有一条通往国外的陆上通道。它起自四川成都,经双流县、新津县、临邛、雅州(今雅安)、荥经、嶲州(今西昌)、会川(今会理),渡金沙江,经弄栋(今大姚)、云南驿(今祥云)、龙尾城(今下关),至羊苴咩城(今大理),沿途共51个驿站,2934公里。[3]

[3]向达:《蛮书校注》,中华书局1962年版,第11页。

图2-4 南方丝路上的重镇:大理古城

从大理至缅甸和印度的道路及里程,查《新唐书·地理志》,其记载甚详:

自羊苴咩城(今大理),西至永昌(今保山)故郡三百里。又西渡怒江至诸葛亮城(故址在今滇西龙陵县)二百里。又南至乐城(今瑞丽)二百里。又入骠国境,经万公(古太公城)等八部落,至悉利城七百里。又经突旻城至骠国千里。又自骠国西渡黑山至东天竺迦摩缕波(今印度下阿萨姆,位于布拉马普特拉河中、下游)千六百里。又西南至中天竺国东境恒河南岸朱温罗国(今印度比哈尔邦境内)四百里。又西至摩羯陀国(今比哈尔邦拉杰马哈尔)六百里。

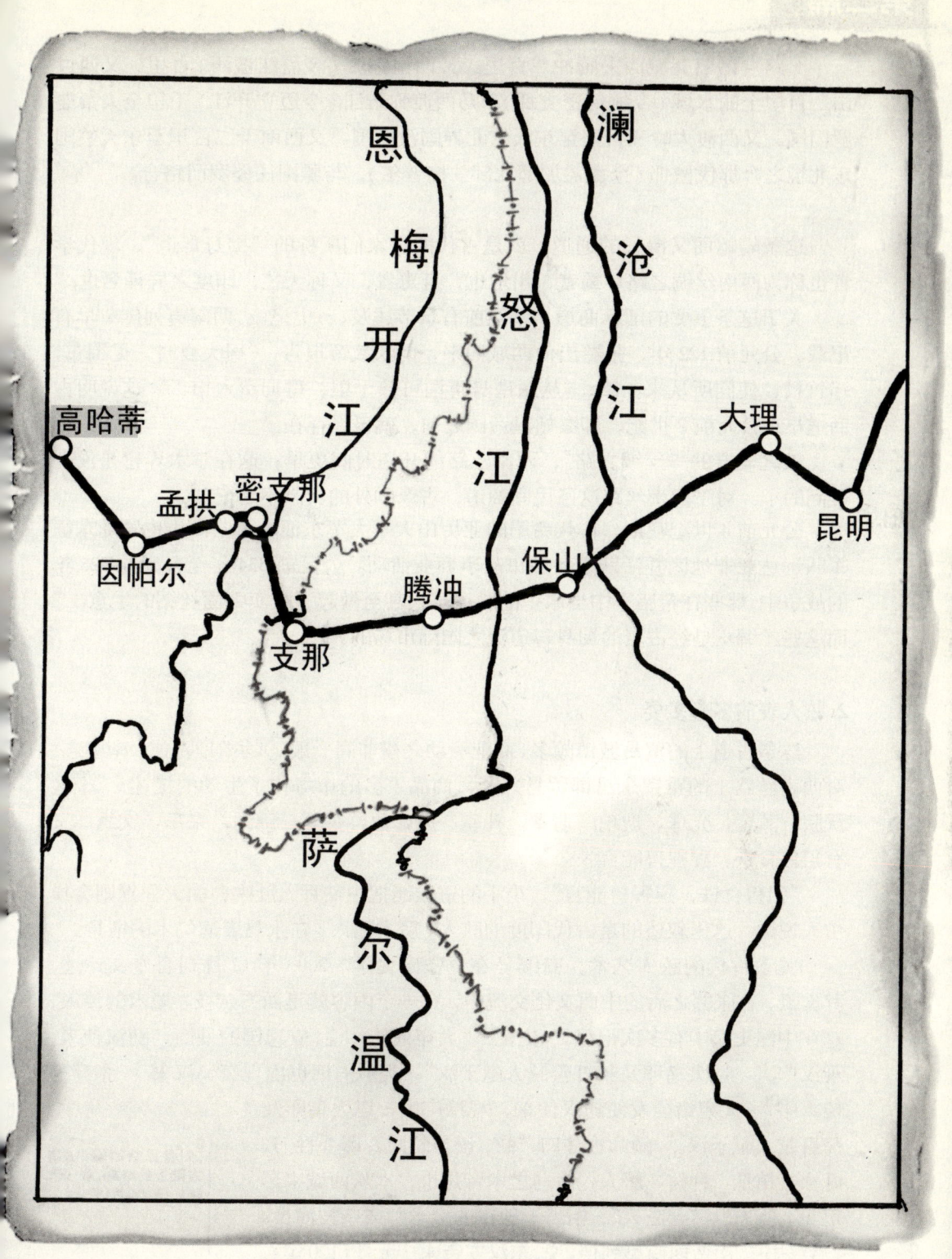

图2-5 蜀身毒道秦至天竺段，地理位置图

一路自诸葛亮城西去腾冲二百里。又西至弥城（今盈江盏西）百里。又西过山二百里至丽水城（今缅甸密支那）。乃西渡弥诺江（今迈立开江）千里至大秦婆罗门国。又西渡大岭三百里至东天竺北界固没卢国。又西南千二百里至东天竺国东北境之奔那伐檀那（今西孟加拉北部兰格普尔），与骠国往婆罗门路合。

这条崎岖而又漫长的通道，就是古代的史家们所称的"蜀身毒道"，现代学者也称为西南丝绸之路。蜀者，川地也；身毒者，又称天竺，印度之异译名也。

关于这条重要的国际商道，本篇前有章节述及，《史记·西南夷列传》早有记载。公元前122年，张骞出使西域归来，向汉武帝报告，"居大夏时，见蜀布、邛竹杖，使问所从来，曰：'从东南身毒国可数千里，得蜀贾入市。'"这说明古商道早在公元前2世纪，即秦始皇帝国之前，就已经存在了。

较之北方的"丝绸之路"，西南丝路的开拓时间更早，这在学术界已是没有疑问的了。对于西南丝路这条民间商道，古今中外的文献不乏记载。

公元前4世纪晚期，古代希腊的亚历山大率大军东征，希腊商人也紧随东征军队远达亚非地区并活跃于各城市从事商业活动。公元前334年至公元前325年的战争中，那些在希腊军中当水手的腓尼基人甚至做起了贩卖中国丝绸的生意。[4] 而这些丝绸正是经古老的蜀身毒道流入国际市场的。

2. 眩人表演多彩多姿

这条古道上的贸易城镇颇多，商业活动之盛非同一般。《华阳国志·南中志》对西南丝路上的重镇永昌郡贸易兴隆、商品繁多的市场作了生动的描述："土地沃腴，黄金、光珠、琥珀、翡翠、孔雀、犀、象、蚕桑、绵绢、采帛、文绣。又有狙兽食铁，猩猩兽能言……"

"狙兽食铁，猩猩兽能言"，小小的猕猴能把生铁吞入肚中；而大猩猩则会模仿人说话。这里叙述的是古代印度的眩人（魔术艺人）在永昌表演幻术的情景。

关于古代的眩人艺术，龚缨晏在《暨南史学》2003年12月刊有专文论述。其文云，在张骞之后的中西文化交流中，有一个内容就是西方杂技、魔术的传入，这在中国史籍中有多次记载。《史记·大宛列传》说，安息国的使臣"随汉使来，观汉广大，以大鸟卵及黎轩善眩人献于汉"。类似的话也出现在《汉书·张骞列传》中："大宛诸国发使随汉使来，观汉广大，以大鸟卵及犛轩眩人献于汉。"颜师古注曰："眩，读与幻同。即今吞刀、吐火、植瓜、种树、屠人、截马之术皆是也，本从西域来。"可见，所谓的"善眩人"，相当于现在的魔术师或杂技演员。

《后汉书·南蛮西南夷列传》说，东汉安帝永宁元年（120年），

[4] 参见徐治编：《南方陆上丝路》，载《奥秘》1983年第4期。

东南亚的掸国国王向汉朝"献乐及幻人,能变化吐火,自支解,易牛马头。又善跳丸,数乃至千。自言我海西人也。海西即大秦也,掸国西南通大秦"。来自大秦(罗马帝国)的魔术杂技在古代看来非常著名。《魏略·西戎传》也有这样的记载:大秦国"俗多奇幻,口中出火,自缚自解,跳十二丸,巧妙非常"。根据上述记载可知,汉代来自西方的魔术杂技主要有吐火、跳丸等。(图2-6)

在汉代的画像砖、画像石中,我们可以看到这类西方传入的杂技魔术。汉画像石中有几幅表现吐火的画面。例如,在山东嘉祥刘村洪福院的汉代画像石中,我们就可以清楚地看到一个人蹲在地上,口中喷吐出火焰。最为珍贵的是河南新野一块汉代画像砖上的吐火图。图中有一个人头戴尖顶帽,胡子很长,鼻子被夸张地画得特别高大,服饰也与汉人明显不同,是个典型的欧罗巴人。他的嘴巴前方有一道白光,像是从口中吐出的火焰。他的双手则在摆弄一个圆圈,很明显是在表演。我们无法知道这个外国演员是来自中亚还是来自更远的西亚,但这幅画像却是汉代中国与西方文化交流的生动物证。

在汉代画像砖、画像石中,跳丸是一种常见的场面,山东、河南、四川等地都有发现。表演者一只手将丸抛出,另一只手接住,并迅速传给那只抛丸的手,如此循环不绝,抛耍的球越多,则说明其技艺越高。在汉代画像砖中,有的演员可抛弄十来个球。抛丸之戏我国先秦时代就有,《庄子·徐无鬼篇》说:"市南宜僚弄丸,而两家之难解。"在地中海地区,抛丸也是一种流行的杂技项目。由于西方耍丸之技的传入,汉代的抛丸可能融合了外来的技艺。

在汉代的画像石中,我们还经常可以看到这样的画面:几张案几重叠在一起,演员倒立其上,并做出优美的造型,有时甚至在手中或头上顶托着碗等器皿,令人叫绝。今天我们依然可以看到类似的杂技表演。这种杂技被称为"安息五案",此处的"安息"两字本身,就表明它是从西方传入的。

从西南丝路沿线地区历年地下出土文化遗存中,更可生动真实地了解到这条古丝路的源远流长,及其在传播各地经济文化交流方面所起到的重要作用。因限于篇幅,这一地区发现的史前文明遗存姑且不论,仅对先秦至秦汉时期的文物择其具代表性者列举少许。

季羡林《中国蚕丝输入印度问题的初步研究》[5]考述甚详:"在乔胝厘耶(Kautiliya)著的《治国安邦术》里有这样一句话:'Kauseyam Cinapattasca Cinabhumijah.',Cinapatta这个字是两个字组成的:一个是Cina,就是脂那、支那;一个是Patta,意思是'带'、'条'。两个字合起来的意思就是'中国成捆的丝'。这个字本身已经把丝的产地告诉我们了。"

公元前4世纪的希腊人克太夏斯在他的《史地书》中有Seres语,意即"制

---

[5]季羡林:《中国蚕丝输入印度问题的初步研究》,载《中印文化关系史论文集》。

图2-6 奇特的眩人幻术。

成都出土的《朝廷宴飨图》,其中表达的眩人幻术计有四组。尤可注意者为右下一组:一只肥硕的猩猩赤裸着身躯,正在表演吞铁节目。有学者认为这是"玩火",非也。从动作上看,"火"乃有烧灼手臂之理,岂有烧灼手臂之理。

68

丝的人"，有学者考证，这Seres就是指中国人，后来则被引申为"丝之国"，便是指中国。

又，据出土甲骨文记载，四川古名曰蜀，蜀字在甲骨文里是蚕的象形。四川许多地名都带有"蚕"字，如蚕崖、蚕陵等。为什么四川和蚕有这密不可分的关系呢？原来，古代蜀人以蚕茧织锦而著称，在古代巴蜀经济中，丝织锦占了相当重要的地位。《史记·西南夷列传》、左思《蜀都赋》、《华阳国志》等史书屡有记载。张骞在大厦国所见到的蜀布，也即蜀锦的别称。

蜀身毒道是由四川启程，通过云南而出境的，因此，存在时期相当于东周中期的滇王国（也称乘象国），自然也就卷入了这条古商道上的贸易往来。在滇文化墓葬中，曾发现了产于巴基斯坦和伊拉克的蚀花肉红石髓珠、彩色琉璃珠饰和有翼虎图案的银带扣等。另外还发现了丝织品、提梁壶、铜镜、金属货币等内地器物。[6]其中，最令人瞩目的是蚀花肉红石髓珠和彩色琉璃珠饰，它们是在云南江川李家山第二十四号东周中期墓中出土的，这一考古发现证实了蜀身毒道即西南丝路早在先秦时期（约公元前6世纪）就已经存在。而蜀身毒道的走向，正好同今天的川滇、滇缅、缅印公路的走向大体一致。长时期以来，这条古老的商道成了我国西南地区同东南亚、南亚、西亚等地区来往的一条重要通道。

三 古道上的先民遗踪

前已有述，稽诸史料及考古，可确定蜀身毒道贸易交往的上限是在我国先秦时期，也即公元前6至公元前5世纪左右。那么，能否追寻到这一时期活动在这条商道上的民族的遗踪呢？回答是肯定的。

这个民族就是属于百越一支的傣族。

据语言学家考证，傣语属汉藏语系壮侗语族壮傣语支，属于这个语支的除傣族外，还包括今缅甸的掸族、泰国的泰族，等等。云南德宏州及其附近，自古就是傣族分布区域，亦称百越地，[7]或曰乘象国。今傣族民间，盛传其祖先早在3000年前就在瑞丽江两岸建立很多部落。西方学者研究傣族历史有不少推论，其中一点，就是广泛汇集了民间传说资料，并得出了一个一致的看法，认为云南境内在远古时期就有傣族分布。今上缅甸的掸人是两千多年前从云南迁去的。[8]

[6]刘小兵：《滇文化史》，注引张增琪《战国至西汉时期滇池地区发现的西亚文化》，载《思想战线》1982年第2期。
[7]百越，远在新石器时代，这个族群就已形成他们的共同文化特征了，肩石斧、段石锛、印纹陶器，是古代百越人的共同文化，从浙江、福建、广东、广西到云南，凡是古代百越人分布的地区，都有此种文化分布。具体到云南，凡是新石器遗址中有这类文化遗存发现的地方，也正是历史上傣族先民分布的地区。根据考古发现和语言论证，可以肯定傣族与越人在族属上有渊源关系。为不致把问题扯远，恕不赘述。
[8]江应梁：《傣族史》，四川民族出版社1983年版，第92页。

第二篇

图2-7 蜀身毒道上的佛塔

佛教东来，由印度、缅甸一线传入中国。大凡到过中缅边境的人都会被千姿百态的佛塔建筑所吸引，会为星罗棋布的佛塔群称绝。

[9][英]哈威：《缅甸史》，商务印书馆1973年版，第40页。

英人哈威著《缅甸史》考证说，直至缅甸的蒲甘王朝，其国君骠苴低称号仍为中国掸语（傣语），其后嗣五代，均父子连名。[9]

关于缅甸掸族的译音，其自称仍是Tai，实与"傣"同音，缅人呼之为Shan，这与古代印度人称暹罗的泰族为Sian，是同样的情况。今印度阿萨姆邦，阿萨姆Asam族也是傣人的后裔，他们的祖先是从勐卯（今云南瑞丽）迁去的。袁宏《后汉纪》中，"掸国"作"擅国"。《后汉书·西南夷列传》李贤注"掸音擅，《东观》作擅字。"《集韵》："掸，唐阑切。"与今傣族族名读音相近，故认为掸或擅是傣族自称的族名,傣、掸一名的汉字异字。

又据人类学家考证,古代傣族先民的移动很早就开始了,并且是多方位的,其中重要的一条路线是从云南到缅甸北部至印度阿萨姆,其移动方向,也恰恰是蜀身毒道走向。印度学者P.C.乔杜里指出:"阿萨姆是一个人类博物馆,因为它位于人类重要移动路线上。"[10] 阿萨姆即"阿掸姆"之转音,以掸人分布而得名。阿萨姆邦东北的萨地亚,即掸利亚,意为掸人的地方。汉代时,这些地方称"永昌徼外"。因此也有学者将阿萨姆的这些民族统归泰傣族群,由此可推断出他们的先民所迁徙的路线及源源流长的族属。[11]

另外,在阿萨姆邦以东,与缅甸毗邻的印度那加兰邦,住着谷格族。这个民族的祖先源自云南,直到今天,谷格族的一些民歌里还有"我的第一个家乡是中国"这句歌词。谷格族人居住的村庄,村名很像中国字音和习惯,例如毕亚德村、狄亚格村、葛亚本村、戴尔公村等。[12]

因此,考证傣民族的迁徙路线,我们就可以发现,正是这古老的土著,成了蜀身毒道上的最早的文化传播者。

四　民风民俗相互同化

基于上古时期的傣民族大迁徙,从而造成蜀身毒道上出现了一座座移民城市的有趣现象。《华阳国志·南中志》叙述有关永昌郡人口时曰:"属县八,户六万……有闽濮、鸠僚、僄越、裸濮、身毒之民。"这些族称,除去"身毒之民"而外,余皆属百越部落,也正是今天傣族的先民。

---

[10] P.C.乔杜里:《至公元十二世纪的阿萨姆人民文化史》,1959年英文版,第82页。

[11] 何光岳:《百越源流史》,江西教育出版社1989年版,第117页。关于掸人迁徙阿萨姆的时间,也有人认为是在公元1220年左右,待考。

[12] 刘国楠、王树英编著:《印度各邦历史文化》,中国社会科学出版社1982年版,第17页。

图2-8　卖鸡枞的掸族大娘

这位大娘是缅甸人,她从姐妹山采集鸡枞,再翻越山岭,到中国的村寨出售。鸡枞是滇缅一带山区特产的名贵野生食用菌。清初大学问家赵翼随军入滇,吃了鸡枞后大为赞叹,记之曰:"老饕(音tāo)惊叹得未有,异哉此鸡是何族?无骨乃有皮,无血乃有肉,鲜于锦雉膏,腴于锦雀腹。"鸡枞之名,由此而来。

图2-9 我从"八百媳妇"来

从元朝起,在中缅交界的缅甸掸邦东部,有一方圆较大、历史悠久的土司,叫做"八百媳妇"。它西至萨尔温江,东至湄公河。相传其部落长官有妻八百,每妻各领一寨,故名。图中一景是九谷关。它是缅甸掸邦木姐镇区东部的一个边境重镇,与中国的畹町市隔河相峙。

居住在蜀身毒道上缅甸掸族,印度阿萨姆邦的泰族和我国云南的傣族,他们的现状不尽相同,但曾经有过共同的、在接受南传小乘佛教以前的原始文化。其主要特点,在信仰、历法、地名、区划、制度等方面,有着比较明显的华夏文明的影响。直到现在,缅甸的掸人、印度阿萨姆的泰人及云南的傣人,仍然信奉"社曼社勐"。

这种社曼社勐,就是汉族的"土地神"。在我国云南傣族聚居地区,祭社勐大典已废除,但大多数村寨仍保持每年春耕(插秧)后和秋收后两次祭社曼风俗。祭祀时,每户一人献一只鸡,在设有祭坛的古树林,先祭社后煮吃。这种祭社活动,在我们汉族农村也颇盛行。在傣、泰语中,"曼"为村,"勐"为国家、社稷。[13]

至今,在印度阿萨姆的高哈蒂市有一座九星庙,它是阿萨姆最古老的庙宇。据庙里的和尚说,梵天最早坐在这里发现了天上的九颗星星。从那时起,便有了天文学和星相学。漆黑的庙内,树立着九个林伽,表示九颗星星。还有九个窗户,通过九个窗户可以看到天上的九颗星星。"九"在我国古代,尤其是先秦,人们

---

[13]谢远章:《泰—傣古文化的华夏影响及意义》,载《东南亚》1989年第1期。

将其看作一个包罗万象的数字。《素问·三部九候论》谓:"天地之至数,始于一,终于九焉。"古人以"九州"为中国的泛称;以"九重"极言上天之高;以"九族"为同宗亲属的范围;以"九鼎"象征国家政权的传国之宝。如此等等,不一而足。在《辞源》里,"九星"的解释是指四方和五星。《逸周书·小开武》云:"一维天九星,二维地九州。"九星,概括了天上的一切。由此可证,阿萨姆邦的这座最古老的九星庙,与华夏文化的传播有着密切的关系。

蜀身毒道沿线的傣(泰、掸)人族群还有一些共同的习俗,如断发文身、择水而居等,流传至今而未改。(图2-10)

文身始于古代的百越人,作为百越一支的傣族把这一习俗保存到近代,甚至被人认为是代表傣掸泰族系的一项重要标志。近代我国学者李济曾说过这样的话:"凡有文身之俗的,必是掸族血统(按"掸",原文作Shan,包括掸、傣、泰诸系)。除非尚有第四支人,而其人亦有文身之俗者。否则,文身之俗之踪迹,亦即为掸族之踪迹。"[14] 这句话虽然言之偏重,但国际上不少人类学家同意此种论点。

文身的习俗由滇缅古道向印度阿萨姆地区的那加兰邦延伸。住在那加兰邦山区的恩迦米人,他们的打扮直到今日仍具有原始土著的习惯:以小布一束,遮盖其下部,腰扎藤条带,胳臂和小腿上缠藤条绳,戴铜手镯和贝珠串。最引人注意的是,恩迦米人至今仍然文身,他们喜欢在胸部、胳臂和腿上刺青。[15] 值得一提的是,恩迦米人以藤条缠于腰、腿之间,作为装饰的习俗,与《蛮书》上的傣族先民喜欢"以藤篾缠腰"的记载,竟完全相同!

染齿、穿筒裙及择水而居是蜀身毒道上的傣、掸、泰族群又一特征。傣族的染齿之俗,最早见于先秦的文献中。初,其先民多以酸石榴及药染齿使黑。至唐代,又有金、银饰齿者。因此史书上有"黑齿蛮、银齿蛮"等十多个名称,实为一个族系的不同部落。古代傣族男女都穿裙,《西南夷风土记》云:"部夷,男秃头,长衣长裙;女椎髻,短衣筒裙。"这里的裙,或者就是东南亚、南亚各地所称的"沙笼"。除此,傣、掸、泰族群还有百越人有择水而居的遗风。我国的傣族聚居区大都分布在瑞丽江、怒江、澜沧江流域的谷地和坝子里。而"永昌徼外"的掸族,则大部分沿伊洛瓦底江流域一带居住。印度阿萨姆邦的泰人则依傍布拉马普特拉河谷地而居。(图2-11)

岁月已流逝了两千多年,处于蜀身毒道上的傣、掸、泰族群,由于受到迁徙地区人文、地理上的影响,本民族固有的风俗习惯逐渐起了变化,如着"沙笼"、漆黑齿、居干阑[16] 等等,已不是普遍的现象,但是深入这条古老商道的边远地区,我们今天仍可看到历史的遗迹。

[14] 江应梁:《傣族史》,第4页,注引Lee chi:*The Formation of Chinese People*。
[15] 刘国楠、王树英编著:《印度各邦历史文化》,中国社会科学出版社1982年版,第23页。
[16] 干阑式住宅是百越人共同的一种住房建筑形式,其式样与今天傣人居住的竹楼相似。

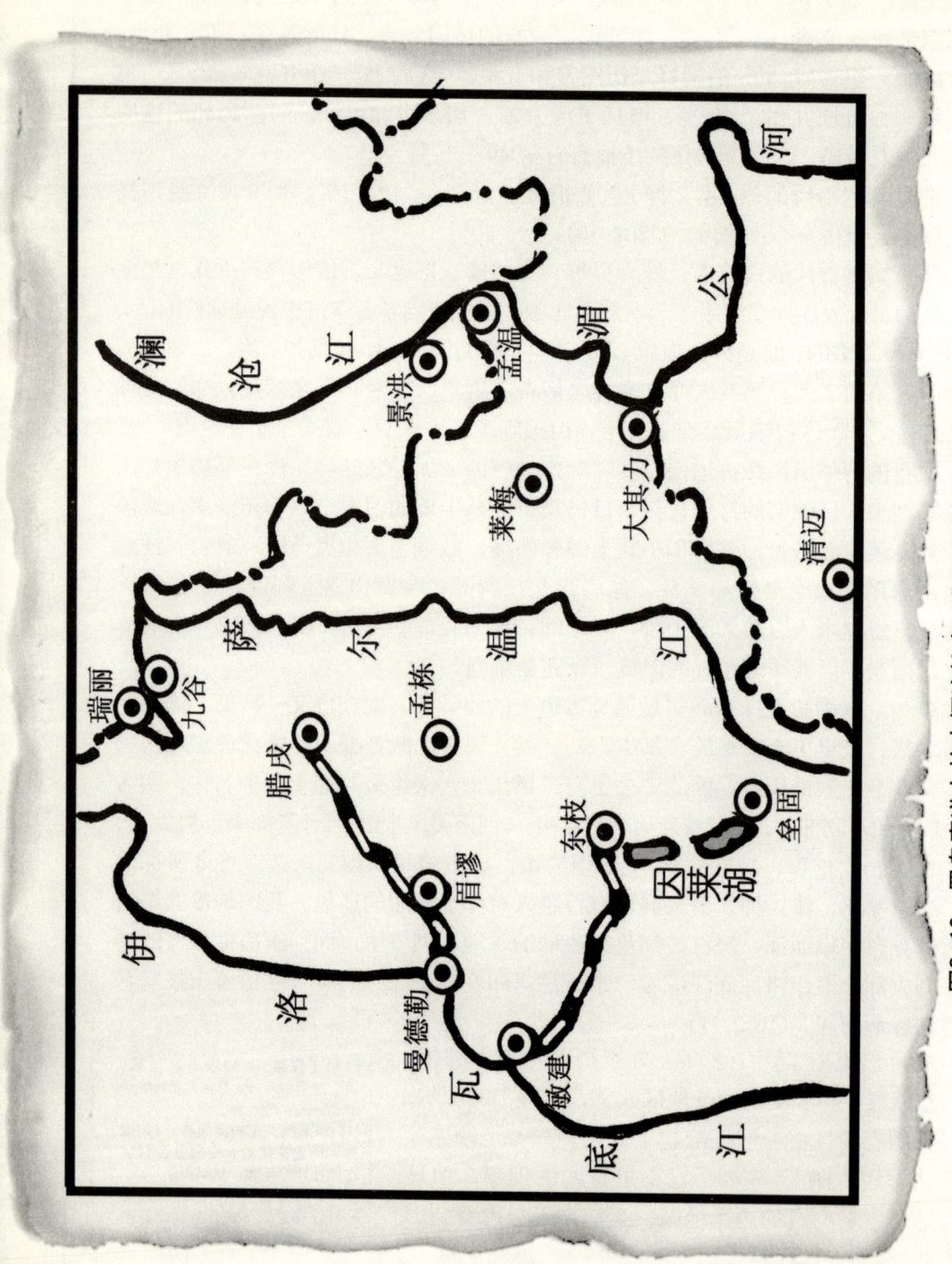

图2-10 蜀身毒道上的中缅连接点,"八百媳妇"位置略
在傣掸语系中,"八百媳妇"念"兰拉"(LanNa)。

图2-11　边境小镇上的佛珠专卖店
图中的这个佛珠商店店主是个尼泊尔商人。

五 "China"一词得到语言印证

人类学家告诉我们，傣族是古代百越的一个大支，因此，在此种特定的条件下，这个民族的语言在许多单词，尤其是地名方面，人们今天仍能找到百越语的迹象。[17]

举其著者，便可见一斑：傣语中称地名的，常见的有那、纳、曼、勐、孟五种名称。这五种名称，在古文献中，其译音多归为二：即那和纳译作"那"(La, Lam)；曼、勐和孟译作"茫"(mbm)。

按古代百越人所居之地，多以"那"字冠于地名之首，这种情况在两广村寨中不胜枚举，如那南、那兰、那白、那陈、那坝、那马、那目、那相，等等，在乡村中更是经常见到的。"那"字在傣语中，写作 La 的，即德傣（德宏傣族语言）语的"田"；写作 lam(nam) 的，

---

[17] 罗香林：《古代越族方言考》，载《百越源流与文化》。

第二篇

即谓"水",合二而一,总归为田地或坝子的意思。现在西双版纳地区以"纳"取名的村寨也很多,如"纳弄"、"纳夺"、"纳曼"等。照傣语语法,作为村寨的"那"字,应冠于地名之前,但也有例外,即村寨"那"字置于地名之后的情况,究其原因,可能是贸易通商、汉语渗入的结果,如"西双版纳(那)"、"兰那"[18]、"密支那"、"支那"等等,皆是。

图2-12 作者夫妇在蜀身毒道勘察

[18]兰那(Lan Na),又称八百媳妇,故址在今缅甸掸邦东部,其原义为八万稻田,这个"那"字,代表稻田,置于地名"兰"之后。

为了探究"支那"一词在傣语中的古义，笔者广泛阅览了属于壮侗语族的傣语志书。

傣族史书上有载，傣族西部地区的中心，最早还是在缅北、缅中。公元前424年在达光（今缅北的拉因公，傍伊洛瓦底江畔）建立的傣族王国乘象国[19]，于233年迁都蒲甘（今仍称蒲甘）。567年（佛历一一一一年），勐卯（今德宏州瑞丽）的果占壁王国兴起，蒲甘的傣王又由于骠族的骚扰，而于586年北迁，此后勐卯就一直成为西部傣族的中心。直到明正统六年（1441年）"三征麓川"后才成为分散的各地土司。由此可推断，我国先秦时期，位于"蜀身毒道"上的支那和密支那广大地区，其土著先民的母语乃系古傣（掸）语。

密支那在今缅甸北部，其位置处于古代的蜀身毒道上，当在迈立开江和恩梅开江的交汇处。密支那现为缅甸克钦邦首府，唐朝时为丽水节度区。联系密支那在傣族兴衰史上傣、缅语言相互影响和渗透的关系，再分析"密支那"一词的本义，我们对"支那"一词的解释，就会有新的发现。

密支那，最早的土著是掸族人，[20]所以今天的缅文"密支那"一词乃源于古傣（掸）语。因缅傣文字的字形皆如蝌蚪文，不易描摹，此依据北京大学东语系缅语教研所编撰的《缅汉词典》（商务印书馆1990年版），从拉丁字母所注的发音一一破译。

密支那，缅语拉丁文的读音注为myitkyi: na，原始的词义有二：其一为"北方铜钱寨"；其二为："大江边上的地方"。为什么一个词会出现两个截然不同的意义呢？如果把myit kyi: na拆开来分析，就一目了然了：

首先，这一地名可由myit和Kyi:na两个单词组合，myit是"北方"或"江、河"之意，Kyi:na既可解释为"陆地"，也可解释为"铜钱"，但其原始的词根作"铜钱"之解。

其次，这一地名也可由myitkyin后面加一个词缀a来组合，解释为江边（峡谷）上的村镇。

根据密支那城悠久的历史及其在蜀身毒道上的位置来判断，当应以"北方铜钱寨"为正确。我们从《缅汉字典》对密支那的拉丁文注音分割为myit kyi: na这一点上，更能佐证此种组合的可靠性。

以下，让我们顺着这条线索，把视角从密支那住东移100公里，再勘访蜀身毒道上的另一座城镇，一座曾在历史上起过重大影响却又被历史湮没的城镇，则关于China也即"支那"一词的疑问便会迎刃而解了。

[19]据史学家考证，乘象国建立于公元前4世纪，即战国时期。其国范围是以今德宏州瑞丽县为中心，包括德宏全境及缅北部分地区。又据考证，乘象国就是德宏傣族先民建立的勐卯果占壁国；果占壁是由梵语而来，其俗称为"勐卯国"，而"乘象国"是汉语。参见马向东《揭开乘象国之谜》，载《云南丝绸之路文化论》，云南民族出版社1991年版。
[20]哈威曰："干阑（Kanran），或即阿腊干人，骠族则已湮没无闻，或即为缅人之前身也。"对缅人的族属，语焉不详。而此书第一章"约在公元七百年时代的缅甸想象图"内，更将北纬24度以上的广大缅甸地区划入掸族部落居住区。参见貌丁昂《缅甸史》，云南东南亚研究所出版社1983年版，第24页。

第三章　支那，一座被历史湮没的商城
——蜀身毒道勘察图录之二

一　"生还发瘴，尸弃道旁"

蜀身毒道所经地区，大多崇山峻岭，或径隘箐深，水泽横亘；或激流汹涌，难通舟楫；或瘴雨迷烟，疫疠肆掠，当时古道上流传着一首民谣："男走夷方，女多居孀。生还发瘴，尸弃道旁！"极言路途之险恶。

从永昌南下，蜀身毒道最早当由陆路进入印度，而海路入印则稍晚。

大量的文献及考古发掘表明，蜀身毒道的陆上路线由永昌起，是从腾越出境，到达丽水（密支那），至安西（孟拱），经阿萨姆入印度的，这条道叫天竺道。

那么，若把范围进一步缩小，上古的商贩们是从腾越的哪一条道路出境的呢？换言之，腾越通往缅甸的民间通道，有64条，哪一条更有可能成为蜀身毒道上滇缅商道一段的连接点呢？

按《新唐书·地理志》上的记载，这个连接点当在弥城附近（笔者在本篇之"狙兽食铁，猩猩能言"一节中已有详述）。弥城，是唐代樊绰在其《云南志》中所记载的古地名。云南大学已故教授方国瑜先生考释，弥城在今德宏州盈江县盏西附近。[21] 于是搜寻的范围缩小了。（图2–13）

---

[21]弥城，樊绰《云南志》"镇西城"曰："东北至弥城。"按，贾耽《路程》曰："自诸葛亮城西去腾充城二百里，又西至弥城百里。"以此考订，则弥城在今腾冲城西约百里之盏西地，南至盈江（镇西城）约50里。若按比例标尺计算，正合。参见方国瑜《中国西南历史地理考释》，《丽水节度·弥城》，中华书局1987年版，第80页。

图2-13 盈江辖地内的神护、万仞、巨石、铜壁明代四大关隘示意图

第二篇

带着这一问题，笔者于 1991 年 4 月越四千多公里行程，来到"关险箐绝"的滇西，历时二十多日，从芒市、瑞丽起，自南及北，足迹最远处到了徐霞客日记中所说的高黎贡山西麓的茶山野人区，通过勘访，终于找到了蜀身毒道上的连接点——支那，找到了这座曾向西方传播过华夏文明的通商古城。

二 货币"以铜为珠"

支那，今属德宏州盈江县盏西区，为傣族聚居的乡，汉人谓之支那坝，其地理位置在东经 98 度 1 分、北纬 25 度上，也就是樊绰《云南志》上记载的弥城附近，西越神护关 100 公里到达密支那。

图2-14 神护关
位于盏西后面的猛戛山，左右山势绵亘，层峦叠嶂，古关门洞深 7 丈，宽 1 丈，高 1 丈 3 尺，左右各有 9 尺高的城墙，现残砖断垣犹存。

支那城历来是西南古道的要冲，城中马店甚多，供两国马帮歇脚之用。支那猛戛山大垭口，有神护关，在一道道石梯路上，至今仍留着深深的马蹄印。（图 2-3）古道旁，遗有一堆堆用花岗石块垒成的炊灶，炊灶的石块内壁有被火熏烤的痕迹。

支那城外的神护关，古遗门洞深七尺，左右墙各高九尺。神护关和万仞、巨石、铜壁、虎踞、天马、汉龙七关，合称滇边八关，山势险峻，鸟道崎岖，由南及北绵延，计 680 里。各关以山顶分水岭为界。按清光绪十六年（1890 年）十一月同知黄炳方所勘访，可知在清代神护关所辖村寨在今界外者，分布于尖高山西南、密支那以东、南太白江以北一带，辖地范围很广。

图2-15 神护关远眺

  又据光绪《续云南通志稿》卷九十九《土司》记载："神护关设正、副抚夷各一，前明土弁不可考，近由南甸土司保人呈由腾越同知签派协管弩手二十六户，有练田。东至老关城四十里猛豹隘界，南至长流河猛歪上坝分水岭七十里万仞关界，西至卡押瓦控河一百二十里野人界，北至大垭口山五十里昔董界。"由以上文献表明，神护关控扼的地域范围，在晚清仍跨出今盈江县西北国境线外一带，包括今缅甸密支那东部的昔董。

  《通志稿》又记支那土司控制的边境地段："止那（即支那）隘抚夷世系：明止那隘土弁，本姓刘，世次无考，传至嘉庆二十五年（1802年），刘世翊不能管理夷众，公举金某接任，三传至金显国……显国死，子大澄应袭。土地：管理汉夷一百一十户。东至蛮旦江（槟榔江）横山三十里古勇（即古永）；南至盏西界；西至蛮石河（猛戛河）大垭口五十里神护关界；北至昔董喇拿一百里野夷界。"由此可知，支那（止那）这一地名，早在明代固已有之；而密之那地名，则是在清乾隆以后才有。论据见方国瑜《中国西南历史地理考释》。[22]直而言之，"支那"为最早出现，"密之那"是其衍称。

图2-16 巨石关
位于昔马区城门洞山顶，位置居高临下，昔马坝尽收眼底。遗址内沿存留部分城砖、瓦砾。

[22]考缅人势力向北伸展，在明万历始达蛮莫（八莫），清乾隆以后始达密支那，亦始有密支那之名。故明正统十四年（1449年）王骥出兵至大金沙立石，清乾隆三十四年（1769年）傅恒取道戛鸠江（在密支那）至猛拱，尚无密支那之名，唐代更无论也。

当时，这一带贸易交往十分活跃。明人著的《西南夷风土记》，其中写到德宏及周围地区的交易情况："商贾辐辏，故物价常平。贸易多妇女，无斗升秤尺，度用手，量用箩，以四十两为一载，论两不论斤，故用手而不用秤。以铜为珠如大豆，数而用之，若中国之使钱也。"可见，当时这一带通行的货币，很不统一，"以铜为珠"，也算是一种货币！

我们已经知道，滇缅边境的支那虽小，但在古代，其辖地十分广泛，支那抚夷的管理权力甚至一直延伸到今天的密支那附近。那么，在古傣、掸语中，"支那"与"密支那"这两个地名中，"支那"字义必然相同。

图2-17 万仞关摩崖石刻
位于勐弄区南1.5公里的山顶上，遗址内城垣石基尚存，城门道遗迹清晰可辨，残留镌刻着"天朝万仞关"的匾额一方，已断裂。

关于古代傣人的语言，限于资料，要从语言的词汇、语音和语法结构等方面来探究剖析它是很困难的。在现代德傣语中，支那的"支"字，读第一声 zhi，其意为"名称"，若"支那"两字相拼，直译为"地方名称"，显然这不符合地名的特点。1991年夏，又承德宏州民族地方志副编审杨永生先生函示，他住在盈江县的女儿家，曾向当地傣族老人打听"支那"的原义，有谓"名称"者，有谓"锥"者，有谓"漏"者，皆各执一词，未知孰是。有的认为是"姐腊"，但读音相去甚远。由此可知，古傣语的某些语言在现代傣语中，其原义已经被转化了，或者更准确地说是失传了。而这种原义，却在傣缅相杂的偏远地区被保留了下来。这就是支那——kyi: na 一词，为什么会出现两个不同含义的缘由所在！

图2-18 铜壁关
位于铜壁关区老官坡雪梨寨旁，城垣建在陡峭的山上，视野开阔。现在城垣的遗迹可辨，关址内尚存圆柱石脚数个，瓦砾、城砖甚多。

取"支那"kyi: na 作解，其最初的解释是"铜钱"，而在百越语族的傣语中，一般以 La(na) 为词缀的，多为地名，则 kyi:na 又可视为组合词，叫"铜钱城"。[23]或许，蜀身毒道上的商旅，在这里以铜钱作为货币，进行过商品交易。按李根源《雪生还乡吟》所记，民国二十七年(1938年)十二月，腾冲西核桃园就曾出土过汉五铢钱千余枚，又有陶片无数，质极粗劣，经考证确是汉物。腾冲出土的虽是汉钱，但有一点可以说明，汉代这里的货币交易已经是非常兴旺的了！[24]

三 "China"一词缘起蜀身毒道

综上所述，我们可以得出如下的结论：

梵语 Cina 一词，缘起于蜀身毒道上的支那城。这座地处滇、缅、印商道连接点上的古城，是百越乘象国时期一座中外贸易往来的中转站，它传送着中外交往的最早信息，尤其是两个文明古国——中国和印度之间的信息。古代商贾历经艰险，从这个中转站点滴相续地把华夏文明播洒到"身毒"；又通过这个中转站，把印度文明传播到中国来，以至于这座小城的名字逐渐成了华夏九州的代名词。此后，由于滇西特别是盈江、腾冲一带，地震、滑坡、泥石流等自然灾害频频，铜钱城——支那渐被历史湮没。但即便如此，我们今天仍可从百越语言遗留的痕迹和当地傣民的特征[25]及神护关隘石梯路上的马蹄印迹，寻觅到远古文明的痕迹。且问题不限于此，最最重要的是，随着中国的日益繁荣强盛，"支那"—— Cina—— China 这一响响的名字，将传播更远，响遍世界每个角落。

图2—19 "蛮荒边镇"上的"香水西施"
在腾缅一带的山区寨子，远离尘嚣，化妆品也就成了稀罕之物。图中的缅甸少女正在出售香水。

---

[23]与"支那"(Kyi:na)一词相近的拉丁文注音的词还有(Kyiino:)，意谓"黎明"，而梵语的"支那"是东方的意思，由此可见这一名词的梵文音译，由古傣语转代的痕迹。但(Kyiino:)仅仅是读音近似，其文字书写与意义皆与支那(Kyi: na)不类。
[24]云南上古就流通铜钱或铜刀，除李根源所记，前人更有不少记载。方国瑜曾撰专文考述，并列出衡鱼三钱的"大黄布刀"，左右书有五铢二字的铜钱，幕曰"为"、正曰"直白"的铜钱，等等。至于"五铢钱范"，名目甚多。参见方国瑜《滇西论丛》，上海人民出版社1982年版，第246页。
[25]按傣族人种的特征，在开化的地区，由于与其他民族交融，互通婚姻，已逐步改编。唯滇西一些僻远傣寨，不与外人通婚，仍保留其先民的特征。此种情况，盈江县与缅甸交界的一些傣寨尤其明显。如先勒、先岛两寨，有"古傣族"几十户，语言与一般傣族有别，体格特征为身长腿短，不与两寨以外的人通婚，兄妹通婚盛行。参见《德宏傣族社会历史调查》（一），云南人民出版社1984年版。

第四章　古老西南丝路今状
——蜀身毒道勘察图录之三

一　大理三文笔村觅宝

　　大理是个令人神往的地方，它不仅是蜀身毒道上的一座重镇，而且景色异常秀丽。那风光绮丽绿色如屏的苍山，那白帆点点、碧波浩淼的洱海，那彩蝶纷飞神秘诱人的蝴蝶泉，以及那家家有井户户养花的白族民居，至今忆想起来，仍恍如昨日。

　　然而，大理山水之胜，最令我流连忘返的，还是距离大理古城西北5里的三塔村。当我置身于这素有"天然艺术宝库"之称的古老村寨时，不由神思飞逸，顿感世外的一切山水，徒有虚名耳！三塔村，位于景色秀丽的苍山之麓，据史料记载，唐穆宗四年（824年），建筑崇圣寺三塔的一批白族石匠，在塔完工后，就在当地落籍，并世代相袭，以加工大理石为业，逐渐形成了一座传统的白族"石匠之家"村落。大理人习惯把塔称为文笔，于是，这座傍倚三塔的古寨，又叫作三文笔村。（图2-20）

　　我和妻子从城里雇了一辆马车，大约行驶20分钟，便到了三塔村村口。赶车的白族老汉见我们夫妇是上海来的，只收了两元钱车钱，说来也巧，老汉的家就在三塔村内，他善意地邀请我们去做客。

　　村旁的黑色大理石碑上，用英汉两种文字刻着"三文笔村"四个大字。老汉自豪地说，他们三塔村在世界上很有点名气呢，每年"三月街"期间，不少老外都慕名专程前来参观，返回时不免要买上几件大理石工艺品。

　　随着辚辚的马车声，我们不觉来到了一条长长的街上，老汉说，这就是础石

图2-20　大理三月街民族节采风

每年农历三月十五至二十二举行的大理三月街，是一个有着一千多年历史的大理各民族物资文化交流的传统盛会，古代又称观音市或观音会。1991年，大理州人大常委会将这个传统节日定为"大理白族自治州民族节"。笔者有幸以嘉宾身份，出席了首届大理三月街民族节。

街了。础石街，我从史书上知道它的出典：明代以后，大理石开采规模逐渐扩大，它不仅作为贡品向宫廷进贡，同时也成为一种商品在民间流通。久而久之，在白族石工比较集中的这条村巷中，便形成了别具一格的"础石街"。著名大地理学家徐霞客曾到这条街上一户石工家看大理石，与陪同他的大理人何阿巢"各以百钱市一小方"，何阿巢所购的一方石"有峰峦点缀之妙"；徐霞客所购的一方石则"黑白明辨"。入暮，徐霞客在崇圣寺，把玩奇石，慨然叹道："故知造物之愈出愈奇，从此丹青一家皆为俗笔，而画苑可废矣。"

眼前的础石街有点像我们江南水乡的弄堂，是一条狭长形的街道。两边临街建筑，全是用卵石砌成的白族民舍，这些长满青苔野藤的石头房子，鳞次栉比地排列着，每座院子的门厅过道上方，都镶着几块大理石刻制的匾额，其上或书"南州冠冕"，或书"福至心灵"，显得古朴而庄重，体现出院主人一种文人墨客的儒雅风度。础石街上的人家多以从事大理石为业的，一片丁当凿石之声不绝于耳。据老汉介绍，原石由石工从点苍山上采来，就材作物，制成雏形；次加雕琢，再磨光，然后涂上黄蜡，于是光洁润泽，文采毕现。由于石以产于大理而得名，而今全世界凡是这种花石均称作大理石，"大理"也因石而扬名天下。（图2-21）

图2-21 础石街
这里的大理石工艺品在国内外首屈一指，然而价格却极其低廉。

赶车老汉住的是一座"四合五天井"式的院落，整座院子，描金绘彩，门楼以大理石点缀装饰其间，越发显得雍容华贵。他的老伴是一个典型的白族农妇，见有客人进门，立即好客地把我们请到客厅入座，又是拿烟，又是沏茶。老汉姓杨，二子一女均已成婚，一个大家庭日子过得和和美美。他领我们参观了内厅厢房，里面布置得十分考究，我说的考究不止是指大彩电、冰箱这些城市居民的现代化生活用品，更是指这里特有物——大理石制品，其中有文房四宝，也有捣臼、花盆等生活用具。而最令我叹奇的，是一帧屏风，这帧屏风是以水墨花石磨成，画面上层峦叠翠，山雨初霁，画面左上角题清人高其倬诗云：

　　林角才闻布谷声，东风早已促春耕；
　　吹来朝雨仍吹去，更放前溪一崦晴。

　　情思溢于石外，诗画浑为一体，令我叫绝不已！水墨花石是彩色大理石中最名贵的一个品种，它主要产于苍山兰峰，因矿带四周皆危峰断壁，资源极为稀少，且开采又十分艰难，故尤显得稀贵。徐霞客在三文笔村"以百钱市一小方"的那块大理石，就是水墨花石。难怪这位踏遍千山万水的大旅行家一直把它珍藏在身边，虽数历大劫而不舍。

　　告别了杨老汉一家，来到三塔附近的大理石个体交易市场，只见一顶顶白色的太阳伞环围在崇圣寺三座白塔的四周，每顶大伞下就是一个大理石摊位，上面摆着各种大理石工艺品。既有捣臼、酒杯、酒壶、碗、花瓶、台灯、画屏等生活用品，更有笔架、笔筒、砚台、镇石"文房四宝"，其品种之多，工艺之精，价格之廉，令人啧啧惊叹！妻子素爱种花，她挑了一对大理石花盆，花盆为六块彩色大理石镶拼而成，用以栽种月季，红花绿叶与翠嶂叠峦相映，会使人心旷神怡，雅趣横生。一问价，这对花盆总共才七元！我本想多带几对，然而由于还得继续西行，况且此物太重，只得作罢。

　　这一晚，我们是在苍山脚下的大理市委党校度过的。入夜，我们全无睡意，双双披衣而起，步上露台，又举目向那个梦魂牵萦的苍山眺望，忽见锯齿形的山峦之间，有无数颗闪亮的星星在烨烨下垂。渐渐地，那些星星越变越大，呵，却原来是无数火把在闪动。我记起来了,今天是 6 月 24 日,白族的火把节!

唉唉,人生虚度无数宵,此一宵抵万万宵!

二 弄曼一犬吠两国

中缅边界接壤处长 1997 公里,其中德宏傣族、景颇族自治州一段为 503 公里。在这段边界上,有通道 64 条,习惯性渡口 28 处,"檐相邻而同井饮,籍虽两国之民,居处难分"的现象比比皆是。从瑞丽通往弄岛的公路上,中缅两国的村寨相连,猪羊同在一片草地上吃草,缅甸的鸡跑到中国来下蛋;甚至一条古藤,根在中国,叶却爬到缅甸,当地百姓称之为"一步过境"。我要写到的弄曼,便是处在这种典型的"一个坝子、两个国家"的边境线上。

到弄曼赶摆,是一个极其偶然的机缘促成的。那是 1991 年 5 月 6 日,我随德宏州广播电视局副局长赵从荣,到喊沙奘房去参观。

奘房,意即佛寺。在中缅边境,佛塔、寺庙林立,几乎以南贯北,尤其是与德宏接壤的一带,村村寨寨都建有奘房和广姆(塔)。

图2-22 古孟卯国都城的历史遗存
傣族地区建造佛塔始于小乘佛教传入时期。据《西南夷风情记》载:15 世纪西南边疆已是"寺塔遍村落"。有的村寨建佛塔,有的建奘房。

喊沙奘房位于瑞丽至弄岛的中途,是著名的小乘佛教景点。游览完毕,已是黄昏,公共汽车的最后一班车已过,怎么办?正在跺脚的当儿,突然迎面开来一辆带拖斗的拖拉机,一打听,他们准备到附近一个叫弄曼的寨子去收购甘蔗,然后运到瑞丽县城去卖。听说我们想顺路搭车,他们很爽快地答应了。

弄曼距喊沙奘房约一公里,一开始我们并不知道它属于缅甸,因为这个寨子与公路两旁的其他傣族村寨毫无不同之处。拖拉机从公路弯进寨口,迎面来了两位骑单车的姑娘,一样的傣家人打扮:白布小衫,鲜艳的筒裙。她们一面礼貌地让路,一面用清脆的嗓音说:"弄曼正在赶摆,你们快去看看!"

"赶摆",意思是地赶街。中缅边境上的城镇,常常是五日一小市,十日一大市。弄曼寨子虽小,但一到赶摆,却也热闹非凡。寨子里的人争相在寨中一块宽广的草坪上搭起竹棚,每个竹棚里设几张矮桌作为摊位,出售的物品有小百货、糕点、水果、农副水产品等。

图2-23 弄曼的宝石商人(之一)
宝石,在滇缅地区似乎并不是高档品。你看,搭一块木板,就成了宝石商铺。在边镇在弄曼街头,这样的宝石商贩比比皆是。

图2-24 弄曼街头的宝石商人(之二)

第二篇

口渴极了，我们来到西瓜摊前。摊主是位60多岁的老汉，下围一条粗布格子筒裙。他仰着头问我："老板，吃西瓜吗？"我早就听说，中缅边民互市，无论买方卖方，彼此都以老板相称。见我点点头，老汉伸出两个指头："2元一斤。""这么贵！在瑞丽才1角5分哪！""噢，老板，你头一次来，还不知道，这里是缅甸，我说的缅币哪！"一听是缅甸，我吃了一惊，但环顾邻寨景色，一样的油棕树，一样的凤尾竹，一样的杆栏式竹楼……"老板，你没有缅币，给人民币也行，这只西瓜足足7斤重，就给一元钱吧。"按缅币与人民币换算，每缅元等于人民币0.08元，一只7斤重的西瓜仅仅一元钱人民币，可见这位缅甸老人的诚实与友好。西瓜剖开一看，黑籽红瓤，一口咬下去，瓜汁顺着嘴角直往下淌，鲜甜鲜甜的！

弄曼的烟摊很多，缅烟也便宜，每捆25支装，人民币8角，我正要掏钱买，赵从荣忙止住我说："莫买，你不知道，这种烟抽起来，满嘴都是苦味。"卖烟的小贩听说，直朝我们翻白眼。

缅甸的国民收入大多不高，以首都仰光为例，市场雇员月薪550缅元，宾馆雇员月薪为750缅元，若是农民那就更低，但由于农副产品充足，价格较低，所以一般平民的生活还能维持。在弄曼的水产摊位上，摆着宽厚的带鱼和肥硕的螃蟹。带鱼30缅元一市斤，螃蟹更贱，每斤20缅元。这些海货都是从缅甸西南的孟加拉海湾贩运来的。有趣的是，这里许多农副产品是以个论价的，如鸡蛋每个3缅元，荔枝每个1.5缅元，橘子每个6缅元，当然，你尽可拣大的挑。在中缅边境，人民币是"硬通货"，这似乎已是公开的秘密，而对于那些做小本生意的缅民来说，他们宁愿要人民币。一位小贩告诉我，中国的百货商品种类齐全，质量比他们国内的好，若手头上攒些人民币，一步跨境，骑上单车只要半个多小时就能到瑞丽县城购买，方便！也许是由于地理上的优势吧，缅甸内地的一些姑娘多愿意嫁到弄曼来，当然，弄曼的姑娘更愿意嫁给瑞丽的小伙子。

边聊边看，不觉已是日暮，寨里的姑娘们三五成群地结伴到村旁沟边洗澡。她们挽起筒裙，把雪白肌肤浸在渠水中，只露出半个胸脯，即使陌生人在渠旁走过，也毫不避嫌，仍一个劲地嬉笑打闹。可惜，由于拖拉机颠簸得厉害，难以对景，否则我真想摄下这珍贵的镜头。

车子开出寨口，我这才注意到公路旁竖着一块铁牌，上面写着："国境线，友人到此止步。"只有这块牌子，才使人产生一种神秘感，除此，这里看不到一兵一卒，更没有使人望而生畏的铁丝网和林立的岗哨。

三 瑞丽的七岁小番商

瑞丽，古称乐城、麓川。唐朝时骠国商人就经常到这里来进行货物交易；明清之际，瑞丽的通商贸易日渐兴盛。这种互市遗风，一直延续到今天。

一走进瑞丽县城，首先给人的第一眼感觉就是，街上设摊行商的小贩，大多是一些肤色黝黑、头发微卷的南亚人，他们之中除来自缅甸外，还有巴基斯坦人、泰国人和印度人、尼泊尔人。这些外国商人在城中租旅店长期客居，俨然如"侨民"，以至于使瑞丽呈现出如同盛唐时期古长安那样的国际城市风貌。

到瑞丽做买卖的外籍人多，主要原因是这里的水陆交通十分便捷。从瑞丽江边乘渡船过58号界桩对口，可到达缅北边境城市南坎，若是从南坎往西行150公里，便到了华人最集中的城市腊戌。自腊戌乘火车过曼德勒可直达仰光。因此，称瑞丽为"南亚通衢"，此言不虚！

据德宏州经济研究所所长张继涛介绍，十一届三中全会以后，我国实行对外开放政策，州政府根据中央有关精神，对边民互市物品价值，由每人每天20元的界限，放宽到每人每天100元（一件不可分割的商品和鲜活商品不受此额限制）。但是，实际情况远远超过此限，那些做珠宝和化妆品生意的番商，每天销售额何止于百元？

自州政府的边贸条例实施后，瑞丽城市每天夜晚便是那些南亚客商的世界了，摊位鳞次栉比，货物琳琅满目，宝石、翡翠、玛瑙、象牙项链、化妆品、服装及珍禽异兽，等等，令人眼花缭乱，目不暇接。缅甸、巴基斯坦和印度人多经营珠宝、服装，而泰国人则多从事化妆品买卖。

这些从商的外籍小贩，绝大多数人能奉守我国法律，安分守己，正当行商。由于长期客居，他们绝大多数包宿在条件简陋的旅店里。

设固定摊位的番商大多能自觉按州政府税务规定纳税，但也有一些小商贩，为了逃漏这蝇头小税，不时移动场所，"打一枪换一个地方"。

我惊奇地发现，做生意的番商中间，竟有几名七八岁的小孩，他们跟那些大人一样，也是一式的卷曲头发，黝黑的皮肤，微凹的发亮的眸子。这些洋小囝手托珠宝盒，在街心中走来走去，用汉语对行人叫喊兜售："要吧，要吧，缅甸宝石！"其中一个十二三岁模样的男孩，身围筒裙，脚穿拖鞋，肚前系着个鼓鼓的港式大钱包，一副邋遢相，但他的微凹的双眸却透出一股狡黠的目光。我问

图2—25 善"侃"生意经的印度小贩

他:"你是从哪一国来的?"他用手在空中画了一道长长的弧线说"巴基斯坦——缅甸——中国!"这个动作把我们逗乐了,那小家伙趁机上前一步,扯了一下我夫人的衣角,然后把手中的珠宝盒高高托起,用滑稽的腔调说:"太太,你挑一个吧。"我妻子故意说"这都是假的。"谁料她话音未落,男孩把盒子一拍,嚷着"假的就算了!"妻子见他要走的样子,反倒唤住他:"那你打开,好让我看看呀。"那巴基斯坦男孩随即敏捷地打开木匣,取出一枚宝石戒指说:"这个,60元,太太戴上漂亮!"一句话,逗得我妻子扑哧一笑。我想起友人的忠告:小摊上假货多。于是对她耳语了一番。男孩轧出了苗头,连忙说"那50元,便宜了。"你没还价,他便掉价,其中必定有诈!我和妻子连连摆手:"不要,太贵了。""那20元,再加一个给你。"那小家伙紧追不舍,又从木匣里取出一枚绿的递上来。

"不要!不要!"我们坚决地回绝,头也不回。

"妈拉个皮!"背后悻悻地传来骂声,这一声骂使我们足足惊愕了半晌。

四 神护关的马帮蹄印

在祖国西面边疆,东经98°、北纬25°的神护关隘口,濒槟榔江西岸,有一个并不令人起眼的小村——支那村,由于地处偏远,它鲜为人知,唯有在最详细的云南省地图上,才能找到这个细小的圆点。然而,又有谁知道,这个细小的圆点却是古老的"南方丝绸"之路的连接点!公元前220年,中国的一批马帮驮着丝绸和瓷器,正是沿着这个小村往西行,度神护关隘,进入缅甸;继之折北逶行,经由印度而运往西方的,这便是中西交通史上著名的"蜀身毒道"。

太阳升起又落,岁月飘去又来,久而久之,这个仅有二三十户傣族人居住的无名小村给过往的商旅留下了深刻的印象和温馨的记忆,他们为它取了一个"洋名":China(支那)。从此,支那一词便被南来北往的旅人远远地播扬开去,乃至以整个华夏国名由其所代替。

至明代以后,这个村人烟渐渐稠密起来,它像中缅边境上的一个驿站,成了马帮歇脚的地方。坐落在村寨里的马店一家连一家,货栈一个连一个,村寨的石阶,留下了马帮的蹄印。

我走进一家马店,女主人热情地接待了我。刚一坐定,她便给沏上一壶浓香四溢的绿茶。墙根旁一顺溜排放着好几杆烟筒,这些烟筒特大,以竹制成,口径约4寸,长2尺许,在靠近烟筒底部,斜里插进一个6寸长的烟嘴。筒里灌水,吸时咕咕作响。见我好奇的样子,女主人送上一根请烟:"你吸吸看,比你们城里人吸香烟舒坦呢!"我摇摇头,谢绝了她的好意。这家马店的银丝很有名,银丝以米面制成,切成细丝,用沸水滚熟,加上火腿丝、酸菜、葱花,再浇上麻油

图2-26 支那镇上的"大救驾"
"大救驾"是云南腾冲县最出名的小吃之一，是炒饵块的一种，制作的方法是将饵块切成小片，再加上火腿、鸡蛋、肉、萝卜、番茄等，一起放在锅中爆炒而成。

拌和。女主人将一碗热气腾腾的银丝端到我面前："银丝又叫大救驾，它救过明朝一个皇帝的命呢！"见我吃得津津有味的样子，女主人便絮絮地打开了话匣子，"1659年，三路清兵追到腾冲，要捉拿明朝最后一个皇帝永历帝。永历帝由李定国等护驾往滇西出走，然后入缅甸。进入腾冲时，腾人以米面制成细丝，佐以汤料，供他进膳。这个逃难的皇帝历经劫难之苦，今得此物，食之如山珍海味，遂以'大救驾'封之。"女主人所述的这段历史轶事是有据可查考的，不过，银丝终究未能救驾，永历帝最后逃到缅甸的实皆，还是被缅甸王交出，吴三桂将之缢死于五华山金蝉寺。

辞别了好客的女主人，我又匆匆赶路了。

我从支那这个负有盛名的小村出发，沿着古驿道一步步往神护关上走去。马帮的铃响从缅甸那一面悠悠地传来，的铃铃——的铃铃——响个不停。我不由抬眼望去，但见朝晖之中，从神护关外缓缓行来一队马帮，我默默地数着马的匹数：一、二、三、四、五匹！在头一匹的马背上，骑着一位姑娘，20岁模样，一身传统的傈僳族的裙子，浅蓝色的裙底上，配以鲜红、鹅黄、深蓝三色纹块，十分艳丽，再加上胸前闪闪发亮的银牌及颈上环绕着各色珊瑚串成的项链，愈显得秀美。而赶马的那位中年汉子却牵着缰绳，跟在马后一溜小跑。从马背上驮着的小木柜以及姑娘的装束来看，这可能是一位待嫁的缅甸女子，和她的父亲一起，到中国的婆家来走亲戚。此种情景，诚如腾冲县委宣传部董保华部长向我介绍的那样：滇

第二篇

缅山水相连，村寨相望，民族相同，居民跨境而居，语言相通，习俗一致，姻亲关系密切。

马帮丁当地响着铃声，经过我的身旁。赶马的中年汉子朝我友好地点点头，又一溜小跑而过，而马背上的姑娘，则掩面含羞一笑。

我登上神护关，目送着这一对父女远去，直到那悠悠的铃响在山谷中渐渐消失，才转过身来。

支那，这个远播华夏文明史的渊源古村，给人留下无穷的遐思和联想……

五 茶山"野人"今何在

这是一个阳光明媚的春日，我和新婚的妻子为考察古代的蜀身毒道，风尘仆仆地来到祖国西南边陲的腾冲县。我们打算在县城休整一下，翌日攀登高黎贡山，沿着徐霞客日记中记叙的路线，查访"茶山野人"后裔。

据《徐霞客日记》所载，他所发现的野人，出没于姊妹山后，其位置在高黎贡山北偏西的中缅边界口缅甸一方的班瓦县城。

班瓦，位于中缅边境的姊妹山4号界桩口之北，高黎贡山由此发脉，是属于缅甸克钦邦的一

图2-27 在蜀身毒道喜逢故交
笔者1966年首次考察蜀身毒道，遇云南大学物理系学生赵从荣君。时隔25年后，即1991年笔者第二次踏访蜀身毒道，于滇西芒市与从荣重逢，彼此有恍若隔世之感。图右为赵从荣夫妇，图左为作者夫妇。前排长者为太夫人赵氏。

个极边小镇，明朝时隶属中国管辖，曾设茶山长官司于此。因而，班瓦也就成了蜀身毒道上的重要关口。著名大地理学家徐霞客本想到此一游，无奈山隘极为险峻，加上"野人"出没，会用药箭伤人，且盘缠用尽，只得靠卖掉衣裙，换取一顿饭吃，及至走到离班瓦16里的滇滩关隘，便怅然折返。徐霞客在他的日记中这样写道："滇滩关道，已茅塞不通，惟茶山野人，间从此出入，负茶、蜡、红藤、飞松、黑鱼，与松山、固东诸土人交易盐、布；中国亦间有出者，以多为所掠，不甚往也。其关昔有守者，以不能安居，多遁去弃守，今关废而田芜，寂为狐兔之穴矣。"记中又云，"姊妹山后，即为野人出没之地，荒漠无人居，而此中时为野人所扰，每凌晨逾箐至，虽不满四五十人，而药箭甚毒，中之无不毙者。"

从《徐霞客日记》中可知，在明末时期，驻守在这里的茶山长官司已形同虚设，由于姊妹山后的野人侵扰，守关人员不能安居，只得弃关而去。

班瓦，这是一个充满神奇、恐怖的蛮荒古地！而今，它到底怎样了呢？徐霞客日记中写到的"茶山野人"，又是怎样的一个人类群体呢？在蜀身毒道上考察时，这个神秘的异域小镇始终如一块磁铁，强烈地吸引着我。

图2-28 古野人山下的瓜市

"去不得，去不得哟，那里全是深山峡谷，森林里野兽又多，当年徐霞客想去还不敢去呐！"腾冲县委宣传部长董保华连连摆手，劝我说。就在我准备打道回府的当儿，腾边商行经理刘少华适值要去班瓦与缅商洽谈生意，愿意带我前往，而且是上午动身，晚间便返回，问我能不能吃苦？我喜出望外，接连说了一大串的"能"。

第二篇

我们即刻启程，随身之物，唯一纸、一笔、一架照相机而已。吉普车以每小时20公里的速度，一路颠簸着，沿崎岖山路逶迤北上，行30公里，便到了坐落在峡谷大坝里的固东镇，司机小田告诉我，已走了一半路程。固东是腾缅古道上的一个重镇，明清时设有千总外委驻守，"千总"和"外委"都是古代武官名称。越往北行，山越陡峻，路也愈坎坷，有的路坑深达两米，人稍有不慎，陷入后便难以自拔。又行20公里，至滇滩关，便望见一座高大的牌楼，控制来往通道。

滇滩名义上是个镇，实际上是个小村落，村上人家不多，沿街有两家四川妹子开设的小饭铺。在历史上，滇滩却因其地势险要而闻名。民国初年，由商务印书馆出版、臧励龢编撰的《中国古今地名大辞典》将该镇收入，其"滇滩隘"词条云："滇滩隘，在云南腾冲县北，陇川江上游支流磨石河东岸。明置巡司。清置土目。"巡司，相当于今天的海关。

刘经理告诉我，滇滩关那座高大的牌楼就是边防检查站，徐霞客老人当年就到此止步。在牌楼的山脚下，竖着一块蓝色的大牌子，上边分别用白色的箭头标着：往西北9公里至水城；北偏西9公里至班瓦；北偏东17公里至下姊妹山寨。边防站站长见到我们，热情地走上前来打招呼，还称刘经理为少校。我十分纳闷，站长爽朗地笑了："刘经理是行伍出身，现在服从安排，转业从商喽！"一句话说得我们都笑了起来。

时已中午，站长以地主之谊，邀我们午餐。因滇滩地极高寒，时令虽近端午节，天气仍十分寒冷，主人烹以狗肉草果汤饷之，味极鲜美。酒酣耳热之际，我不由想起徐霞客曾于己卯年（1639年）四月二十三日目睹的"野人"形状：其人无衣无裤，唯以土布一幅束其阴部，上体则以布披一方，围而裹之，不复知有衿袖之属。于是询问站长，是否确有其事？他摇摇头。继而又向当地长老请教，其中一位老人捋着银须，缓缓说道："徐霞客所指的野人，就是缅甸境内的茶山族，散居于伊洛瓦底江上游，长期住在人迹罕至的高寒地带和原始森林之中，开化较迟。实际上，他们的祖先跟我国景颇族是同一族种，其先民属氐羌氏，唐朝时称为寻传蛮。茶山族和景颇族语言、习俗都相近，彼此一直往来互市。茶山野人后裔，你到班瓦就可以见到了。"

辞别好客的主人，我们继续驱车北行。车子越过姊妹山4号界桩，前面就是缅甸境内，路在眼前变得更陡更窄了，有的道口只容得一条牛身，马帮们称之为牛身道，车轮倘一打滑，则会滚下万丈深渊。我们只得弃车步行。

行逾一里，空山不见人，忽闻伐木声。"班瓦到了！"刘经理指着前面一个隘口说。我们顺着陡峭的山道转过隘口，但见漫山遍野堆满了木材，几十名肩披搭布、打着裹腿的伐木人正忙碌地装运木材。

"这些都是茶山人,你看,他们都用上电锯了。"刘经理悄声说。

翻过隘口木材货场,我俯身朝下望去,只看到旷然平畴中,密密匝匝地排立着一座座房屋,青砖和水泥在这里成了稀罕物,除了地方长官所住的那两幢砖砌的楼房而外,其余均为木结构。缅北林业资源丰富,其中柚木、紫檀、冷杉等驰名世界,难怪这里的木材价廉如土。

图2-29 "茶山野人"后裔当上了老板
徐霞客曾于1639年在中缅边境的高黎贡山滇滩附近,遇到了一群不着衣裤、唯以土布遮其阴部的"茶山野人"。徐霞客所说的野人,实质是景颇族的一支。瞧,图中的这位茶山人后裔,如今当上了老板。

班瓦镇口设有关长,对过境人员进行检查,关长的木屋分上下两层,墙外挂着一块二尺见方的木牌,上面用汉、缅两种文字歪歪扭扭地写道:"本关每天北京时间上午8点至晚上20点通行。"为什么缅甸人用北京时间计时呢?可能是两国边民贸易交往频繁,时间对中国裔贾更重要一些罢。

镇口早伫立着一位中等身材、肤色黝黑的中年人在迎候我们,他就是缅甸克钦邦东部地区经济部副主任孔龙先生。当孔龙知道我是上海来的客人之后,连连热情地说:"欢迎,欢迎。班瓦到上海,有4000公里,来一趟不容易啊!"我对他汉语说得如此流利感到惊奇,刘经理告诉我:"孔龙还是茶山人哪!几年前,

第二篇

他作为克钦邦经济贸易代表团随访人员，赴中国访问，到过上海、天津、武汉参观访问，洽谈贸易。"我听罢心中感慨，若是徐霞客九泉有知，他老人家也会为茶山人后裔的变化而感到欣慰的！我问孔龙对上海的印象如何？这位茶山汉子笑着答："人多，车子多，高楼大厦多，商店一家挨一家，真是太繁华了！"

我们边聊边走，浏览这个古镇的景色。我驻足于一家杂货店铺前，铺子里经营的商品几乎全是中国货：春城香烟、保山肥皂、腾冲火柴和啤酒、上海毛巾、暖水瓶，等等。班瓦离缅北的密支那虽然不远，但道路常因雨天被冲毁，堵塞不通，马帮要翻两天的山路才能到达密支那市，而腾冲则通汽车，所以班瓦镇上的店家，多愿到中国境内去拉货，一来品种齐全，二来价格公道。

据孔龙介绍，班瓦与腾冲这两座中缅边境上的县城，双边关系很好，互相以物易物，最近他们准备请腾冲方面给予帮助，在班瓦建造一座小型火力发电站。说着说着，不觉来到孔龙的家门口。这是一幢新建的储藏室。孔龙的妻子，一位身着丝绒短衫、套着艳丽花裙、打着裹腿的年轻少妇，露出娇美的笑容欢迎我们。走进屋子，我顿时感到一股融融的暖意，原来，客厅中央旺旺地生着一盆炭火，孔龙的两个孩子正围着火盆烤火。我们上午从腾冲山脚出发时，春意暖人，衣着单薄，而班瓦的茶山人，一个个身裹棉毡。《明史》中有记载说："其山巅北多霜雪，南则炎瘴如蒸。"此景此情，真是毫无二致。（图2-30）

孔龙虽身为缅北的经济大员，但家中陈设极其简陋，客厅内，一张木几，几只板凳；墙壁上，挂着一把长刀、一支猎枪。令我惊奇的是木几上的那把匏琴，茶山族是古代骠国人的后裔，他们能歌善舞，每逢远客来时，必以歌舞相迎。此刻，孔龙抱起匏琴，坐在火盆边弹奏起来，随着琴声，他的美丽的妻子边唱边舞，舞姿由缓慢变得欢快，又由欢快变得急速起来，飞舞的长裙在火光的辉映下显得愈加艳丽动人。立时，一首古老的诗歌宛如烟霭般地在我心头涌起：

> 骠国乐，骠国乐，出自大海西南角；
> 雍羌之子舒难陀，来献南音奉正朔。
> 玉螺一吹椎髻耸，铜鼓千击文身踊。
> 珠缨炫转星宿摇，花鬘头鼓龙蛇动。
> 曲终王子启圣人，俯伏拜表贺至尊。
> ……

傍晚了，暮霭四起，慢慢地，一抹绛紫色的夕阳从窗外反射进来，时辰不早，我们必须往回赶了，孔龙夫妇一直把我们送到班瓦山口，才依依不舍地同我们挥手告别。

一轮明月在冥漠的帐幔上透露出它一缕淡淡的清辉，我们从牛身道翻过隘口，折入姊妹山4号界桩,再回望班瓦,那座充满神奇色彩的异域古镇早已隐遁在锯齿形的峰峦之中了。

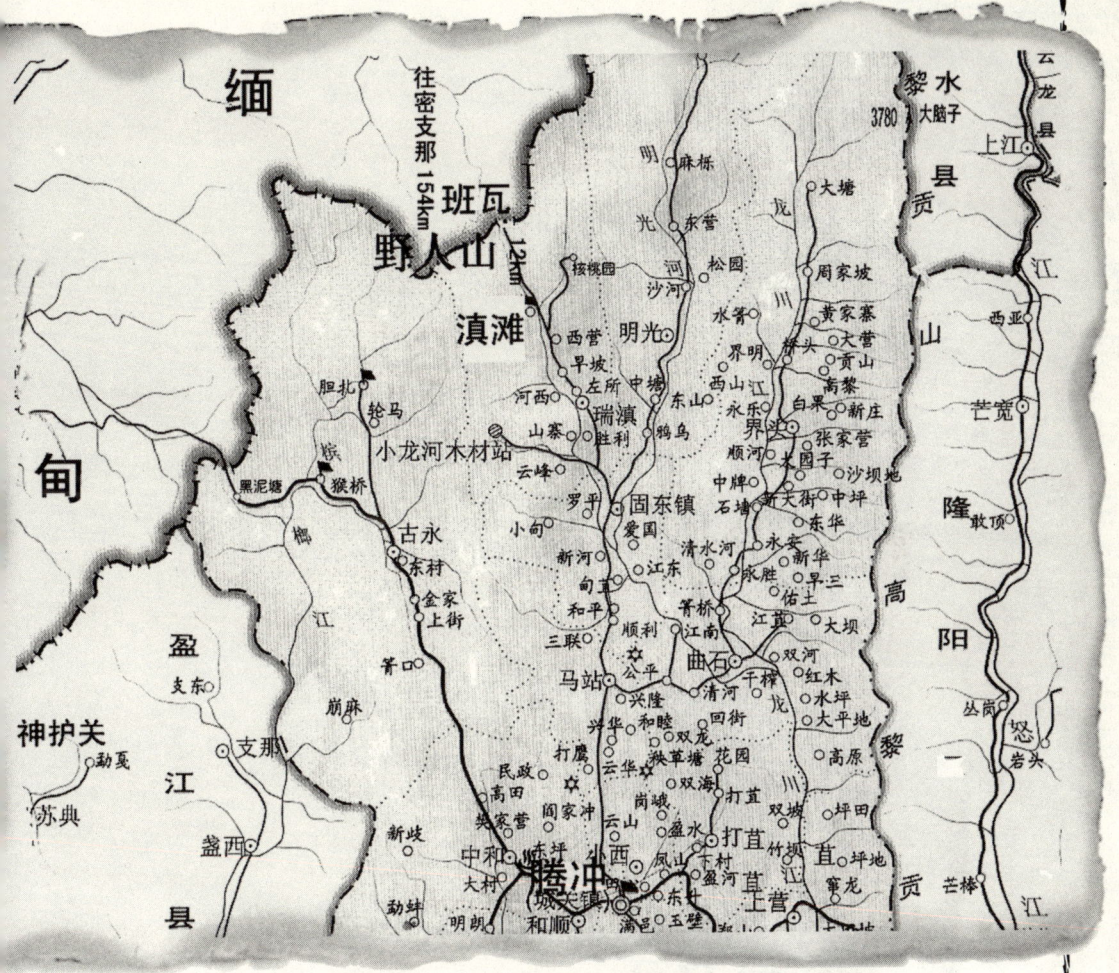

图2-30 野人山附近的班瓦城(今属缅甸)地理位置图

第三篇

佛妓[三] 踏歌颂华章
——南洋古麻刺朗国悬案勘访

[1]这里的"佛妓",源自明朝文人罗日耿的《咸宾录》一书中"古麻刺朗"的考述,详见本篇第三章之内容。其原间为古麻刺朗国王宫内的乐伎,相当于今天的国家歌舞团演员。此处的"妓"与现今的"妓"在词义上完全不同。

第一章 历史背景及谜案焦点

一 一个悬疑重重的古国

明永乐十八年（1420年）七月，古麻剌朗国王斡剌义亦敦奔率妻子、陪臣，随在永乐十五年奉旨赍敕抚谕该国王的明廷使臣张谦来朝。这是史载古麻剌朗国使节第一次入朝，又是国王亲自来访，所以明成祖很重视，命礼部宴赍规格一如永乐十五年来朝的苏禄国王，还应斡剌义亦敦奔的要求，封他为古麻剌朗国国王，授之以印诰、冠带、仪仗、鞍马及金织袭衣等，赐王妃冠服，陪臣等亦各有赏赐。翌年四月，斡剌义亦敦奔在归国途中病卒于福建，成祖以王礼厚葬于闽县。斡剌义亦敦奔之诣明廷，是明代对外关系的一大壮举。

永乐二十二年，古麻剌朗国第三次遣使入朝。此后两国关系未见再续。大概是由于这个原因，我国史籍自此之后再未见有关古麻剌朗国的新记述。可以说，长期缺乏交往，已使古麻剌朗今地、斡剌义亦敦奔陵墓的研究缺乏现实性和迫切性，从而增加了后人对这些问题进行研究的难度。

我们可以推想到，由于其地理位置偏离我国与东洋间的海上交通要道，这一地区的落后以及少有较大和较重要的城镇，使它未能吸引华侨、华商前去居留和从事贸易，以至于它长期处于中国人视野之外，鲜为外人所知，又进一步加大了考证其今地的困难。因此，学术界不仅一直未注意研究斡剌义亦敦奔陵墓的具体所在，也未能指出这个古国的确切今地。

20世纪30年代以来，国内学者为研究中国与南洋国家关系史和中国人移居南洋史的需要，开始提到古麻剌朗在明代与中国的关系，并就古麻剌朗今地提出他们的看法。据所见著作，最早提到古麻剌朗国属地的，是刘继宣和束世澂。他们在《中华民族拓殖南洋史》一书中指出，古麻剌朗，"盖即《岛夷志略》之民多朗，今棉兰老是"。其后，李长傅于 1936 年在《中国殖民史》中写道："张谦于永乐六年与行人周航出使渤泥国，十年、十四年、十八年复奉命往使，十五年九月又出使古麻剌朗国（在菲律宾群岛）。"今人黄重言在《中国古籍中有关菲律宾资料汇编》的一处注释中指出，古麻剌朗故地在菲律宾的棉兰老岛。1983 年，他进一步认为，古麻剌朗在棉兰老岛，"似在棉兰老北部，兼有蒲端和民多朗（两古国）部分旧地"。一些有关论著也认为古麻剌朗故地在今菲律宾，或具体地指出在棉兰老。从大致地理范围来说，上述各家的指称都没有错。可惜的是，上述各学者在提到古麻剌朗故地时，都是顺便涉及其可能的位置，而不是作专门的考证；加以资料有限，不足以进行必要的考证，从而提出起码的论据。可以想象，他们可能仅仅是依据"古麻剌朗，东南海中小国也"，同时对照同是在"东南大海中"的苏禄国今地，推断其大致所在，而无法直指其具体今地。因而，古麻剌朗今地，至 1987 年"仍是中外关系史上的一个疑案"。甚至对古麻剌朗能否理解为"古之麻剌朗"，很自然也成为一个疑问。

二 为湮没的史迹提供佐证

笔者在 1988 年第 1 期《东南亚研究》发表的《古麻剌朗国及其王陵研究》（以下简称《研究》），是学术界迄今为止就古麻剌朗国今地和斡剌义亦敦奔陵墓问题所作的第一次专题研究。在《研究》中还基本解决了两个有待解决的历史悬案。其一，第一次从学术角度对史料进行细致分析和研究，结合实地访问、勘查和考证，从而确证斡剌义亦敦奔的陵墓在今"福州市西郊凤凰村村北之茶园山南麓山坡上，距地面约四十米处"，形象地绘出这一重要古迹的具体形制，并联系历史介绍斡剌义亦敦奔死后其守陵陪臣在中国繁衍的后裔的历史和现状，为已经湮没、或濒于湮没的史迹提供了论证和物证。

其二，在前人研究成果的基础上，把古麻剌朗国属、今地的研究推进了一大步。文章明确肯定古麻剌朗在今菲律宾群岛范围内，而且就在苏禄东北。然后，按张谦出使的航路寻找古麻剌朗的具体位置，首次明确指出："古麻剌朗即今库马拉朗"，从而基本上解决了中外关系史上这个长期悬而未决的疑案。

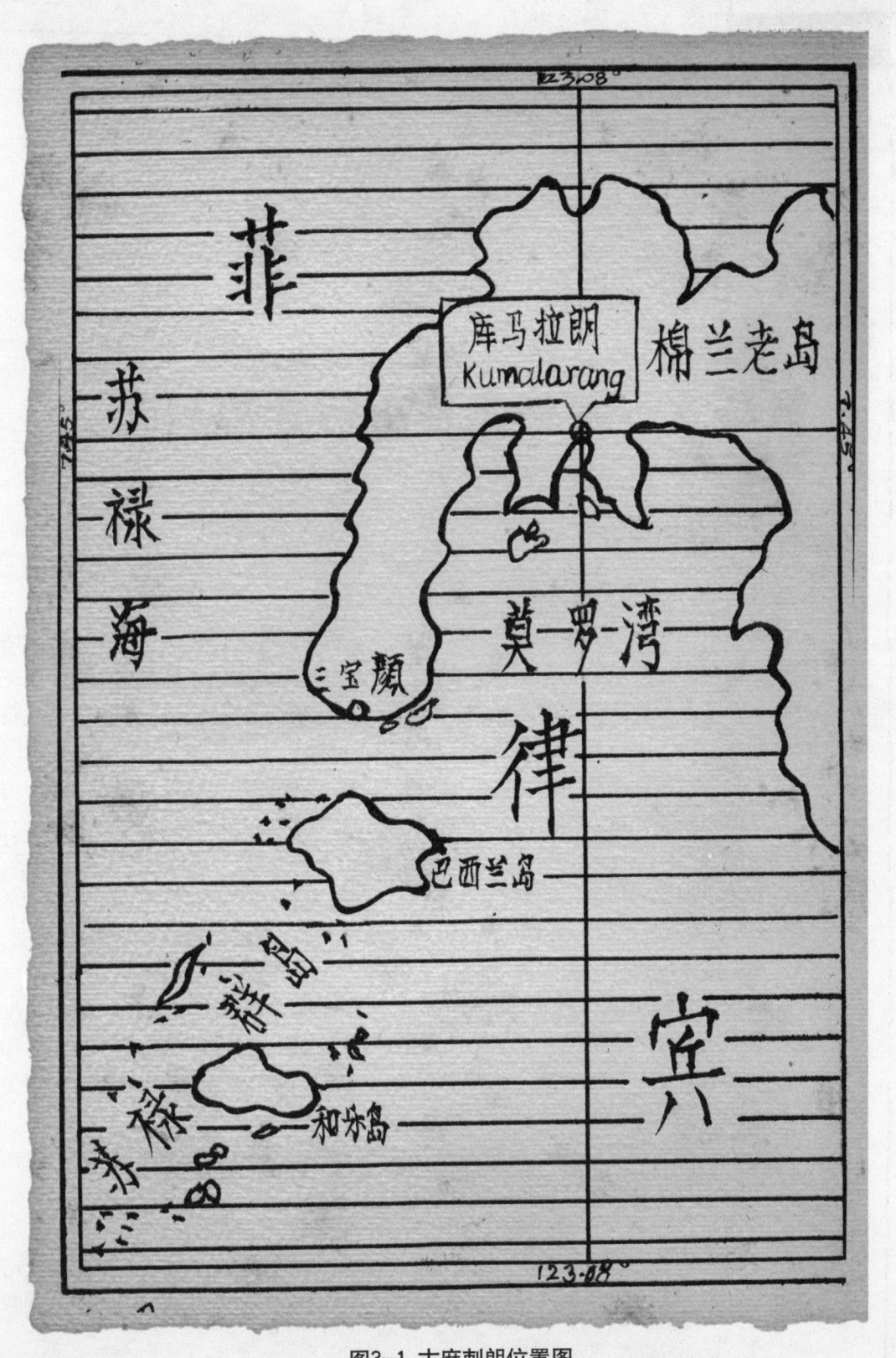

图3-1 古麻剌朗位置图

图中的"库马拉朗"(Kumalarang),是国王幹剌义亦敦奔的家乡;古麻剌朗的辖地,相当于今天的三宝颜半岛。

第二章 明朝使臣出访古麻剌朗

一 张谦使团阵容有多大

1. 船员160余人，携粮近百吨

明初六七十年间，中国封建社会出现了兴盛的局面。这是由于元末农民战争之后，国内人民要求有一个"休养生息"的和平环境，来恢复社会生产力。朱元璋和朱棣作为历史上杰出的政治家，顺应这一历史发展的总趋势，在国内外推行一系列有利于人民恢复生产的政策，并取得了成效。

对外关系是国内政策的延续。明初采取睦邻友好的外交政策，发展与亚非国家的友谊和经济联系，取得了巨大的成就。朱元璋曾郑重告诫其子孙"四方诸夷，皆限山隔海，僻在一隅。得其地不足以供给，得其民不足以使令。若其自不揣量，来扰我边，则彼为不祥。彼既不以中国患，而我兴兵轻伐，亦不祥止。吾恐后世子孙，倚中国富强，贪一时战功，无故兴兵，杀伤人命，切记不可。"对待海外各国，明太祖要求世世代代不要轻动干戈。

明成祖是真诚推行洪武时期制定的对外友好政策的。他对侍臣们说过："汉武帝穷兵黩武，以事夷狄。汉家全盛之力，遂至凋耗。朕今休息天下，惟望时和岁丰，百姓安宁。至于外夷，但思有以备之，必不肯自我扰之，以疲生民。"父子两人的军事思想和对外政策，一脉相承。

从洪武政权建立时起，对周边大小国家就逐步建立起睦邻友好关系，"东南海中小国"的古麻剌朗，就是其中之一。

"古麻剌朗"一词，最早在中国历史上出现，见于明洪武十六年（1383年）朝廷的"勘合号簿"。勘合号簿，就是明朝中央政府对与其建立贸易关系的国家所颁发的一种外交文册。每种勘合号簿分为三本，一本由内府存档，一本送关系国

收填，还有一本发广东布政司备案。每逢改元，则更告换给。第一批发到勘合号簿的国家计有：暹罗、日本、占城、爪哇、满剌加、真腊、苏禄国东王、苏禄国西王、苏禄国峒王、柯支、浡泥、锡兰山、古里、苏门答剌、古麻剌朗。[2]

　　事隔34年之后，即永乐十五年(1417年)九月戊午(初六日)，成祖决定派遣太监张谦"赍敕往谕"古麻剌朗。[3]

　　经过个把月的补给准备工作，他们决定起锚出航。出航的那一天，正是神州大地风和日丽、秋高气爽的日子。8艘载有160余名官兵的宝船船队在东海海面上行驶。船队驶过白节海峡，前面已可遥遥望见一座形如鞋履的孤岛，那就是所谓观世音得道的洛伽山岛了。

　　此刻，位居四品大官的太监张谦立在大鲸宝船的指挥台上，心情很不平静。他不由回想起临行前成祖对他的嘱托。那一天，成祖于奉天殿早朝，特地召他入宫。令礼部官将一只用黄金镶裹而成的宝匣交给他，并对他说："朕此次委你以重任，这宝匣里装着我大明皇朝的勘合号簿，你务必将它亲自送给古麻剌朗国王幹剌义亦敦奔，如今永乐改元已逾十多年，请他重新收填。"说到此，成祖又将诏书郑重地交给张谦，说："朕敕赐你诏谕古麻剌朗，你一定要恭承朕命。古麻剌朗虽为海中小国，但它与我明廷亲睦友好，你们此次去该国，万不要摆大国使臣的架子，更不可无故兴兵，杀伤人命。切记，切记！"宣讫，张谦俯伏而拜，庄严地从成祖手中接过诏书，带领船队踏上了遥远的航程。

[2]按《民会典》一卷一百八(朝贡通例)："凡勘合号簿，洪武十六年始给暹罗国，以后渐及诸国。"继列上述十五国。又据明高岱《皇明鸿猷录》记载，洪武十六年，凡五十九国皆给勘合文册，与《明会典》不符。

[3]明廷于洪武十六年就将古麻剌朗列入第一批建交国，而在事隔34年之后才遣使往谕，盖因当时南洋一些弱国为摆脱其邻近大国欺凌，纷纷请求大明皇朝给予庇佑。但这种请求，有直接派使臣来华联系的，也有未派贡使的，如苏禄也是第一批拿到勘合号簿的国家，但直到永乐十五年才"浮海朝贡"。

图3-2　作者在洛伽山岛寻访张谦出使之遗迹

第三篇

张谦此次出使古麻刺朗，其人员与组织可以从《明成祖实录》卷一百六中看出详情。整个使团共 160 余人，其中除四品官张谦外，还有指挥、千户、百户、卫所镇抚、旗军、校尉等官员。指挥、千户、百户等，其职皆属武官，隶南北两京卫军，防止出使途中有战事，负征讨不庭之责。其他成员，另有御医、番火长、通事、火长、军匠，外加民医、匠人、厨役、梢水。其次，还有阴阳官、教谕、舍人等，皆未著录。从上述所列人员与职务分工可知，张谦出使古麻刺朗的船队，其人员配备是十分周详的，以现代的习惯来分类主要有：

领导成员：正使太监张谦等。

军官：指挥（卫一级的军事长官）、千户、百户等。

技术人员：番火长（外国船长）、火长（中国船长）。

祭礼官：教谕、阴阳官（观星斗日月以卜凶吉）。

翻译：通事。

医务人员：御医、民医。

工匠：军匠、匠人。

其余如厨役（炊事员）、梢水（水手）等，则为基层工作人员。为了便于船队联系，他们以旗帜、灯笼、锣鼓三种方式互相联络。旗帜是白天行驶时的联络标志，灯笼是夜间行驶时的联络标志。这两种联络方法，直到今天，水上航行仍然在沿用。锣鼓是在雾雨天气视线不佳时应用的，如今不少海岛灯塔上安装的雾号，就是根据这一音响原理而设计的。

张谦所在的宝船称帅府船，内设头门、仪门、丹墀、滴水、穿堂、后堂、库司、侧屋，别有书房、公廨等类，都是雕梁画栋，象鼻挑檐。船队中有专用的粮船和水船。据张谦出使古麻刺朗的日程计算：船队于永乐十五年出发，永乐十八年返回，共三年整。我们以每人每天口粮 1 市斤计，则 160 人当为：160 人 ×1095 天 ×1 市斤 = 87.6 吨。也就是说，往返需携粮近百吨。

此外，还有其他食品，如菜类、油盐等物。其次，这里计算的每人每日口粮 1 市斤，是以今人的习惯而论，而张谦出使古麻刺朗，船队上的水手、工匠、兵卒，多为粮食的高消费者。因而实际口粮已远远超出这个标准。

也许有人会设想，张谦船队出使遥远的古麻刺朗，难道不会在沿途各国补充粮食吗？当然可以，但不应忘记，当时许多海中小国，如南渤里"户不过千余"；丁机宜"幅员甚狭，仅千余家"；加异勒"居人寡少，不及千家"，更是贫困，常"佣食邻国"。像这样的岛国，哪怕只宴请张谦船队全体将士一餐，恐怕也是力不能及的负担。可见，在海上补充粮食，是绝不能作为依靠的。

再说菜类。航海者三日无荤可以，三日无青则不行，这"青"，便是蔬菜。

由于缺少蔬菜，麦哲伦船只横渡太平洋时，许多人就患了坏血病，牙龈肿大，不能进食而死。而中国古代航海者又怎样呢？香港《古成》杂志有陈存仁先生一段考证："……阿拉伯船员往往在航行途中，总有不少人生疮生疖以至于死亡。死的时候，腐烂到面目全非，周身发黑。惟有中国船员，同样往返中国与阿拉伯，从来没有一个船员生这种疾患。他们觉得很奇怪，后来经过详细的观察，才发觉到中国船员完全是得益于日常膳食和饮料。"阿拉伯船员所患的病，就是坏血病，而中国船员所得益的日常膳食和饮料就是干菜、茶叶、咸鱼、腊肉之类常见食物，这些食物含维生素C，可防止坏血病发生。"

航海者还有一种不可缺少的宝贵东西，这就是淡水。张谦船队带多少淡水，史无记载，但我们从明人李言恭的《日本考》中，可以看出航海者对水的珍惜："凡倭船之来，每人带水400斤，约800碗，每日用水6碗，极其爱惜。"

日本与中国甚近，而船员用水如此紧张，试想张谦船队出使遥远的南洋，该贮备多少水？

2."使臣之柩"

由于航程遥远，长年漂泊海上，使团的人员中难免有生病死亡的。于是，张谦就专门造了一艘巨船，船中有好几只空舱，每只舱里各藏一空柩，柩前刻有"天朝使臣之柩"，上系银牌，重若干两。倘若船在海上遇到巨风大浪，一些重病号知道不能逃生，便仰卧柩中，请人以钉锢之，漂入海中，或待船泊岸后再葬。

张谦使团的船舶，与江河间航行的船不同。由于海中风浪很大，所以舱外前后一律护以遮波板。每艘海船分为23舱，前后竖5根大桅杆，最大的一根桅杆长72尺，径围6尺5寸，其余的细短一些。每艘船的后艄有一座小屋，漆成黄色，里面供奉天妃娘娘神像一座，神像的牌座上是成祖永乐七年（1409

图3-3 张谦的宝船是啥样？
民间古船专家韦文禧和他的老伙计们耗时四个月，制作出郑和下西洋时期的宝船。

年）诏敕，题为"护国庇民妙灵昭应弘仁普济天妃"。在天妃的两旁，一边供有一个侍卫，全都给她跪着，一个叫"千里眼"，一个叫"顺风耳"。第一个侍卫，身材高大，面孔靛蓝，两个眼睛烁烁生光，宽大的嘴咧开着，里面伸出几个很长的牙来。第二个侍卫，有一副同冬瓜相似的面目，长着一个通红的血盆大口，从里面探出一条如同宝剑一样的长舌，他的头发是红色的，在头顶上还生了两个触角。[4]

天妃，其真名为林默娘，是福建莆田湄州屿人。椐传说，林默娘生来不同凡人，能预知海上风险，平时又能为百姓治病，深受当地人民的崇敬，她死后，沿海渔民造庙供奉，称之为"海神"。

张谦对天妃十分恭谨，每天一早一晚的，总要用高香长烛在她的像前燃供。海上遇到大风浪，还请阴阳官用占卜的方法，请求她指示。

为了保障船队人员的安全，张谦使团还配备了战船及马船。战船，顾名思义，是专用于水战的船。马船，又名马快靠，是在洪武十年（1377年）开始建造的，原用于运马。永乐以后，改为专门装运官物。马船既能战斗，又能运输补给品，很适合使番船队的需要。像张谦出使古麻剌朗这样的远洋航行，往返达二三年之久，要保障160余人的生活和作战需要，没有充足的补给，是难以为继的。除了粮船供粮、水船供水以外，其他所需物资，如修船器材、武器装备、被装等等，均需由马船运输补给。使团中，驾舟水手要占去整个人员编制的大半数。船队出航之前由朝廷拨给银两，给他们添置新衣。按陈侃《使事纪略》所载，通事、引礼、医生、机匠等一些"高级船员"，每人给银十三两，作为出使番域的衣装费，其余一般水手、役夫，给银五两二钱五分。

二 奉旨御祭天妃

1. 金乡卫御倭寇

出使古麻剌朗的船队，在张谦的率领下，经过两个多月的航行，来到福建湄洲屿海面，已是永乐十六年初了。

湄洲屿，位于烟波浩渺的湄洲湾，其形如眉宇，故名。这座面积16平方公里的小岛，像一块晶莹的玛瑙，镶嵌在万顷碧涛之中。其东南濒临台湾海峡，与台湾遥遥相望。

湄洲屿是海神妈祖的故乡。古诗上说："莆东海口列湄洲，浪鼓潮音激石流。神迹至今安泽国，往来舟楫拜珠旒。"岛民们怀念这位善良的海神，每天敬香膜拜的渔民摩肩接踵，络绎不绝。岛上的老年妇女世世代代保留一种传统的发式，从身背后看去，其发髻宛如一艘帆船，据传说这就是天妃

[4] 杨钦章：《海神天妃故事在明代的西传》，原文出自明嘉靖二十八年（1549年）葡萄牙人沙忽略写给教友的一封信，述及在麻剌加一艘中国帆船上所见的情景。

图3-4　湄洲岛上的风帆式发髻遗风
福建湄洲岛上的老年妇女至今仍然保留一种传统发髻，其形状宛若片帆。民间传说，这就是妈祖（天妃娘娘）羽化之日所梳理的发形。

娘娘羽化之日所梳理的发型。（图3-4）

　　张谦率领全体使团人员，自码头登上数百级石阶，来到妈祖庙山顶，迎面耸立着一座富丽堂皇、修葺一新的庙宇，这就是妈祖庙——天后宫湄洲祖庙。

　　船队停靠湄洲屿御祭妈祖，是张谦根据成祖的谕旨去做的。这里，得向读者交待一下金乡卫御寇一战。

永乐十五年（1417年）六月，张谦出使渤泥国返回到祖国，当船队停靠在浙江平阳金乡卫（今属苍南县）海面时，突然，远处百余艘倭船直逼而来。当时三更时分，天色漆黑，海面上伸手不见五指，倭寇们见宝船上毫无动静，一个个满心欢喜，迅速将贼船靠拢宝船，爬将上去。正当他们动手搬走财物之际，只听得帅府船上一声炮响，刹时间8艘巨船上火把齐明，喊声震天，倭寇见势不妙，急忙掉转船头，仓惶逃命。将士们将一束束火把扔往贼船，贼船熊熊燃烧起来，寇贼阵营大乱，张谦率领将士们围歼已上宝船来的倭寇，众倭贼一个个命归西天，剩下没死的，赶快逃命。（图3-5）

关于金乡卫这场御倭战，《明成祖实录》里记叙得十分详细，当时张谦使团将士只有160余名，而倭寇人数近4000，经过20多个回合的殊死拼搏，终于将盗贼们打败。成祖听到喜讯，

图3-5　张谦金乡卫御倭遗迹之一：来爽门
来爽门始建于洪武二十年（1687年），为信国公汤和奉命而筑。永乐十五年六月，张谦曾率领舟师在此大败倭寇。傅绍根摄

十分高兴，给张谦使团的全体人员记功嘉赏。指挥、千户卫、百户所镇抚、旗军、校尉人等，都官升一级。指挥赏银二百锭，彩币5表里。千户卫镇抚赏银百锭，百户所镇抚80锭，彩币均为3表里。御医、番火长赏银60锭，彩币1表里。校尉赏银60锭，棉布4匹。旗军、通事、火长、军匠各赏银50锭，棉布3匹。民医、匠人、厨役、梢水各赏银40锭，棉布2匹。在战斗中受伤的将士外加赏赐。

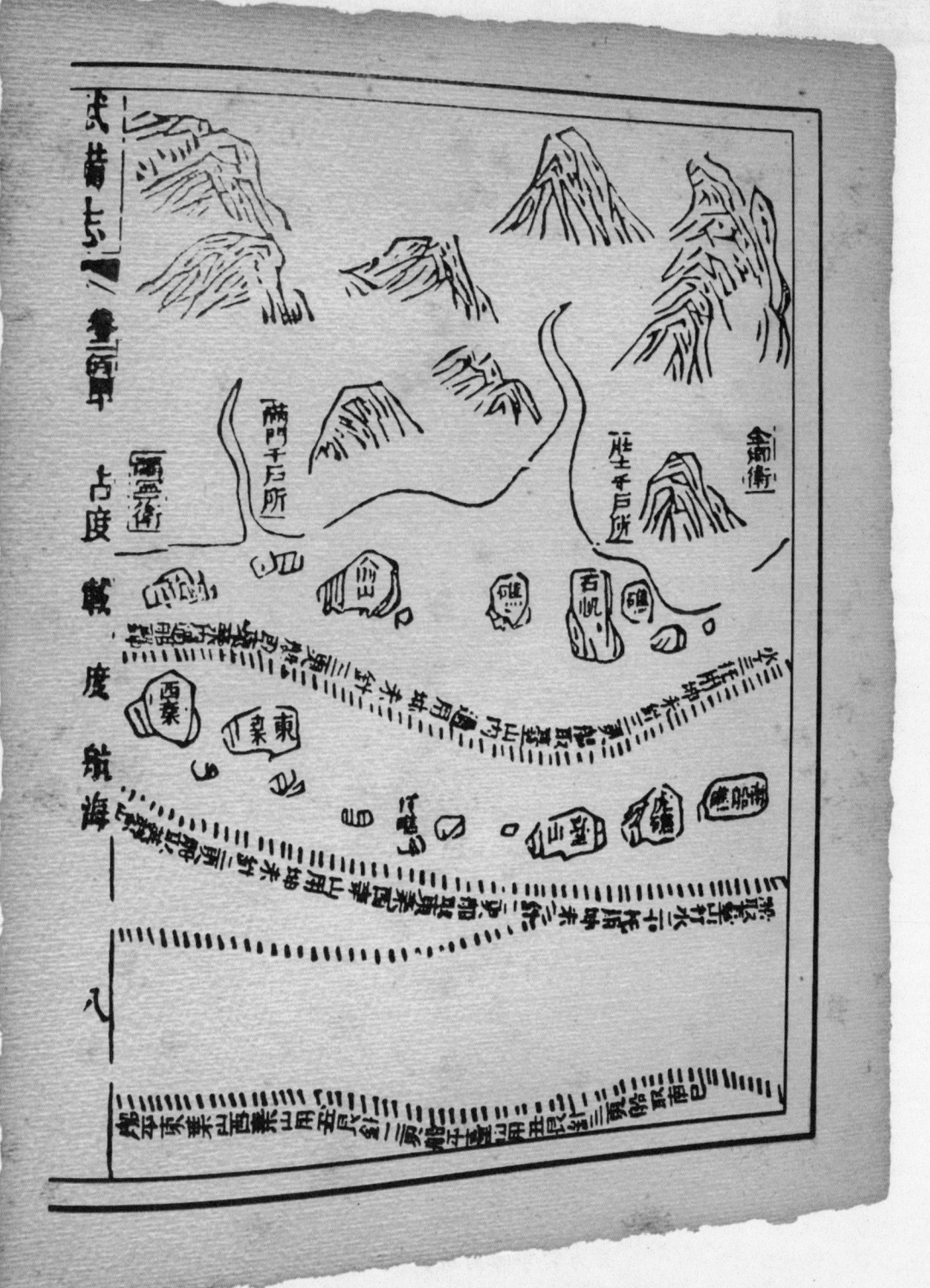

图3-6 明·茅元仪《武备志·郑和航海图》
图中"金乡卫",即张谦船队当年御倭寇处。

第三篇

金乡卫战役的胜利,后来阴阳官卜筮说,应归功于天妃娘娘的神助,"吾闻海上危急时,得神人照耀,虽危亦安,神其佑我乎!"《天后表》述及永乐中的浙江沿海一场御倭战斗,把天妃的神助写活了:

日本惯习水战,分舟师据海口。我师樵汲道绝,兵士困甚,同叩祷天妃,拜请水仙。忽波心撼激,贼舟荡漾浪中,撑东涌西,我舟与贼船首尾相击。半晷间,贼篷率绳断,我舟中一兵披发跳跃呼曰:"速越舟破贼!"翯发令曰:"此神所命,先登者重赏!"遂奋勇冲杀,擒获甚多,其投水死者不计其数,全收破倭之功。

2. 成祖欣然撰颂诗

明成祖崇信儒佛,因而当张谦出使古麻刺朗临出发前,便嘱托他船队经过湄州屿时,一定要上岛进香,御祭天妃娘娘。

被修葺一新的妈祖庙规模宏大,有正殿、偏殿等5组建筑群,16座殿堂楼阁,99间斋舍客房。庙宇依山而建,鳞次栉比,金碧辉煌,不亚于"海上龙宫"。此刻,张谦率领全体船员,怀着庄重、虔诚的心情,缓步走进妈祖庙。陪祭的浙江行省官员早在庙门口恭候。张谦代表出使古麻刺朗的全体将士,在天妃神像前供上蔬果,然后点燃香烛,口中祷念:"臣张谦等自永乐十五年于金乡卫遇贼,舟中危急,祷神无恙,归奏,特奉旨御祭。"祭礼之后,他们登临庙后石崖上,伫立"观澜"石上,眺望茫茫大海。但见小岛所有可以泊船之处,都泊满船只,一派繁荣。水面黄旗飞舞空中,俱写"天后进香"字样。

此时此刻,此景此情,令张谦感慨万千,他情不自禁地吟诵起朱棣皇帝于永乐十四年四月初六日为天妃娘娘所作的一首长篇颂诗:

湄州神人濯厥灵,朝游玄圃暮蓬瀛。
扶危济弱伴屯享,呼之即应祷即聆。
上帝有命司沧溟,驱役百怪降魔精。
囊括风雨电雷霆,时其发泄执其衡。
洪涛巨浪帖石惊,凌空若履平地行。
雕题卉服皆天氓,梯航万国悉来庭。
神庇佑之功溥弘,阴翊默卫何昭明。
寝宫奕奕高似闳,报祀蠲洁腾芯馨。
神之来兮佩玲珑,驾飙车兮旖霓旌。
云为裳兮雾为屏,灵缤缤兮倏而升。
视下士兮福苍生,民安乐兮神枕宁。
海波不兴天下平,于千万世扬休声!

图3-7 张谦金乡卫抗倭遗迹之二：望京门　傅绍根摄

三　过洋牵星

张谦使团告别了江浙行省官员，从湄洲屿起锚，继续南行。

船队出金门，经伶仃洋，驶入茫茫南海之中。只见鱼群飞水上，"其海止阔千余步，色黄气腥，船行一日不绝"。这道"阔千余步"、颜色呈鹅蛋黄的海水，据说是含有一种大鱼的粪便。

船队折向东行，数月后便进入了今天我们所称的太平洋水域。这里常有异风变乱，"凌杂倏忽更二十四向，海舶惟任风而飘。风水又各异道，如前为南风，水必北行，倏转为北风，而水势当未趋南，舟莫适从"。由于海浪极高，又极迅急，平地顷刻涌数百里，海中大舶及鱼鳖之属，常随潮势涌入浪谷中不可出。

长年飘泊于海上的张谦，对这种"顺风而行，一日千里；一遇朔风，为祸不侧"的天气变化已渐渐适应，并能处险不惊，逢凶化吉。在航行生涯中，他逐渐摸熟了海洋的"脾气"，总结了一套风云的占验。占验，似可解似不可解，似有韵似又无韵，"备波涛之望气，非委巷而征歌也"。在永乐朝的航海将士们之间广为传诵的《占验》歌谣，计分《占天》、《占云》、《占风》、《占日》、《占雾》、《占电》、《占海》、《占潮》，共八占。

除上述占验歌谣外，当时还流传着一首《顺风相送》的民谚。永乐年间，出使南洋的将士们在往返航行中，准确及时地利用了风、云、雾、电、日、潮，说明他们对海洋气象的观察测验，不仅具有一定的科学水平，而且讲究实用。我国有经验的航海家在太平洋上航行的规律，是从闽粤下洋前往的，启行一般在农历十月至翌年正月，因为这时正值北风节气；而自南洋归国，总是在四月至七月间动身，因这时正值南风节气。张谦出使古麻剌朗，选择深秋季节由内海出发，正月间自闽粤放洋，正是运用了这个规律。

张谦船队在海洋上航行时，除依靠太阳与星斗指明方向外，在能见度很差的"阴晦"日子，则完全依赖指南针辨明方向。指南针，古人称罗盘，以罗盘来确定航海时的路线，又叫针路，"独恃指南针为导引，或单用，或指两间，凭其所向，荡舟以行"。不仅如此，他们还以当时盛行的"过洋牵星术"来指引船队方向。掌握这门技术既要有丰富的航海经验，还需要一副牵星板作为工具，才能测量。这种牵星板究竟为何物？明代李翊所著的《戒庵老人漫笔》记载最详细："牵星板一副，乌木为之，自小渐大，大者长七寸余，标为一指、二指至十二指，俱有细刻，若分寸然。又有象牙一块，长二寸，四角皆缺，上有半角、一角、三角等字，颠倒相向。"南京郑和纪念馆曾有一副复原牵星板样品，是由小到大以此递增的若干块方板，每板当中有一细孔，使用时，方块木板按一定的间距垂直在一平面上，然后，观侧者用眼睛透过所有方块板的小孔，对准星辰，来定自己的船位。《西方要纪》上说"舟师俱系考取通晓历法天象者，昼考太阳之一度，夜考星宿之高下，虽历数万里，少有差池也。"航行数万里，且能做到少有偏差，这是多么不容易啊！

四　三屿国还生记[5]

1. 关于三屿国的史料记载

张谦船队经过千辛万苦的颠簸飘泊，从南海折向东行，驶入了巴士海峡。

巴士海峡，是一条沟通南海和太平洋的大通道，它宽约100多公里，深度2000至5000米，最深达5126米。这一带洋面风云变幻无常，巨浪排空，航行的舟子常常"针迷舵失，人船莫存"。掌握针路的叫火长，相当于我们今天的船长，他紧紧地掌住舵把，在波浪滔天的洋面上，小心翼翼地行驶，一有情况，即向张谦请示。

由于长时间航行不着陆地，船上的淡水越来越少，及至船队跨越巴士海峡时，全体使团人员每人每日仅供应2碗

[5]张谦出使古麻剌朗，所经历的是东洋针路，而位于我国南海东沙以东、巴士海峡上的三屿古国，则是张谦船队的必经之地。文中下西洋一梢手还生轶事，本自陆采《冶城客论》，所述之事发生在永乐中，地当南洋荒岛。

饮用水，至于洗澡，那只能是梦中的奢望罢了。船员们人人脸上都像结了一层霜——那是海水打在脸上留下的盐霜；而大家的嘴唇也都裂开了口子。随着船的摇摆，船员们想呕，又呕不出，只有黄水不断地从胃中翻出。

这一天黄昏，喧嚣一天的洋面渐渐平息下来，突然，火长顾不得礼节，推了张谦一把，大声叫道："中官大人快看，前面有一个岛屿！"这一声兴奋的叫喊把船员们从绝望中唤起，于是一个个推开船舱的遮波板，伸出头来向外张望。果然，在遥远的海平线上，他们看到一个黑色的斑点，继而，这个黑点越来越大，渐渐地能看到岛上的棕榈树和锯齿形的峰峦了。"火长，把帆扯满，加速前行，让将士们上岛洗个澡！"张谦抑制住喜悦，命令道。"遵命！"年轻的梢水们跳上甲板，扯满帆篷，全速前行。

这座岛叫加拉绵，是三屿国距离南中国海最后的一个岛，用我们今天的测算方法，它位于东经121.8度、北纬19.5度的洋面上。

三屿国由三个大岛及若干小岛组成，加拉绵则是这个岛国的第二大岛，岛上田瘠少收，民倚海而居，以网鱼、织布为业。明人慎懋赏《海国广记》对这个岛国记载较为详细：

三屿国，散居南海中，近琉球，每一聚落约一千余家。地多崇冈叠嶂，凭高依险，编茅为屋。其人形短而小，眼圆而黄，虬发露齿。巢于水巅，或三五为群，跬伏草莽，以暗箭伤人。授以瓷碗，则俯拾跃呼而去。元世祖至元三十年(1293年)，命选人招诱之。平章政事伯颜等言，臣等与识者，议此国之民，不及二百户，时有至泉州为商贾者。去年入琉球，军船过其国，国人饷以粮食，馆我将校，无它志也。乞不遣使，帝从之。

张谦船队驶入加拉绵岛时，已是第二天早晨。但见数座茅屋傍海而立，茅屋内不时传出"咔嚓帮"、"咔嚓帮"的织布机声。海滩上，一些渔人之妇正在织网，她们一见宝船，甚为惊奇，咿咿呀呀地嚷着，并从屋内把她们的丈夫唤出来，由于加拉绵岛处于北回归线以南，气候较热，加之海洋性气候，这里的居民肤色呈浅棕色，他们友好地向宝船上的船员打招呼，并用手势比画着什么。一个梢水手捧瓷碗，做了一个喝水的动作，大声地问他们："给我们一些水，水！"热情的三屿国居民以为船员们要喝酒，于是从茅屋内捧出木盆，盆里满满地盛着蔗酒。张谦请通晓番语的番火长与居民们对话，好客的岛民们立即点头，把张谦他们带到屋后的山坳里，那儿有一个天然的石洞，洞口朝天，上面用椰叶铺盖着。其中一个身材高大的男子——番火长告诉张谦，那就是加拉绵岛的酋长，用手掀去椰叶，一看，原来是一座很大的蓄水池。番火长说，全岛的生活用水就靠蓄水池这点水，因为岛上没有水源，全靠天雨积蓄。此刻，只见酋长带领十多个岛民帮助运水，不一会儿，水船上的一只大水舱就被装满了。为了感谢酋长，张谦命人从马船上

第三篇

图3-8 流传于菲律宾岛国的民族独舞：男子射猎舞

取出瓷碗10打、棉布2匹相赠，酋长欢喜不已，连连合拜作礼。

为了趁潮水赶程，张谦与酋长告别后，即启锚扬帆。船一离岛，四望唯天水相连，茫无边际。番火长说，前面岛屿不计其数，凭好风略行几更，[6]则可至一岛。

图3-9　流传于菲律宾岛国的扇舞，据闻系传自明朝宫廷

2.小梢手荒岛拾珠

　　船经过一岛礁，忽听得岛礁上有呼救的声音。张谦定睛一望，只见一个男子梳明朝发式，身上衣裤俱无，唯以一幅布束住阴部，手中挥着一块黄布条。"中官大人，救救我！"那男子狂舞布条，用汉语呼叫。张谦觉得十分诧异，在这个异域荒岛上，竟生存着一名说汉话的人！他下令船向小岛行驶，把那人从荒礁上救了下来。那男子一上船，便"扑通"一声跪在张谦面前，叩谢救命之恩。张谦细看之下，不由愣住了，这少年男子不是去年春从巴士海峡漂棺下海的那个梢水吗？"你还活着，真是命大！"张谦扶起这个16岁的少年，叹了一口气。忽然，这少年又奔下船，从岛边挑来两担珍珠说道："小人一年来在荒岛别无所得，唯聚珠两担，请恩公收下。"张谦惊问道："这么多珍珠，你从何买来？""请恩公放心，这并非不义之物，而是小人血汗所得。说来话长。"少年换了衣服，一面吃饭，一面讲述那段动人心魄的荒岛还生记——

　　那还是永乐十五年春的事了，当时张谦带领苏禄国东王巴都葛叭答剌、西王麻哈剌叱葛剌麻丁、峒王妻叭都葛巴剌卜，并其家属头目三百余人，浮海入贡。

[6]张燮《东西洋考》云，荡舟海洋，欲度里程多少，"准一昼夜风利所至为十更"。或据明黄省曾《西洋朝贡典录》云，海行之法，以60里为一更。

117

第三篇

当船队行驶到巴士海峡时，茫茫洋面风暴骤起，汹涌的浪潮一会儿把船只抛到浪巅，一会儿又将它甩入深谷，梢水们一个个支撑不住，躺倒在舱内。其中有一名年仅16岁的梢水，因其父母早亡，被张谦收留在船上，做些带缆、油漆甲板的杂役。这少年梢水体质较弱，经不起风浪颠簸，已接连数天粒米不进，船一摇晃剧烈，便呕吐不止，到后来，连胃液也吐完了，奄奄待毙，御医连用数方，也无济于事，于是火长提出将他装棺入殓。张谦见抢救无效，也只得同意漂棺。棺材是出使前就预备好了的，船员们将神志不清的小梢水装入棺内，盖上棺盖，并在棺前刻"天朝使臣之柩"。棺前系一银牌，这银牌上必须写上入殓者姓氏、生卒年及里籍，但这位小梢水没有名字，张谦沉吟了片刻，遂给了他一个姓名，叫"施兵"，意思是出使南洋的朝廷一兵。浪涛滚滚，霎时间就将载有小梢水的棺材卷走。数日之后，棺材漂到三屿国附近的一座荒岛边，被一艘渔船上的渔夫发现，那渔夫用石头砸开棺盖见里面躺着一具"死尸"，遂弃棺而逃。不想棺盖一揭，加之岛上已无海浪颠簸之苦，小梢水呼吸几口空气，竟奇迹般地活了！他从棺中爬出，刚登上岛，一场大雨瓢泼似的浇来，经过这场雨的浇淋，小梢水竟然痊愈了。于是他在荒岛上寻找了一个避风的岩洞，抱来干草铺垫洞中，夜晚便穴居洞中。岛上多花草佳木，百鸟筑巢其中，到处都是鸟蛋，小梢水于是拾取鸟蛋，钻燧为火，烘熟为食，不到一个月便感到精力充沛，体格强壮。后来，他又将棺木改成一艘小船，两旁缚以茅竹，制成竹排状，这样碰到大风，人在"船"中也不会翻到海里。由于这里风暴频仍，用这种简陋的船是不可能行驶太远的，因此他终年被困在这荒无人烟的小岛之上。

一天黄昏，他忽然发现岛上有一条神秘的小径，"滑润如蛇所出者"。于是削竹为刃，铺在小径之中。及晨，他起身往视，但见小径上一片腥血，连带蛇涎淌满沟中，满沟中全是闪闪发亮的珍珠，最大的"径寸"。大概是蛇被竹刃剖腹死于海中后，其平日所食的蚌珠则被涎血带入沟中。小梢手每日早晨到沟中拾珠，岁余积洞中数斛。

——听完小梢水的叙述，张谦以及船员们都惊异不已，再看珍珠，粒粒滚圆，色泽灿亮，真是上等的好珠。

第三章　神秘岛国古麻剌朗

一　有州百余，佛宇四千

转眼到了十月（农历），这样的季节，若在京师，早已是凉风透骨、寒意袭人的初冬了，然而在这低纬度的太平洋上，却是炎热如蒸、暑气逼人。

张谦的船队从三屿国转舵，由东折而南行，经吕宋（今马尼拉一带），过麻逸（今菲律宾民都洛岛），历猫里务（今菲律宾甘马磷省），履沙瑶（今菲律宾锡布盖地区）、呐哗啴（与沙瑶相连的达比丹地区）诸岛国。

这些南洋岛国，风光旖旎，树木高大，山峰虽不高，但十分陡峻，山上终年蓊蓊郁郁，被森林遮盖。有的岛国，"有石门如城阙，八村稍大"，有的则"编茭樟叶覆屋，店铺连行为市"。

张谦沿途所经历的这些国家和人民，都十分友好，其中较为富裕而民风淳朴的是合猫里。合猫里是猫里务的另一种称呼，这里物产丰饶，土地肥沃，民事耕稼。岛上森林资源十分丰富，林中又以苏乌木为贵，这种苏乌木不仅质地坚韧，而且入水不易腐烂，是造舟船的理想木材。由于猫里务靠海，所以岛上的居民大半以出海捕鱼为生。当时船员们有一句顺口溜说："若要富，须往猫里务。"张谦船队至此，泊岸入其国，当地人民以诚相待。由于国小，他们没有能力宴请使团将士，但与他们做生意，以物易物，公平合理，从不发生欺凌华人之事。据当地番官说，永乐三年（1405 年）九月，国王曾派遣使臣回回道奴（即伊斯兰教徒）马高到大明帝国去朝贡，其后两国人民往来互市不断。

屈指一数，从京师受诏命启程，至今已经整整一年了。张谦以及他的 160 余名将士历经生与死的考验，一步一步地接近古麻剌朗。

船从呐哗啴转舵，往西南行，航行 7 日，见一渔港，港内舳舻相接。访问渔夫，

图3—10 《国王早朝图》

沙特莱都大教堂壁画之一。老国王斡剌义亦敦奔因病在福建去逝后，王子剌苾得到明朝的赐封，继承了王位，与其母从中国返回古麻剌朗。图为新继位的国王剌苾接受臣民的朝贺。关于沙特莱都大教堂，参见本篇第七章第三节"总督府壁画印证历史"。

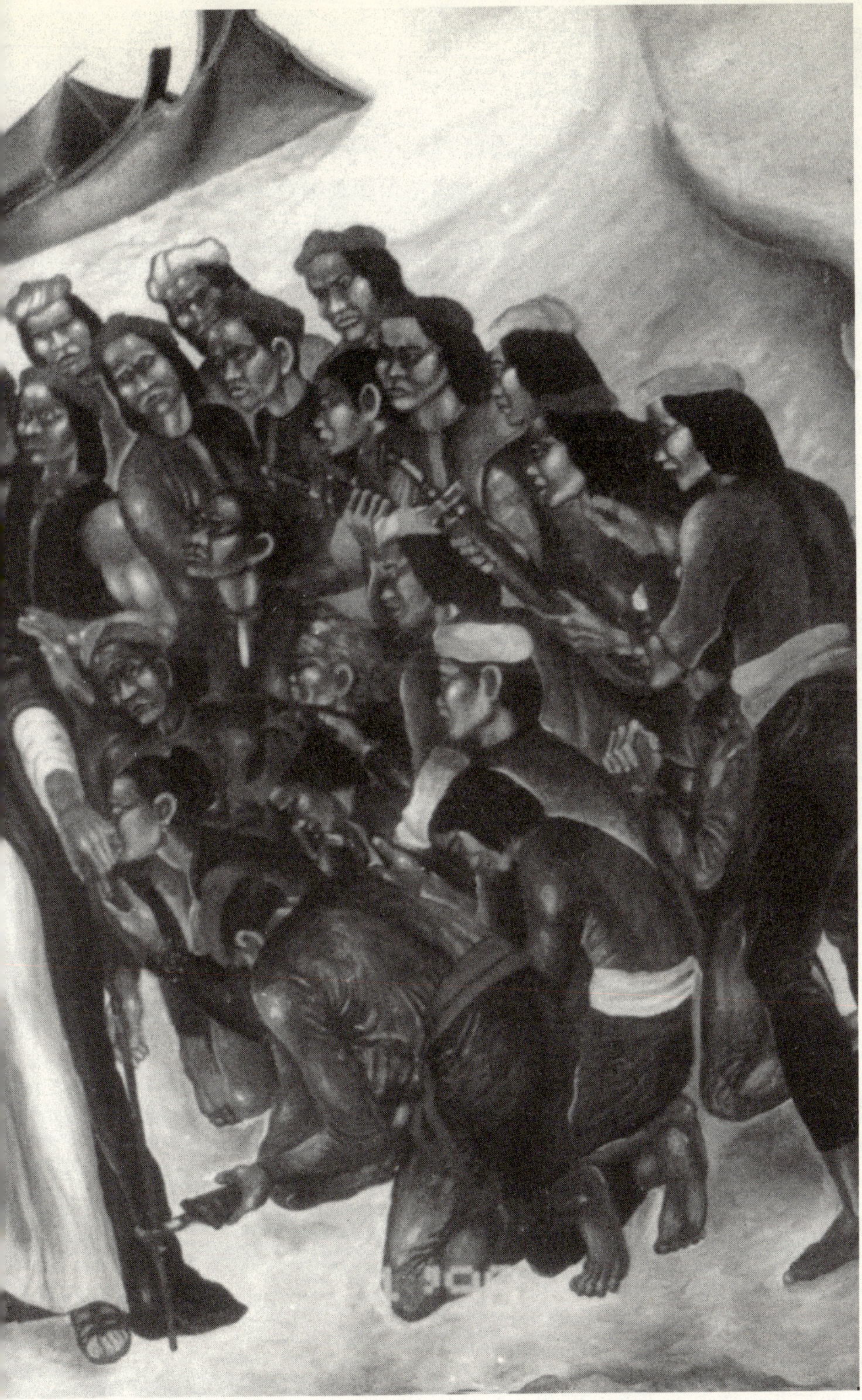

第三篇

答曰沙华（今棉兰老岛三宝颜市）。这里已属于古麻剌朗的版图了。沙华，宋元时是一个"多出海劫夺"的番国，至明代，沙华公国逐渐衰落，我国史书从此不载，取而代之的是古麻剌朗这一新兴的国名。

若问古麻剌朗的疆域有多大？《咸宾录》上有记载说，古麻剌朗国有州百余，佛宇至四千区，城围有四重。

古人所说的"有州百余"，只是指一个大概数，但用这个数字与它的邻国浡泥国相比，那就相差悬殊了。

浡泥，在今加里曼丹岛北部地区，又作渤泥，张谦曾数临该国。从地理位置上看，它贴邻苏禄国，与古麻剌朗隔海相望。浡泥，"所统十四州"，其国土面积为5770平方公里。[7] 以此相比较，那么古麻剌朗"有州百余"，面积是它的六倍。明朝时的古麻剌朗，在一群岛国之中，应该算一个中等国家。试想一下，当时的沙华公国——一个宋元时十分霸道的国家尚且被它所吞并，可知古麻剌朗的实力还是不弱的。当然，它还不可能与爪哇这个强国抗衡。

《咸宾录》还以十分生动的文字，形象地描述了古麻剌朗国君王的威风："国人不荤食，有佛宇四千区，四万余妓，每日歌舞，以献佛饭。王出入乘象，戴金冠，从者骑马，持剑随之。"（图3-10）

这个地处"东南海中"的岛国，因为接近赤道，气候十分炎热，没有四季之分。又因为"地多岩谷"，土地贫瘠，所以农业不发达。然而由于靠海，渔业资源丰饶。古麻剌朗所属的最大海港沙华，地理位置十分重要，它往西可通往苏禄、淳泥及爪哇诸国，往北则可直达猫里务、麻逸、吕宋、三屿各国，继而到达大明帝国。

从《咸宾录》和《东西洋考》等史籍中可以看出，古麻剌朗与文莱（即婆罗国，实与浡泥为同一国属）在习俗上有许多相近之处。又从古麻剌朗附属国沙瑶、呐哗嗶及被其吞并的沙华公国的史料证实，古麻剌朗在未与明朝建立外交关系（发放勘合号簿）之前，就已有华人到这里来做生意了，这些华人都是乘船浮海而至，他们携来瓷器、棉布、锅釜之类的生活用品，以换取当地的象牙、珍珠、金器等物。

无疑，张谦使团的到来，将给明帝国和古麻剌朗两国人民的友谊谱写新的篇章。

二　佛妓踏歌迎远客

张谦船队一驶进古麻剌朗的海面，那盛大的欢迎场面便如画卷一般展现眼前：数十艘打扮一新的彩船作为向导，引领中国使船徐徐进港。码头上，醒目地扎着一座龙门。一支两百多人的乐队吹蠡击鼓，夹道欢迎；上万名艺妓踏歌而舞，舞姿十分粗犷。龙门两旁设幄结彩，置龙亭于彩幄之中。

[7] 季士家《渤泥国王墓和渤泥国诸问题研究》云，渤泥国，就是文莱达鲁萨兰，是同出Brunei一词的异译。

中外重大历史之谜图考

古麻剌朗国王斡剌义亦敦奔在随臣的陪同下，骑着披满鲜花的大象亲自来到码头，迎接中国特使张谦的到来。

宝船泊岸后，国王与张谦及160余名将士一一礼见。国王先遣人送金盘，盘中贮香水、白叠布，以供使者盥洗。（图3—11）

图3—11 打着伞盖的古麻剌朗国的臣民

沙特莱都大教堂壁画之二。这里的百姓没有穿衣着裤的习惯，所有的男人和女人，都用一幅长长的青布缠在身上，遮住羞处。从其服饰可以判断，当时的古麻剌朗国民族还处于文明开化的初期。

明朝使臣的到来，使古麻剌朗沉浸在一片欢腾之中。张谦及他的将士们分乘160余头大象，浩浩荡荡地往王宫走去。沿途只见街巷结彩，"备金鼓、仪仗、鼓乐、伺候迎引"，番人头目皆匍匐膝行，礼甚恭谨。

古麻剌朗的国都有四重围城，张谦的大象队伍每到一城，那里的老百姓就倾城而出，或鸣鼓，或吹笛，或击钲，皆以歌舞为乐。他们捧出椰子酒，把酒洒在中国将士们的身上，表示良好的祝福。沿途的民居，大多是草屋，富人家便用木石来造屋，一排排的，十分整齐地排列在城的四周。

令张谦感到新奇的，是这里的佛寺庙堂特别多，林林总总的有好几千座，比南京要多出数倍！寺庙里的和尚享受国王的赐俸，每顿饭都由佛妓来献。古麻剌朗全国光是这些寺庙和尚们的伙食供应，就要抽调上万佛妓来为他们忙碌。张谦来到其中一座较大的佛寺前，下象入寺瞻拜，寺中长老赠给他一本贝叶书。贝叶书，也就是写在贝叶上的佛经。当时的南洋一些岛国，还没有纸，他们便将菩提树上的叶子摘下，裁为梵夹，用以写经。以贝叶写成的经书就叫贝书，后来也用它泛称佛经。国王告诉张谦，他本人十分崇信佛教，佛陀劝人为善，应得到倡导，所以老百姓也很赞成，礼佛恭谨，不荤食。张谦连连点头，表示赞许。

走出寺庙，穿过第三座木城，便可到达王宫了。进入这座城内，到处可听到捣臼的声响。原来，这座城算是古麻剌朗的手工业中心区。城内作坊、店铺鳞次栉比，有的酿造椰酒或蔗酒，有的制作药剂。其中有一家门面较大的制药作坊，还在门上挂着一个灯笼，上面用汉文歪歪扭扭地写了一个"药"字。张谦不由驻足观看，作坊主友好地招呼他，并十分恭敬地献上一钵药汁。据说，这种药汁是一种树根煎成的，若做成膏内服，并涂在身体上，兵刃不能伤。

这里的百姓没有穿衣着裤的习惯，所有的男人和女人都用一幅长长的青布缠在身上，遮住羞处。男女的发型也跟沙瑶、呐哔啴那里的居民一样，把头发蓄长后，挽成椎髻盘于脑后。平时他们都喜欢"跣足"，即光着脚板走路。所以，当他们一看到张谦使团人员穿着绸缎衣服，甚为好奇，有些胆子稍大的孩子还悄悄跟在象群后面，用手触摸那光滑的朝服。而每每这时，国王的卫队便大声喝退他们。

三 天子赐印"古麻剌朗"

古麻剌朗国高大的王宫依山势垒砌，殿宇嵯峨，气势非凡。内有宫殿、佛堂、寝宫、塔殿、庭院等。各殿堂墙壁上绘有题材丰富、绚丽多姿的壁画。宫殿台柱皆黄铜包饰，雕琢花兽。左右设长廊，内列巨人，戴盔甲，执刀剑弓矢，威仪雄壮。丹墀左右，数百名侍女手持孔雀翎伞盖，含笑环侍。国王斡剌义亦敦奔头饰宝冠，箕踞殿上高座。在粗犷的乐曲声中，丹墀两旁的侍女们跳起了欢快的舞蹈，张谦踏着乐曲由引班的番官引领上殿,向南而立。待舞乐止,斡剌义亦敦奔国王及众官以下,皆俯伏下跪迎诏。张谦从宝匣内取出诏书,宣读道"皇帝以至诚怀柔庶邦,兹遣内官张谦持诏往使,令赉谕王,朝命赐封国号'古麻剌朗'。王能敬顺天道,恭事朝廷,其诚可嘉。特赐绒锦、纻丝、纱罗。王其钦承之,以达朕意。王宜益坚守臣节,保境恤民,用图宁久,副朕眷待之意。钦此。"

当使团的通事把张谦的这段话语翻译之后,鼓乐声大作。斡剌义亦敦奔国王及众官以下,皆四拜。乐止。张谦带头山呼万岁、万岁、万万岁。继而鼓乐声又起,国王庄重地从张谦手中接过宝匣及赐品,再拜。国王以手加额,感动不已,他在答谢词中说:"吾国受天子深恩,虽倾心殒身,不能报其以万一。吾定克守天子之言,毋忘皇朝之恩!"俟国王言毕,张谦与他行两拜礼。继而,在番官的带领下,使团将士们被带到宴会厅,斡剌义亦敦奔满怀谦意地说道:"你们是大国的使臣,今日光临我这个海中岛国,饮食疏薄,愿为大国意而食之。"古麻剌朗是个"不荤食"的国家,但为了宴请张谦使团,他们竭尽全力,按照明朝的饮食习惯,给他们准备了鸡鱼肉蛋之类的丰盛的菜肴。

席间,国王沉吟半晌,才对张谦说道:"吾国国人数次请求,要我将一句话转给张中官,未知妥否?"张谦答:"国王有什么话尽管说,不必拘礼。"于是国王缓缓说:"既然张中官慨允,我也就直陈了。"原来,古麻剌朗的臣民纷纷上书斡剌义亦敦奔国王,陈述文莱国得天子所赐的金印一方,重十六两,印上刻有篆文,印把上雕兽形,文莱婚娶,必印印于背上,作为一种无上的荣耀。今既受朝封,祈望天子也能赏赐给古麻剌朗一枚金印。(图3-12)

张谦听罢,对斡剌义亦敦奔说道:"国王请放心,此次返回国中,我一定把古麻剌朗百姓的请求转呈天子。天子谕以祖训,抚辑远邦,一定会满足国王要求的。"

这是永乐十七年(1419年)四月,自京师接受朝命往使,至今已有一年半的时间过去了,张谦及他的将士们心中不免生出一种故国之情。于是,他们和国王商定,准备一起动身启程,返回中国。

第三篇

第四章　古麻剌朗国王来华朝贡

一 "天子以义宁我"

1. 脱下番装，换上朝服

永乐十八年（1420年）十月乙巳，明朝的京师南京城的上空，万里无云，阳光普照。古麻剌朗国王斡剌义亦敦奔率领妻、子及陪臣，一路风尘仆仆，随太监张谦来到宫城。

斡剌义亦敦奔一行未到京师之前，在到达福建时，就由政府派官员接待，设茶饭款待。明朝廷对国王来华接待工作，有一定的生活标准，规定除筵宴及本等口粮廪给外，番王每人鸡二只，肉二斤，酒一瓶，柴薪厨料若干。国王的亲戚每人肉一斤，酒一瓶，柴薪厨料若干。使臣头目，每人肉半斤，酒半瓶，柴薪厨料若干。番伴女使人等，仅支口粮柴薪。除福州外，朝廷还在赣州、临江（今江西省新余一带）、通州（今南通）、淮安各州府一路以茶饭款待。

南京城内的通衢大道上，车马穿梭，人流摩肩接踵。而那泛着碧波的秦淮河上，则是千船竞发，一派繁忙的景象。张谦告诉古麻剌朗国王，朝廷已在北平新建都城，眼下正忙于搬迁。[8]国王由衷地叹道："大明中国，真是太繁华、太伟大了！"皇帝朱棣接见古麻剌朗国王斡剌义亦敦奔的场所设在宫城的奉天殿。奉天殿和华盖殿、谨身殿并称为三大殿，人们俗称为金銮殿。殿建在三层汉白玉台基之上，台基四周均为石护栏。殿面阔11间，进深5间，重檐庑殿顶，高35米，宽约63米，面积达2万多平方米。殿内有沥粉金漆柱和蟠龙藻井。殿内的金漆雕龙宝座，是天子皇权的象征。（图3–13）

[8]据《明史·成祖本纪》记载，永乐十八年（1420年）十一月戊辰，朱棣以迁都北京诏天下。十九年春正月甲子朔，御奉天殿受朝贺。而斡剌义亦敦奔国王来华时间为永乐十八年十月，正好临迁都之前。

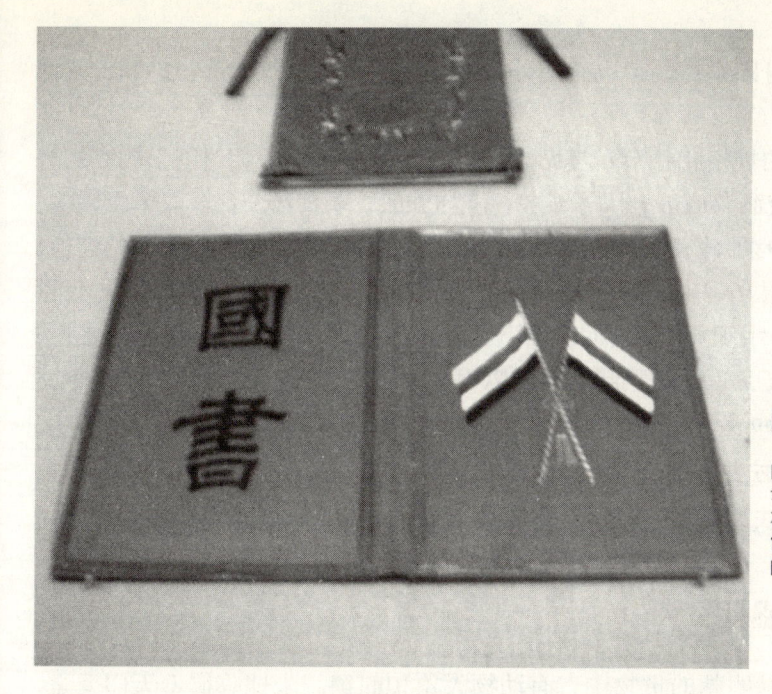

图3-12 古代的图书
明帝国颁赐古麻剌朗的国书,虽已亡佚,但有幸的是,笔者2007年7月在台湾讲学时,于台北故宫博物院拍摄到这本清朝的国书。

十月丙辰(二十一日),这一天是中外关系史上值得纪念的日子,是日天气晴朗,皇帝朱棣身穿绣龙衮袍,缓步登上奉天殿宝座。

奉天殿外,金鼓喧闹,旌旗交辉。中外文武群臣,皆着盛服,与四夷朝贡之使一道,咸集阙下。

在张谦的引领下,古麻剌朗国王幹剌义亦敦奔率妻、子及陪臣,至阙下上表,贡方物。朱棣在奉天殿接受献礼。国王感慨地说道:"天以覆我,地以载我,天子以义宁我。吾等自今深体此意。"朱棣答:"朕主宰天下,一视同仁,尔能恭视朝廷,不远万里亲来朝贡,朕用尔嘉。"他的话一说完,群臣舞蹈山呼万岁。

幹剌义亦敦奔请求道"我虽然是国人推选出来的,然而却未得到朝廷的印诰,祈望天子幸赐之。"朱棣点点头,诏封仍用旧号"古麻剌朗",并赐给国王印诰、冠带、仪仗、鞍马、文绮、纱罗、金织袭衣,赐给王妃冠服,陪臣等各赐彩币等物。

按照明朝政府规定,对外国家来宾冠服的给赐,对国王是给以皮弁玉圭、麟袍、龙衣、犀带、玉带,而对一般使节则给赐"朝服"和"公服"。

2. 俭朴的国宴

冠服给赐之后,规定每日早晚朝奏事,及谢恩,见辞时穿戴之。

又据《明成祖实录》卷一百一十八所载,为欢迎古麻剌朗国王幹剌义亦敦奔的到来,朱棣曾命礼部举行盛大的宴会,宴请国王一行。

赐宴一般于谨身殿举行，但也有例外，如浡泥国王麻那惹加那乃来朝，朱棣赐宴于华盖殿。

赐宴具有一定的规格和礼节。宴席桌面也有定量。以永乐朝对国王赐宴的规格为例，上桌，计有酒菜五般，果子五般，烧炸五般，茶食汤三品，双下大馒头，羊肉饭，酒七钟。中桌：计有酒菜、果子各四般，汤二晶，双下馒头，牛马羊肉饭，酒五钟。从今人的眼光看来，这样的国宴是很俭朴的。宴席间，教坊司（古代管理宫廷音乐的官署）组织舞女和乐队为国王助兴。从永乐十八年起，终永乐之世，在朱棣御临的宫廷宴会上，常响起这样的歌声：

　　　　四夷率士归王命，都来朝大明。

　　　　万邦千国皆归正，现帝庭，朝仁圣。

　　　　天陛班列众公卿，齐声歌太平。

二　贡麒麟而庆盛世

在古麻剌朗上献明朝的贡物中，有动物大象和麒麟。朱棣临御奉天门受之，文武群臣稽首称贺说："陛下圣德广大，泽及远夷，故致此嘉瑞。"朱棣说道："岂朕德所致，此皆皇考深仁厚泽所被及，亦足见斡剌义亦敦奔国王敬天事上至诚。彼等涉历海道，风涛不测，往来甚艰。愿王在中华多住时日，与百姓同乐。"说到此，他又叮嘱礼部，对古麻剌朗贵宾的衣食住行应多所关心，厚加待之。

1. 禁苑里的瑞物

斡剌义亦敦奔国王所贡的麒麟，就是今天的长颈鹿。我国古代以麟、凤、龟、龙为四灵，并视为瑞物，号为仁兽，把它们当作神异的生物。当时它的原名音giri译音恰与这种动物原有的中国古名"麒麟"相吻合，所以一时视为非同寻常的瑞物。明朝有一个文人叫谢淛，他很想一睹这灵异之物的风采，但对于一般的士庶阶层，是没有这福分的，他们只能听传闻，或从宫廷画师的画中去品味一番。谢肇淛在《五杂俎》卷九《物部》中，写到永乐中（大概就是古麻剌朗国王来华时期），番国上贡麒麟，述其异状，文简短平直如白话：

　　　　永乐中，曾获麒麟，命工图画，任赐大臣，余予一故家得见之。其身全似鹿，但颈甚长，可三四尺耳，所谓鹿身牛尾马蹄者近之，与今俗所画，迥不类也。

因为是"瑞物"，所以麒麟进贡来朝，一般关在皇帝的"禁苑"之内，上层文人对它进行了盛大的歌颂，庆祝这种"瑞物"光临中华，把它看作是一种国家太平吉祥与人类幸福如意的象征。流传较广的有永乐朝大学士杨荣的《瑞应麒麟诗》，其辞曰：

于惟圣皇　受命自天　仁及庶类
恩周八埏　礼义兴行　所有远迩
日照月临　化成俗美　九夷八蛮
悉妾悉臣　罔敢逾越　聿来献珍
鲸波洋洋　望之无际　岛夷所居
动数万里　玉音所至　莫不尊亲
沦肌浃髓　被于皇仁　佥曰陋邦
服此声教　海波晏然　圣德之效
乃梯乃航　惟恐或后　乃奉麒麟
归于灵囿　惟兹麒麟　玄枵毓精
非世不出　非世不生　其产应期
祥光上烛　五彩缤纷　卿云熽煜
天无冷气　地息妖氛　山川草木
发秀发芬　既育既长　益奇益异
万灵撝诃　百神拥卫　魁然其质
昂然其形　龙颅凤臆　肉角麇身
牛尾马蹄　折旋规矩　生物不伤
音协律吕　爰用入贡　涉历海洋
秘怪屏迹　蚊鳄遁藏　龟龙导从
鸾凤羽翼　载驰载驱　遂达京国
进之彤墀　得亲天颜　重瞳屡顾
百僚耸观　嵩呼雷动　再拜稽首
吾皇圣神　永膺万寿　皇帝曰吁
瑞不在兹　惟慎厥德　乃为祯符
尔公尔卿　百僚士庶　恪修厥职
勿滋逸豫　三光昭宣　五纬弗亏
品物咸享　惟瑞在兹　仰维圣皇
体道谦虚　奇瑞屡臻　抑而弗居
戒慎满盈　奉天法祖　度越百王

> 卓冠千古　洛龟呈夏　玄鸟降殷
> 赤雀兴周　式昭前闻　维兹麒麟
> 实天所授　圣德格天　永承天佑
> 于维圣德　广大难名　巍巍荡荡
> 尧舜莫京　恩霈八纮　泽覃四裔
> 如云之行　如雨之施　天锡多福
> 集于圣躬　维皇万寿　百禄是崇
> 雨顺风调　民安国泰　海宴河清
> 万世永赖　臣拜稽首　宝祚绵绵
> 　　　　圣子神孙　传序万年

据明内阁藏书目录（卷八）所载，当时汇编成这些诗歌而成《瑞应麒麟诗》达16册，可见群臣所献歌颂麒麟作品数量之多。

2. 皇宫门前的御象

除麒麟而外，对瑞象歌颂的篇幅也甚巨。永乐朝还设驯象机构，当时，朝廷午门立仗及乘舆卤簿，皆用象，这不单单是象立仗"取以壮观"，更重要的是它性格温顺听话，不似虎狼之类野兽顽而不驯。每临朱棣上朝，象以先后为序（每头象都标有序号），立于午门左右，朱棣未至之前，它们便悠然自得地在草地上吃草，及钟鸣鞭响，则一头头肃然翼侍。俟文武百官入毕，则以鼻相交而立，这个姿势做出，则无一人敢越而进殿了。这些"御象"之中，偶尔也有不听话的，象奴便命令另两头象以鼻绞其足，把这头不听话的象绊倒在地，然后以杖鞭打，"杖毕始起谢恩，一如人意"。

永乐年间对瑞象的歌颂，最有名的要数太子少师姚广孝的《白象诗》，诗云：

> 金精孕灵象中美，南海蕃王献天子；
> 魁然其形移玉山，雪色毛鲜湛秋水。
> 修牙因雪花眩目，笑彼灰褐空多肉；
> 朝饫香刍饮清泚，正色寒芒照林麓。
> 此日牵来仙仗里，百兽欢惊缘异己；
> 蛮奴唱拜即低语，训良有礼天颜喜。
> 敕录上苑扬嘉声，□宣白狼奚足荣；
> 惟此奇祥古无有，普天率土歌升平。

姚广孝在诗中所说的"南海蕃王"，指的就是古麻刺朗国王幹刺义亦敦奔。

由于象体大无比，所以每天要花费不少粮食来喂养，当时朝廷只许以糠类作象的饲料。永乐朝户部尚书郁新等人上奏朱棣,御马监要申请拨给白象食谷。朱棣说:"这等于夺民食来饲养它。勿听。"朱棣还召来御马监官斥责道:"汝辈坐食膏粱,衣轻暖,岂知百姓艰难。计象一日,折饲谷当农夫数口之家一月之食。朕为君,职同养民,汝辈不令朕知而为此事,是欲朕失天下之心。如复敢尔,必诛不宥。"

三 奉天殿内的上宾

1."花月春江十四楼"

斡剌义亦敦奔国王在中国期间,都城南京显得热闹非凡。自各地进京者,由长江入秦淮河,上溯入三山门。从三山门至江东门一带,商旅云集,舟车辐辏,而各国使节、异域宾客来京,也都由此登岸停留。明廷为了更好地接待来华的番使,早在洪武二十七年(1394年),便在这里兴建了16座大酒楼,以供他们休息和娱乐。(图3-14)

图3-13 南京明都城奉天殿遗迹
在今明故宫公园内。自清朝咸丰之后,毁于火。这座华丽无比的宫殿仅留下柱础和石料。《明实录》记载,成祖登基后,曾在奉天殿接受外国使臣的朝贺。

第三篇

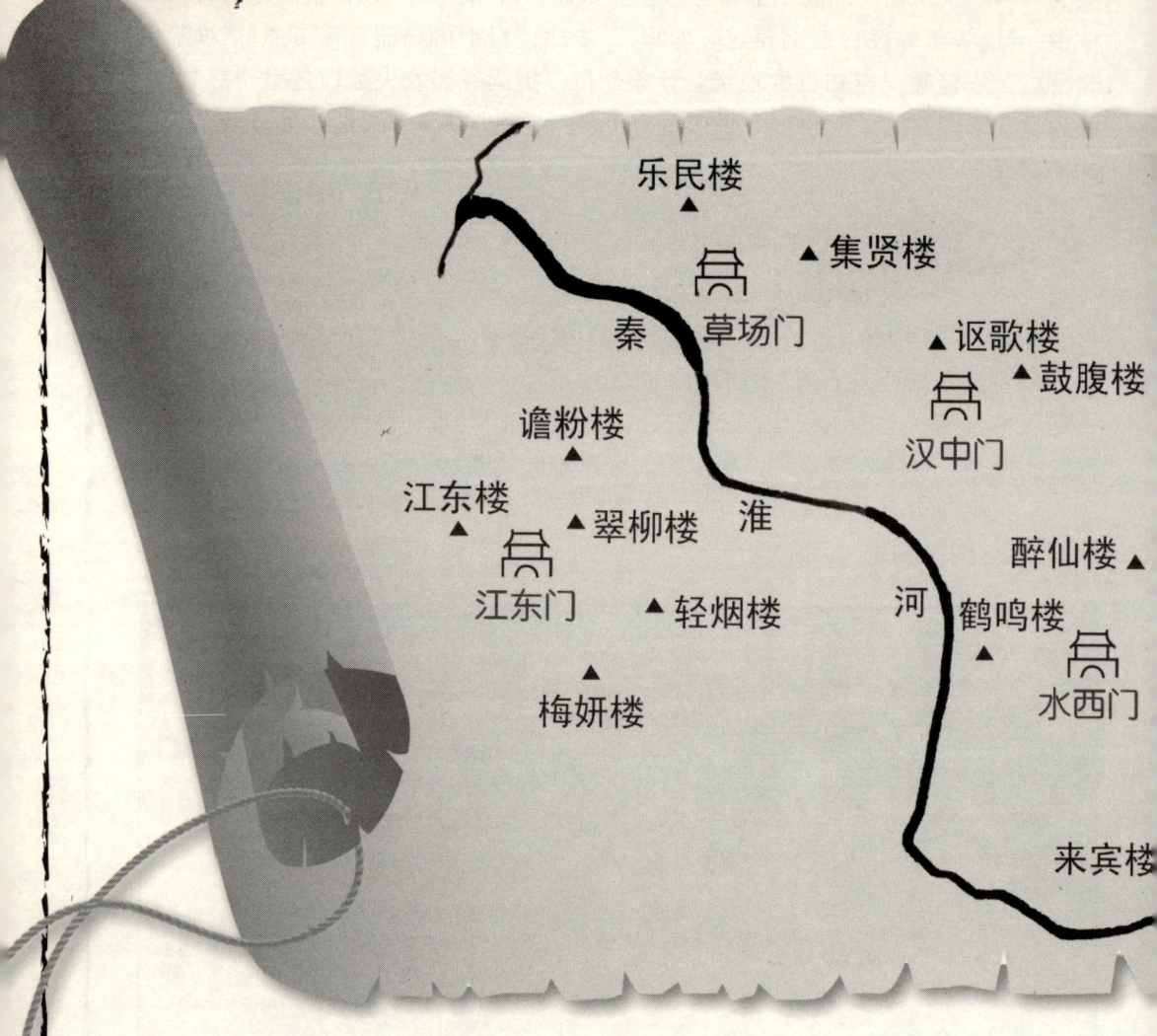

（地图标注：乐民楼、集贤楼、草场门、秦、讴歌楼、鼓腹楼、汉中门、谵粉楼、江东楼、翠柳楼、淮、江东门、轻烟楼、河、醉仙楼、鹤鸣楼、水西门、梅妍楼、来宾楼）

这16座酒楼，《洪武京城图志》中记载得十分详细：

江东楼：在江东门西，对江东渡。

鹤鸣楼：在三山门外，西关中街北。

醉仙楼：在三山门外，西关中街南。

集贤楼：在瓦屑坝西，乐民楼南。

乐民楼：在集贤楼北。

南市楼：在三山街皮作坡西。

北市楼：在南乾道桥东。

轻烟楼：在江东门内，西关南街，与谵粉楼相对。

明朝宫殿区

三山门
▲叫佛楼
　　　▲北市楼

🏛 南市楼
三山街

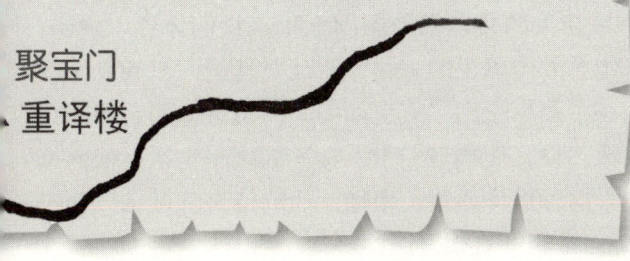

聚宝门
重译楼

图3-14 明初都城内的16座大酒楼位置图

　　图中之瓦屑坝,其名久湮。据《明史》列传一百九十二"蒋琮"史料里所提供的线索,可觅其大致方位,地当南京石城门（今中山东路汉中门）东南与江心洲之间的濒江大道,即草场门一带。

　　翠柳楼：在江东门内,西关北街,与梅妍楼相对。

　　梅妍楼：在江东门内,西关北街,与翠柳楼相对。

　　澹粉楼：在江东门内,西关南街,与轻烟楼相对。

　　讴歌楼：在石城门外,与鼓腹楼并。

　　鼓腹楼：在石城门外,与讴歌楼并。

　　来宾楼：在聚宝门外来宾街,与重译楼相对。

　　重译楼：在聚宝门外来宾街,与来宾楼相对。

　　叫佛楼：在三山街北,即陈朝进奏院故址。宋改报恩光孝观,今即其地为叫佛楼。

这16座大酒楼，其规模相当于我们今天所说的五星级宾馆。考其今址，大致方位自草场门濒江大道起始，往南经江东门、汉中门、水西门、三山门、中华门一带。

到了永乐中，这16座大酒楼尚存14座，当时有个叫晏振之的诗人赋《金陵春夕诗》，诗中有"花月春江十四楼"名，隐喻楼中有官妓，人多不知其事。明人姜南在其《蓉塘诗话》中则进一步挑明，其文云："国初于金陵聚宝门外，建轻烟、淡粉、梅妍、柳翠十四楼，以聚四方宾客。观刘揭、孟同诗可知，国初缙绅宴集，皆用官妓，与唐宋不异，后始有禁耳。"另外，我们从明人李公泰《咏十六楼集句》的两首诗中，可一窥朝廷兴建酒楼以娱番使的史实：

来宾楼

地拥金陵势，烟花象外幽；九天开秘祉，八极念怀柔。造化钟神秀，乾坤属远猷；吾皇垂拱治，不待诏来求。

重译楼

使节犹频入，登临气尚雄；江山留胜迹，天地荷成功。干羽三苗格，车书万里同；圣朝多雨露，樽姐日相从。

诗句中"使节犹频入"、"樽姐日相从"，已明白无误地把番使与官妓形象地烘托出来。

洪武、永乐年间，不仅于京城建大酒楼以供外国国王和来宾们休息、娱乐，此外又有来宾桥、重译桥等，以纪念外国国王的来临。明廷对远道而来的友好使者的娱乐生活非常关心，使他们在中国享受到"宾至如归"的温暖；而各国来宾也必然各以自己不同的风俗和生活习惯，影响着"十六楼"的娱乐生活，使南京城呈现一派融合中外的海外风光。这种繁华盛景，朱棣身边的侍讲陈敬宗以两句十分动人的诗句作了形容："拜舞诸番集，欢娱万国同。"

2. 在中国度过四大节

使斡剌义亦敦奔国王难忘的是，他和他的妻子、陪臣们，以中国臣民的身份，和满朝文武大臣们愉快的度过了正旦、郊祀、冬至、圣寿这四大节令。

明朝政府对于来华的外国贵宾，给予很高的礼节，尤其是朱棣执政时，每逢正旦、郊祀、冬至、圣寿四大令节，总是邀请他们前来观礼，参加各种文娱活动。

冬至是古麻剌朗贵宾在京师度过的第一大节日。朝廷的一名通事告诉斡剌义亦敦奔国王，冬至这一天，中国人认为是一年中阴阳交替的日子，"冬至则一阴下藏，一阳上行"，所以把进补当做一件大事，以积养精血，强壮身体。也由于这一原因，朱棣在冬至节的赐宴还是较为丰盛的。

什么是正旦节呢？正旦就是正月初一，春节头一天。永乐十九年正月初一这一日，朱棣临御奉天殿受百官朝贺之后，设宴招待在华的使节，而古麻刺朗贵宾则被安排在上桌。正旦节的宴席，分三个档次，即上桌、上中桌、中桌，菜谱与朱棣首次宴请斡刺义亦敦奔国王时又有所不同。上桌：菜食像生小花，果子五般，烧炸五般，凤鸡，双排子骨，大银锭，大油饼，按酒五般，菜四色，汤三品，簇二大馒头，马牛羊胙肉饭，酒五钟。上中桌：菜食像生小花，果子五般，按酒五般，菜四色，汤二品，簇二大馒头，马羊牛胙肉饭，酒五钟。中桌：果子五般，按酒四般，菜四色，汤二品，簇二馒头，马猪牛羊胙肉饭，酒三钟。

正旦节过后，到正月十二日，皇帝要率群臣举行祭祀天地之礼，这便是郊祀。郊祀礼毕，朱棣设便宴招待随祭的群臣及四夷朝使。

永乐十九年（1421年）的万寿圣节是正月乙酉（二十二日）。节前，礼部官员曾向皇帝题奏行庆贺礼（即向致贺的宾客发放礼物），当时正逢迁都，国库还不十分充盈，所以朱棣满含歉意地说："比者上天垂成，奉天等三殿灾，朕心兢惕，寝食不宁，方反躬省愆，遑遑夙夜。而礼部谓朕初度，请斯等十六国使臣还国，赐钞币表里。"

"朕心兢惕，寝食不宁，方反躬省愆，遑遑夙夜"，从朱棣所说的这句话里，可以看出一个天子对当时国运民生的忧患意识。"请斯等十六国使臣还国"，说明各国贵宾在中国来访居住，其生活诸方面所耗较大，朝廷不能多留。

斡刺义亦奔敦国王每临盛宴，总是十分感慨，他对天子说道："臣等生居绝域，习见僻陋，今日获睹天朝太平乐世之盛，死且有光。"朱棣答："我为天下主，使天下之人皆同享此乐，这就是我的心意啊！"

和四大节令相比，元宵节更使古麻刺朗贵宾难以忘怀。

那一天，宫城内外张灯结彩，大放光明。百姓家家户户也都扎起了灯笼，悬挂在门前。为了使斡刺义亦敦奔国王在中国度过这个盛大的传统节日，朱棣不仅令人在皇宫内开灯市，设灯楼，还在午门鳌山山顶设置几丈高的百枝灯树，百里之内都可望见那灿若星辰的灯彩，元宵节自正月十一日为始，赐假十日，百官朝参不奏事，听军民张灯饮酒为乐。正月十五那天傍晚，天子于宫廷内赐观灯宴，招待斡刺义亦奔敦国王。宴毕，天子兴之所遣，又和文武大臣及海内外贵宾一起，赴午门外观鳌山灯树，还示御制诗，使儒臣奉和，览而悦之。每到这时，便是儒臣们显示才华的大好机会，他们一个个争先与朱棣唱和。朱棣将这些和诗一首首进行点评，对其中作得好的人给予赐酒和钞币。斡刺义亦敦奔虽然看不懂这些诗文，但从那"一园灯火从天降，万片珊瑚驾海来"的盛景中，体会到大明帝国的繁荣强大。

第三篇

第五章　国王遗言"卒葬中华"

一　明成祖赐谥"康靖"

1. 临别赏赐金织蟒龙衣

永乐十九年（1421年）正月癸末（二十日），古麻剌朗国王斡剌义亦敦奔离京还国，临别之前，朱棣在宫城亲切会见了他，优待礼隆，赐予甚厚。据《明成祖实录》记载，赏赐给古麻剌朗贵宾的礼物计有：黄金、白金、铜钱、文绮、纱罗、彩绢、金织蟒龙衣、麒麟衣，并赐其妃及子和陪臣们衣服、文绮、彩绢等物。斡剌义亦敦奔国王跪着说道"陛下膺天宝命，统一华夷，臣国远在海岛，荷蒙大恩，赐以封爵、宝物，臣永志不忘陛下的深仁厚爱。"最后，朱棣关切地让国王保重身体，一路平安。

为了照顾国王路上的饮食住行等问题，朱棣还特地派遣官员一路护送。

正月的天气，正值寒风凛冽的冬季。长年生活在南洋岛国的古麻剌朗人，经不起寒气袭击，有的人病倒了。其中病得最厉害的是国王斡剌义亦敦奔。护送的官员每经过一站，就请当地的名医给与诊治。在古代的中国，交通工具十分简陋，还只能依靠舟船马车运载。古麻剌朗贵宾经过三个月的长途旅行，终于在永乐十九年四月抵达福建。

四月丙辰（二十四日）这一天，斡剌义亦敦奔国王病情加重，他自己感到不行了，于是把妻子及一位叫叭谛吉三的老臣叫到跟前，嘱咐道："我的病，可能难以治愈了，这是天命所终。我僻处荒徼，幸入朝睹天子声光，既死无憾。我死后，就将我葬在中华，不为夷鬼。所憾的是，受天子深恩，生不能报，死诚有负。"国王说到此，又指指儿子剌苾，继续说道："我即不起，你继承王位，一定要拜谢天子，要立誓世世代代不忘天子恩德。如果你们真能克如我志，我死也瞑目了！"说完这句话，他咽下最后一口气，与世长辞。

斡剌义亦敦奔国王病逝的消息，由老臣叭谛吉三星夜兼程疾驰京城，向皇帝朱棣奏报。朱棣闻此噩耗，至为震惊，并立即派遣礼部主事杨善去福建主持国王的葬礼，同时还命工部官员准备棺椁、明器（即随葬品），安置落葬之事。

2. 隆重的国葬

按照朝廷的礼仪，朱棣在接到使者讣奏的第二日，便下令辍朝三日（停止朝奏和廷议三天），为斡剌义亦敦奔国王——这位中国人民的忠诚朋友致哀。朱棣还令太常寺卿（掌管宗庙礼仪的官员）于京城西华门内壬地设御幄一座。举祭的那一天，朱棣穿着素服乘了一座板舆（古代一种代步的交通工具），到御幄中谕祭。陪祭的还有文武群臣，他们也一律着素服，佩黑角带，谕祭的场面显得十分庄严而隆重。

根据朱棣的旨意，礼部主事杨善及工部官员火速赶到闽侯，为斡剌义亦敦奔国王举行葬礼。

闽侯，就是今天的福州，永乐十八年秋，古麻剌朗贵宾万里迢迢而来，正是由此登岸，到中国访问的。谁知事隔半年，国王竟长眠于此！

为了迎接杨善一行，当地官员于闽侯西部的驿站旁造了一座接官亭（又名迎恩亭）。杨善等人身穿素服，佩黑角带，在接官亭被迎接在那里的地方官员用马车载走。（图3-15）

国王的陵墓设在闽侯西郊茶园山麓，傍凤凰池村。陵前设灵堂，灵堂内供奉古麻剌朗国王斡剌义亦敦奔的牌位。杨善率谕祭的官员及国王家属步入灵堂，至牌位前，上香，四拜。然后将白色丝帛端放在供桌上，再四拜，默哀。

斡剌义亦敦奔国王的逝世，震动了闽侯，茶园山麓挤满了前来送葬的人群，其中不仅有州府官员，更多的是当地百姓，他们按朝廷规定，一律穿着孝服。国王之妻沉浸在极度悲哀之中。杨善告诉她，天子得知国王病逝的噩耗之后，悲痛异常。天子说，国王万里来朝，倾诚归向，今不幸而去，当隆始终之恩。并给国王赐了一个谥号，曰"康靖"。国王之妻拜杨善道"夫君祚薄，不幸而逝，有遗命，子剌苾嗣王位，立誓'世世代代不忘天子恩德'。我一定要教子克守父言，以尽其忠！"国王之妻的这段发自肺腑的心声，使在场的送葬者无不动容。

继而，在工部官员的操办下，斡剌义亦敦奔国王被葬在茶园山上，陵墓前立康靖王陵碑一座，神道两旁置石人、石马、石羊。一些陪臣念国王生前之恩，自愿留在闽侯，与他们的子孙世世代代为国王守陵。

二 王子剌苾在华受封王位

幹剌义亦敦奔国王去世之后，他的儿子剌苾依承父言，又风尘仆仆从福建返回京师，当面向朱棣提出，请求朝廷恩准他嗣古麻剌朗国王王位，朱棣答应了他的请求。

剌苾在京城受封王位的那一天，百官均着朝服，在上朝的鼓乐声里按序走入殿门。接着，皇帝身着绣龙衮龙袍登上御座。待鼓乐声停止后，剌苾在尚宝卿侍从官的前引下，入丹墀拜位。剌苾向朱棣奏言："臣先王抱疾之初，以臣为嫡长，欲令嗣位。今先王不幸而逝，臣面呈天子，并祈求天子恩准受封。"朱棣点点头，说道："朕躬膺天命，统御万方，恩施均一，远迩归仁。你的父亲幹剌义亦敦奔生前亲自率领妻子及陪臣，不畏风涛险恶，万里来朝入贡，足见他忠诚而贤达，敬天事大，益久弗懈。朕念你父亲已殁，且你身为嫡长，亦俾承续。"说到此，朱棣命宣表官宣读诏书：

朕承大宝，用图求宁。已故古麻剌朗国王幹剌义亦敦奔恭事朝廷，勤修职贡，始终如一。既兹云亡，宣有承继，其世子剌苾，敦厚恭谨，克类其父，上能事天，下能保民。今勒封剌苾为古麻剌朗国王，以主国事。尔宜笃绍尔父之志，益坚事上之诚，敬守臣节，以福国人。斯爵禄之荣，延于无穷。钦哉！

宣表官读诏完毕，文武群臣皆山呼万岁。继而，朱棣命人将一套精致的金织蟒龙衣及钞币捧到剌苾面前，剌苾以极其恭敬的心情接过这珍贵的礼物，叩拜谢恩不已。

此刻，教坊司的舞女们在欢快的乐曲声中跳起了《平安天下舞》，她们一边舞，一边唱道："四海静，威伏千邦，四夷来宾纳表章。显祯祥，承乾象，皇基永昌，万载山河……"

一曲终了，一曲又起："皇天眷圣明，五辰顺，四海宁；风调雨顺百谷登，臣民鼓舞乐太平。贤良在位，邦家永祯。吾皇仰洪恩，夙夜存诚……"

受封仪式之后，朱棣一直把剌苾送出殿门，并关怀地说道："古麻剌朗位于东南海中，来去路程十分遥远，且涉历波峰浪谷之中，风涛不测，往来一次十分艰难。已尝悯念，今后三年一贡则可。"说罢，朱棣还命令管理漕运的官员负责检修古麻剌朗使团人员的海舶，以保障他们海上的安全。

就这样，剌苾带着大明皇朝所赐予的印诰及礼物，告别了在闽侯守陵的陪臣，与他的母亲及使团其他人员一起乘船返回古麻剌朗。

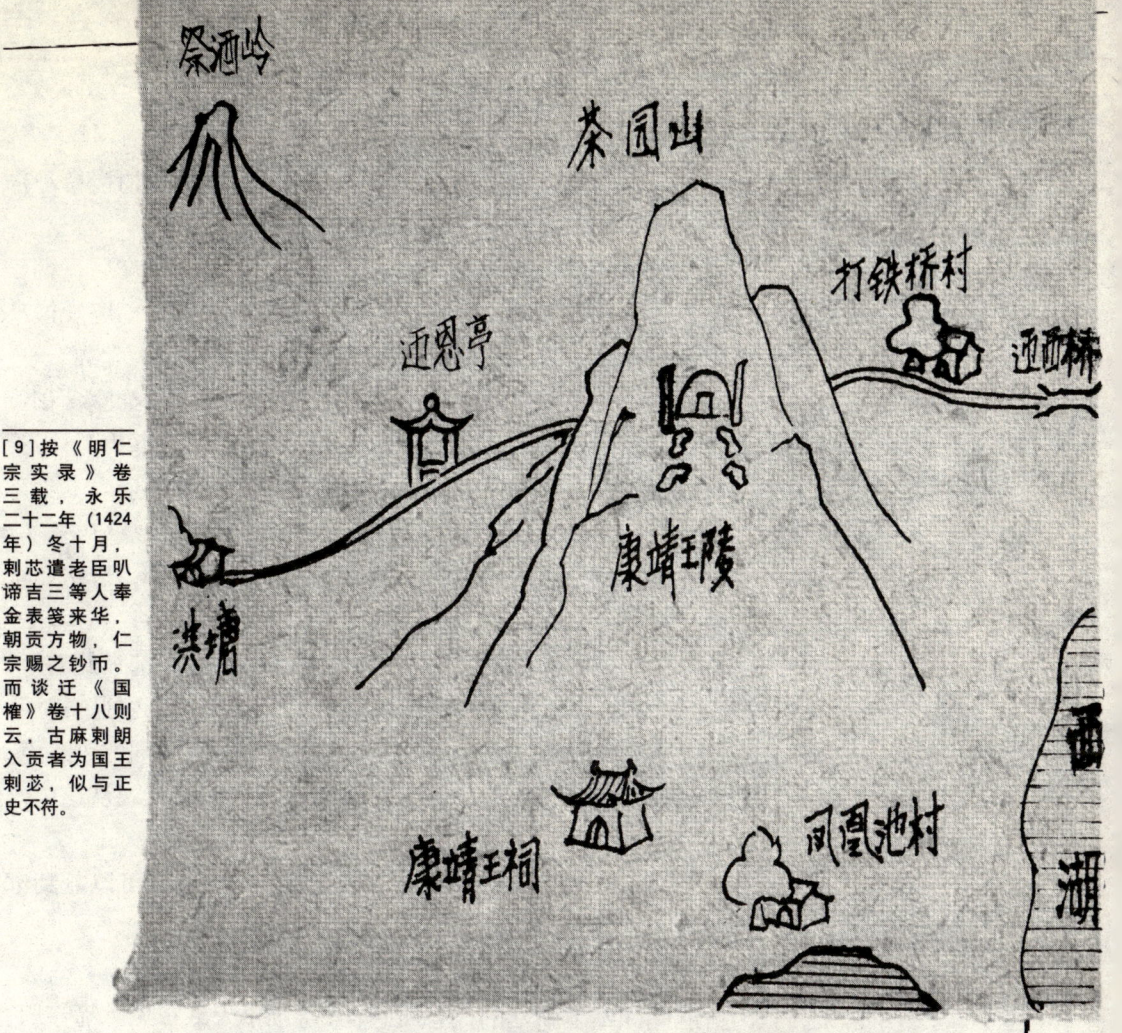

[9] 按《明仁宗实录》卷三载，永乐二十二年（1424年）冬十月，剌芯遣老臣叭谛吉三等人奉金表笺来华，朝贡方物，仁宗赐之钞币。而谈迁《国榷》卷十八则云，古麻剌朗入贡者为国王剌苾，似与正史不符。

图3-15 明永乐年间康靖王陵示意图
地点：福州西郊凤凰池村茶园山麓。"康靖"，是明成祖朱棣赐给古麻剌朗国王斡剌义亦敦奔的谥号。此图依据清人林枫《榕城考古略》并结合实地调查所绘。

三 一个古麻剌朗老臣的心愿

1. 请求新皇帝重颁"国书"

　　三年之后，古麻剌朗新国王剌苾派遣老臣叭谛吉三等人，奉金叶表笺来中国，朝贡方物。[9]

　　叭谛吉三离开古麻剌朗之前，剌苾叮嘱道："你到朝廷后，代我向天子叩安，感谢他的恩德。其次，请率众到福建去祭扫先王之陵。"末了，剌苾又以一种难抑的深情说："如果能见到中官张谦，一定要把他请到古麻剌朗来作客。"敦厚的叭谛吉三点点头："国王放心，您的话我牢牢记在心头，一定照办。"

　　永乐二十二年（1424年）十月辛亥（初十日），古麻剌朗头目叭谛吉三肩负着新国王的重托，率领使团，不远万里又一次来华入贡。（图3-16）

139

第三篇

他们在福建登岸时，受到了福建市舶提举司及当地州府官员的热情接待。福建市舶提举司还以朝廷的名义，于来远驿设宴慰劳古麻剌朗贵宾。

在康靖王陵前，州府官员告诉叭谛吉三，自从幹剌义亦敦奔国王卒后，朝廷每年逢清明和重阳之际，都委派朝臣前往陵地祭扫，还在王陵前造了一座规模甚大的康靖王祠。为国王守陵的陪臣及其家属见到故乡亲人，格外高兴，他们一个个都争着告诉叭谛吉三，朝廷对他们这些守陵陪臣都很关怀，按时供给廪食和俸薪。叭谛吉三听罢感动地说："天子怀柔远人，厚往薄来，圣恩泽被岛夷！"当听到朱棣皇帝已于三个月之前（即永乐二十二年秋七月庚寅）去世的消息时，叭谛吉三不禁黯然神伤，他决定去京城，给成祖的陵墓培一抔黄土，以作祭祀！

此时明朝的都城已迁到北京。叭谛吉三等人悬带官给的火印木牌，一路照验出入，凡寓宿、用膳均受到各地州府官员的热情接待。

走到淮阴时，叭谛吉三看到不少文武官员、富商巨贾及僧儒名流都在此游历、落脚，便问陪同的官员，这里何以如此繁华热闹。主客司员外郎说，此处因淮河、黄河、运河三河交汇，商旅漕驿必经之路，由是极为繁盛。南方水运到此为终点，从这里陆路向北，素有"南船北马"之称，并告诉叭谛吉三，他们就要从这里改乘马车上京了。

淮阴往北，路较平坦，且有夜驿（夜里也行车），所以没几天就可以赶到都城北京了。

叭谛吉三等人抵京之日，便由宫廷御使安置在会同馆内，下榻歇息。

新皇帝朱高炽为古麻剌朗恭事朝廷的诚意所感动，特于奉天殿召见叭啼吉三，他说："尔王自我先朝恭修职贡，朕今即位，王复遣使朝贡，不畏汛涛，万里而至。眷此勤诚，良可嘉尚。令赍勅谕王，并赐叭谛吉三人等钞币。尔其承之。"叭谛吉三匍匐感恩不已，遂向皇帝述说，由于彼国王宫起了一场大火，将镀金勘合号簿焚毁，请求朝廷能再颁给。

镀金勘合号簿，前已有述，是明朝政府颁给与其建立贸易关系的国家一种文书，如同今天的"国书"。朱高炽颔首以答："朕念古麻剌朗僻处遐方，素能谨遵朝命，特从所请，重新颁发勘合号簿，以副朕怀。"说到此，他命人将一本新的镀金勘合号簿交给叭谛吉三，还命礼部官员对他们在饮食和起居上要多加照料。

2. 故地重游，物是人非

叭谛吉三在京城期间，曾多方打听过中官张谦的下落，一些老臣告诉他，张谦已不在朝廷供职，他于八月丁末（初五）被派往南京了，当时随同前往的还有其他一些出使西洋的将领。诘问其故，老臣们一个个噤若寒蝉，袖手摇头而去。

是啊，时过境迁，物是人非，他们谁还敢多言呢？自从朱棣死后，新皇帝执掌朝政，立即下令"罢西洋，取宝船"，命太监王贵通率所有下番官兵赴南京镇守。朱高炽还在他即位的诏书上明明白白地立下四条敕令：

一、下西洋诸番国宝船悉皆停止，如已在福建、太仓等处安泊者，俱回南京，将带去货物，仍于内府核库交收。诸番国有进贡使臣当回去者，只量拨人船护送前去。原差去内外官员，速皆回京。民梢人等，各发宁家。

二、各处修造下番海船，悉皆停止。其采办铁黎木，只依洪武中例，余悉停罢。

三、但凡买办下番一应物件，并铸造铜钱，买办麝香、生铜、荒丝等物，除现见买在官者，于所在官库交收，其未买者，悉皆停止。

四、各处买办诸色纡丝、纱罗、缎匹、宝石等项，及一应物料、颜料等，并苏杭等处续造缎匹，各处抄造纸札、磁器，采办黎木板造、诸品海味果子等项，悉皆停罢。其差去官员人等，即起程回京，不许指此为由，科敛害民。

于戏！君民一体，爱人必务于宽弘，赏爵有经，为国必彰于明信；尚赖文武贤弼、中外良臣，摅乃忠贞，匡辅不逮，用承鸿业，隆国家永远之基，嘉惠群黎，广海宇治平之福。颁告天下，咸使闻知。

这个诏书，清清楚楚地贴在皇宫的城门上。

叭谛吉三怅然若失，他不知张谦是否仍在南京镇守？抑或告老还乡，隐居不仕？他，叭谛吉三，一个外国人，是无论如何也难以打听这些宫中底蕴的了。

在离开北京之前，叭谛吉三还有一个未了的心愿，那就是上朱棣皇帝的陵寝，在这位伟大的君主的长眠之处培一抔土，栽一株树。

扎着素幔的马车，载着国王剌苾和全体古麻剌朗人民的心愿，一路发出辚辚的声响，缓缓地往长陵驶去……

第三篇

第六章　古麻刺朗"康靖"王陵考证
——实地勘察图录之一

一　"旗鼓山前筑墓庐"

1. 寻找"草市都"

永乐十八年（1420年），古麻刺朗国王斡刺义亦敦奔在都城受封国号，并得到成祖御赐的印诰、仪仗、金织袭衣等物。次年，当他启程回国，行至福建时，不幸得病而殁。《明史》曰："王还至福建，遘疾卒。遣礼部主事杨善谕祭，谥曰'康靖'。有司治坟，葬以王礼。"

皇帝赐谥，有司治坟，由礼部主事主持丧礼，可见明朝政府给予斡刺义亦敦奔的葬仪规格是极高的。

对于康靖王斡刺义亦敦奔的葬地，明代史籍中多有"谥康靖，敕葬闽县"的记载。尤侗《外国竹枝词》中有两句说："奔敦何幸名康靖，旗鼓山前筑墓庐。"按，福州无旗鼓山，唯有旗山和鼓山，两山纵福州南北，其间相距数十公里之遥。这仅是作大面积概论。旗山耶？鼓山耶？使人坠入云里雾里。

现查各种有关康靖王陵记载的方志版本，俱传抄明弘治四年(1491年)刻本，其去斡刺义亦敦奔去世仅70年，所记当属可信。

1987年夏，笔者在实地考查国王陵寝时，据福州市文管会王铁藩、黄荣春等介绍，解放初期，海内外一些专家学者就曾来人或来函，查找康靖王陵。福州市委领导同志对此也十分关注，曾指示市文物考古工作者，多次到市郊勘访，但均未发现线索，康靖王陵遂成了一个难解之谜。

《福州府志》卷二十三《冢墓》记云：

康靖王墓在草市都茶园山。《闽都记》：永乐间古麻刺朗国王入贡，以疾卒，赐谥'康靖'，有司营葬。春秋祭之。其陪臣数姓皆内附官，给廪食。

2. 陵寝在福州凤凰池村茶园山

草市都，盖福州某地之俗名，经福建省邮电管理总局韩清琪先生多方协助查找，均无结果。而茶园山在福州计有三处：一在仓山，一在福州火车站，一在凤凰池村。究竟哪一座山埋葬着斡剌义亦敦奔国王呢？

据清人林枫《榕城考古略》所记，可知康靖王葬地当在福州西郊凤凰池北之茶园山。

《榕城考古略》记云：

自迎西桥直西，为草市都，有新亭（西隐寺）、接官亭（迎恩亭）、浙绍乡祠、康亲王祠（"亲"系"靖"，原文有误）、凤凰山（"山"系"池"，原文有误）。

1987年夏，笔者赴福州实地勘访，上文所引的地方，俱在今福州市西郊洪山乡一带。从而确证，凤凰池村前、今杨桥西路北侧的茶园山，即是斡剌义亦敦奔国王的葬地无疑。

二 关于国王陵寝形制

1. 墓碑字形如蝌蚪

福州人林枫撰《榕城考古略》，当在清代道光年间。其时，康靖王祠仍然存在，位置紧傍凤凰池。同时，茶园山西北侧，与康靖王祠相近处，还有迎恩亭胜迹。迎恩亭，即古麻剌朗王子剌苾及其随臣迎候礼部主事杨善处，后又称接官亭。由这些地面遗迹可判断，康靖王陵寝在近代可能仍存在。

笔者在榕西凤凰池村进行访查时，从村民周建明老人（凤凰池村居住最久的一户人家，原宅在现今的福州空军第一招待所大楼墙基处）口中得知，康靖王陵早年确实存在，陵前有石人（翁仲）二、石马和石羊各一，分别列于陵墓两侧。石人均着明代朝服，文武各一。陵前有石碑一通，字形如蝌蚪，不识。后因福州市传染病医院选院址于此，石人、石马、石羊亦从茶园山半山坡被推土机推下山来，弃于今空军第一招待所大楼墙基处，即周氏旧宅附近。

周建明老人所提供的重要情况，得到孙则霖证实。

孙则霖现住打铁桥村20号，解放初期，他在这一带当乡长。1952年夏，传染病医院（后该院迁往打铁桥街）在茶园山建造院舍，需将山头削平，同时要将王陵前的石人、石马等物移走。因茶园山属洪山乡打铁桥村辖地，孙则霖作为乡长和山主，与传染病医院领导办理征地手续。当时也没对康靖王陵采取任何保护措施，石人、石马、石羊俱被推土机推走，观者皆叹可惜。

当时同在施工现场的传染病医院职工魏明芳老人告诉笔者，康靖王陵呈圆丘形，占地面积约 300 平方米，封土系糯米汁与石灰、沙土拌和而成，十分牢固，这种封土至今在陵墓原址仍可找到。除翁仲、石马、石羊、石碑之数目与周建民所述一致外，魏明芳尚清晰地记得陵前竖有旗杆二（即望柱）。这些遗物，有的被推土机推到山脚埋掉，有的则被山顶上推下的土埋没。

2. 翁仲、石马埋于地底

又经空军一招首任所长刘传吉以及后任所长吴从仁证实，20 世纪 60 年代初，福州市政部门从茶园山纵断面开出一条公路，即今杨桥西路，所挖山土填于路南低洼处。今天的空军一招大楼，位于茶园山康靖王陵神道之下，其地基与凤凰池村相比，要高出 2～3 米。以此可知，周建明所说的其旧宅附近的翁仲、石马、石羊等物，已被埋于土中。

通过实地勘访所得，并根据《榕城考古略》及明代方志印证，可知古麻剌朗国王斡剌义亦敦奔陵寝形制如下：

王陵在福州市西郊凤凰池村村北之茶园山南麓山坡上，距地面约 40 米处。

图3-16 《长老说古图》
沙特莱都大教堂壁画之三。画面上，一位长者盘膝而坐，讲述大明皇朝的盛事，四旁围满了头缠皂缦（黑色的头巾）的古麻剌朗百姓。

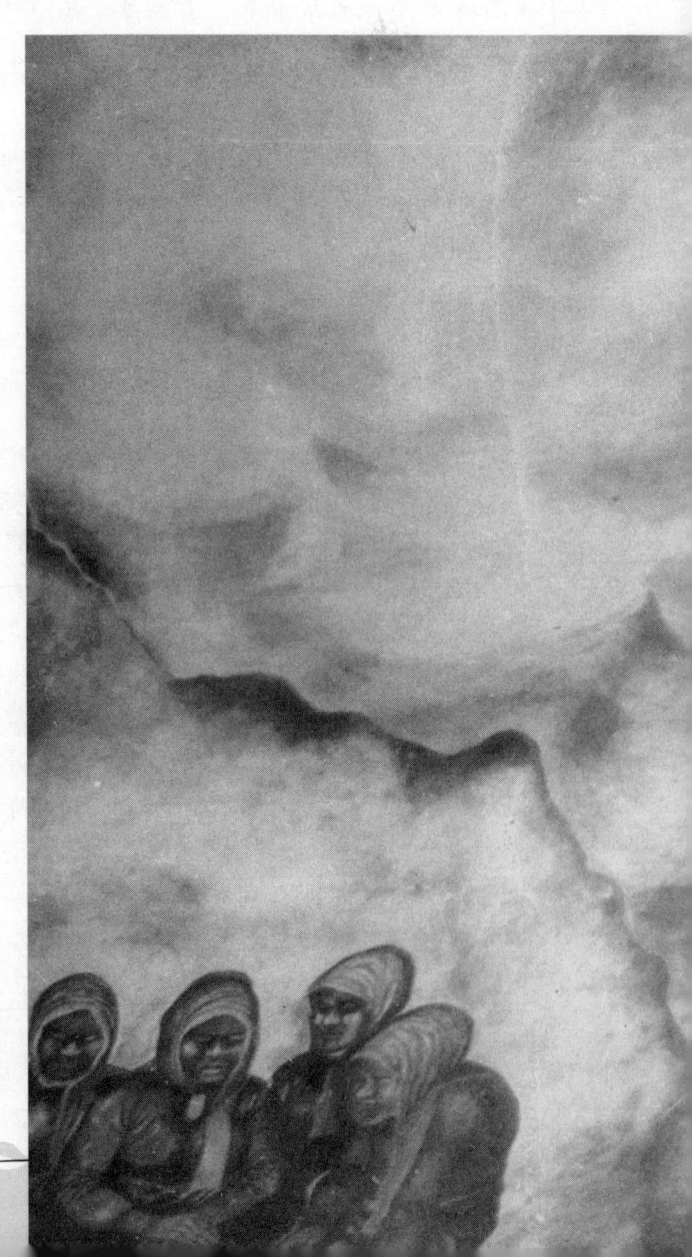

陵墓座北面南，其正南有凤凰池，陵前竖有石碑一通，篆体；神道石刻分东西两行排列，依次为望柱、翁仲、石马（另一行为石羊）。沿神道下坡，往西南向前行，至茶园山山脚之驿道旁，有康靖王祠；再西行不远，有迎恩亭。王陵前石刻，除翁仲、石马、石羊埋于现在的空军一招大楼地基之下外，其余遗物如墓碑、望柱及墓廓等俱湮没在陵寝原地。笔者相信，被湮没在茶园山地下的康靖王陵，终有一天会见天日。

三　国王在华后裔葛氏一族

1. 朝廷按月供给俸禄（图3—17）

斡剌义亦敦奔国王卒后，明朝政府每年逢清明和重阳之际，都委派礼部官员前往陵地祭祀，国王陪臣的后裔皆由朝廷供给廪食和俸薪。何乔远《闽书·岛夷志》有记述："诏谥康靖，敕葬闽县，令有司致祭，陪臣子孙皆与廪食于官。嘉靖中，有葛良贵者为候官诸生，同时陪臣子孙多不延，所食于官惟葛氏及一、二姓云。"

诸生，明代经省各级考试录取入府、州的学者，又称生员。《闽书》中所记载的嘉靖年间那位叫葛良贵的人，读到"诸生"学位，由此可知，其学位如同今天我们所说的硕士。古麻刺朗国人的后裔在明代就已完全接受了中国传统文化，成为中华民族大家庭的一员。永乐年间留在中国护陵的国王陪臣，现能访查到的，只有葛氏一族。其始祖随中国人习惯简姓葛（菲律宾音"ga"），名蔚庵，居于康靖王陵以西的洪塘镇，当地官府拨给他房屋及田产，至明末还按时供给俸薪。核查《明神宗实录》苏禄国王后裔及守陵陪臣的俸薪标准，"每名口月廪粮一石、布钞等项"，并"准免杂差"。至清代，则"照丁月给口粮一石"，"岁领额设祭祀银八两"，"缺出递行遴补"。也就是说，这些守陵的外国人及他们的后代，按照人口分配，每人每月可供给口粮一石以及布匹和钞币，另外还补发八两银子，作为春、秋祭礼之用，各种杂役都可免去。那个时候可能出现过冒领廪粮的事，故礼部奉皇帝谕旨，专门派人来核对户口，属于"编氓"的，才将"给粮印结"一式五份呈验，"复疏请旨"，等到皇帝亲自批下来，才能颁给。封建时代的这种对外国侨民的特殊优待政策，史无二例。

2. 在华后裔成皇帝老师（图3-18）

至今，洪塘镇洪山乡仍有一种用糯米做的食物，叫"葛葛粱"，葛氏家族祭祀祖先时，用它作供品。到了明代后期，陪臣后裔中的许多人渐以才学见长（如嘉靖中的葛良贵），他们陆续往府城迁居。至晚清时，洪塘葛氏家族大多散居于杨桥头、宦贵巷（一名番鬼巷）、仓角一带，他们之中多以教书为业。如笔者拜访了一位叫葛世枢的长者，已87岁(1987年)，其父为同治年间进士，做过光绪皇帝的老师。而今，葛氏家族中从事教育工作的仍不在少数，有的还作为访问学者，到英国讲学。

现住福州仓角头9号的葛福煌老人告诉笔者，他是葛氏家庭的嫡传裔孙，仓角的葛氏祠堂原有一本族谱，一直由他保存。1954年，曾有一位老文史馆员来访查此谱。葛氏祠堂地基广可百余亩，规模颇巨，内供奉葛蔚庵塑像，着明代朝服，祠堂总神位上写着"洪塘葛氏祖宗神位"，这是葛氏祖居洪塘的实证。后来祠堂被改建成小学，族谱也在"文化革命"中以"破四旧"为名被焚毁。

图3-17　国王后裔在榕聚居地：番鬼巷旧貌　　葛思蕙 摄于1987年

图3—18 古麻剌朗国国王陪臣在华后裔葛氏一族(现居福州) 葛思意 摄

第七章　古麻剌朗疆域考证
——实地勘察图录之二

一　从张谦的航路寻找古麻剌朗位置

1. 古麻剌朗处于东洋针路

对于古麻剌朗国的地理位置，明代有关的一些文献记载十分模糊，《明史·古麻剌朗》仅说它是"东南海中小国"，未作进一步的记载。经查阅明人郑晓《皇明四夷考》、龙文彬《明会要》、茅瑞徵《皇明象胥录》、谈迁《国榷》等书，对古麻剌朗国的地理位置几乎都作如是说，没有更新的线索。《明史外国传地理考证》也谓此岛国无考。

因为没有确切的答案，后人便从"古麻剌朗"一词中，断取"麻剌"两字，演衍成今马来半岛的马六甲；还有人干脆将"麻剌"改名"麻林"，如此，古麻剌朗又被搬到了东非的肯尼亚。此实大谬矣！须知，从译音上判断，古麻剌朗的第一个发音字母只能是 G、C 和 K，而决不会滑到 M 上去。

首先提出古麻剌朗国属的，是已故历史地理学家、《中国殖民史》一书的作者李长傅先生。他认为古麻剌朗国位于菲律宾群岛范围内。但是，他没有列举出什么证据。而菲律宾学者陈台民的《中菲关系与菲律宾华侨》（香港朝阳出版社）一书则认为，古麻剌朗是否属于今日菲律宾的范围内，尚须进一步作考证。

关于这个疑案，笔者经过仔细查阅明代官方文献以及妈祖文献资料，沿着中官张谦航线去寻找突破口，在李长傅所作推论的基础上，进一步作了考证，终于揭示了这一中外关系史上的谜案：古麻剌朗国确属今天的菲律宾，具体范围包括沙瑶、呐哗啴、网巾礁老诸古国在内的广大棉兰老岛地区，其国都在今棉兰老岛以南的库马拉朗，后又南迁三宝颜，与苏禄群岛隔海相望。考据如下：

其一，从郑和下西洋时期的航线考证，古麻剌朗处于东洋针路一线。

按《辞海·历史地理分册》条目解释，元、明两朝对东洋的划分，以今南海东部（约自东经110°以东）以及附近诸岛（今菲律宾群岛及加里曼丹岛等）为界线，证据见元代汪大渊《岛夷志略》及明代张燮《东西洋考》。至于西洋的划分，其界线则在今南海以西（约自东经110°以西）的海洋及沿海各地（远至印度及非洲东部），较之东洋，西洋的范围和含义更广。

弄清了这一点，我们再看古麻剌朗在东西洋上的地理位置。《明史·外国·古麻剌朗》记载："古麻剌朗，东南海中小国也。"对照明代的杨一葵《裔乘》、茅瑞徵《皇明象胥录》、何乔远《闽书》、郑晓《皇明四夷考》及查继佐《罪惟录》诸书记载，俱如是说。"东南海中小国"，在郑和同时代人的著作中均称东南诸国，显而易见，"东南海中"这个地理位置，当处于东洋针路上。

2.古麻剌朗在菲律宾古苏禄国东北

其次，从中官张谦出使的航线考证，古麻剌朗在菲律宾古苏禄国东北，也就是如李长傅先生所提出的，在今天的菲律宾群岛范围内。

张谦其人其事，史书所记寥寥，仅能从《明史》及《明成祖实录》中寻找到一些零星的记载。1990年4月，笔者应邀出席在莆田召开的国际妈祖学术大会，获蒋维锬编校之《妈祖文献资料》一册，内有两处提及张谦出使东洋时途经泉州及湄州祭祀妈祖海神的事迹。

让我们按时间顺序，沿着张谦出使的航路排列一下：

其一：永乐六年（1408年）十二月丁丑（初四日），朱棣派遣中官张谦、行人周航护送嗣渤泥国王遐旺等还国。初，故渤泥国王麻那惹加那乃言："蒙朝廷厚恩，赐封王爵，国之境土，皆属职方，而国有后山，乞封表为一国之镇。"至京，其子遐旺复以为请，遂封其山为"长宁镇国之山"。张谦奉朱棣之命，在渤泥国树碑，碑文为朱棣亲撰。事载《明成祖实录》卷六十。

其二：永乐十三年（1415年），少监张谦奉命出使渤泥，从福建泉州发船。出使之前，张谦往泉州天妃庙焚香祈祷。归朝后，张谦向朝廷奏请，修葺天妃庙。事见明人顾珀（福建晋江人，弘治间进士）所撰《泉州天妃庙记》，辑于蒋维锬编校《妈祖文献资料》第90页。

其三：永乐十五年（1417年）六月己亥，朱棣遣人赍往金乡（今浙江省苍南县金乡镇）亲切慰问西洋诸番内官张谦及指挥千百户旗军人等。初，张谦等奉命出使西洋诸番还，至浙江金乡卫海上，猝遇倭寇；时官军在船者才一百六十余人，贼可四千，鏖战二十余合，大败贼徒，杀死无算，余众遁去。朱棣闻后大赐嘉奖，慰劳官军升赏有差。事载《明成祖实录》卷一百六。按顾珀《泉州天妃庙记》，则可知张谦金乡卫御寇时,正从渤泥回国,前后时间互相衔接。

有读者要问,为什么《明成祖实录》中,说张谦是"出使西洋诸番还"呢?其实,这是不成问题的问题,在郑和下西洋的年代,有好几条支线,其中以郑和下西洋这条航路最长,所以当时从敕书、实录到随从记录,常有将东洋针路上的番国泛称为西洋国家的,后来干脆以"西洋"统指海外各国。如1520年黄省曾著《西洋朝贡典录》,所录国家二十三,占城、真腊、暹罗之外,更有渤泥、苏禄、琉球、爪哇。

其四:永乐十五年(1417年)九月戊午(初六),朱棣遣太监张谦赍敕往谕古麻剌朗国王斡剌义亦敦奔,并赐之绒棉、纡丝、纱罗。事见《明成祖实录》卷一百七。

其五:永乐十六年(1418年),张谦奉命到福建湄州的天妃宫御祭妈祖,陪祭的有兴化府(今福建莆田)官员。此事见《天后志·谕祭·明朝》,载《妈祖文献资料》第185页。按《明成祖实录》,张谦于永乐十五年九月奉朱棣之旨出使古麻剌朗的,做好船队装备、给养等准备工作,出发时间至少要延至年底。永乐十六年到湄州谕祭妈祖,可靠月份应在年初。

其六:永乐十八年(1420年)十月乙巳(初十),古麻剌朗国王斡剌义亦敦奔率妻子陪臣随张谦来朝,上表贡方物。朱棣命礼部宴赍之如苏禄国王。事载《明成祖实录》卷一百一十八。

综上史料,按时间、地点、事件排列分析,可以清楚看出,张谦从永乐六年至永乐十八年的12年中,共三次出使,到过两个国家,一是处于东南海中的古麻剌朗国,另一是渤泥。渤泥国,是南洋群岛中第一大岛加里曼丹岛上一个具有悠久历史和文化的大国。它位于该岛的东北部,首都在文莱城(今斯里巴加湾市)。渤泥国,就是今天文莱达鲁萨兰(Darussalam)国的祖先。汉文中的"渤泥"、"文莱",是同出Brunei一词的异译。"文莱"之西文音译为Brunei,系由Burai、Brune、Burni对音演绎而来,所以在我国的古代文献里,便先后出现了婆利、渤泥、浡泥、婆罗、文莱等不同称呼和写法。张燮《东西洋考》有记:"文莱,即婆罗国,东洋尽处,西洋所自起也。"明确指出了文莱(即渤泥)国正处东西洋的分水线上。

查阅一下世界地图册,张谦的出使航线为:

京师→福建泉州→三屿国(据明人慎懋赏《海国广记》,三屿国近琉球,今菲律宾巴坦群岛、巴布延群岛、卡拉绵,[又作加拉鄢],诸岛是也)→吕宋(今菲律宾岛)→苏禄→渤泥。

苏禄国,即今菲律宾苏禄群岛,其西南为渤泥、阇婆两国。推而言之,古麻剌朗国应当在苏禄国东北,也就是如李长傅先生所提出的,在今天的菲律宾群岛范围内。

附笔:按张燮《东西洋考》,东洋针路应为:

第三篇

大武山→彭湖屿→虎头山→沙马头澳→笔架山→大港→哪哦山→密雁港→六藐山→郎梅屿→麻里著屿→玳瑁港→表山→里银中邦→头巾礁→吕宋国（用单午五更收吕宋国）→猫里务国，又从吕宋→以宁港→汉泽山→交溢→魍根礁老港（即网巾礁老）→绍武淡水港，又从交溢→犀角屿→苏禄国，又从吕蓬→芒烟山→磨叶洋→小烟山→七峰山→巴老圆→萝卜山→圣山→昆仑山→长腰屿→鲤鱼塘→文莱国。

二 古麻剌朗就是今"库马拉朗"

1. 古麻剌朗在棉兰老岛

经外国历史学家考证，早在1225年以前，中国的船只就驶往几乎菲律宾所有沿海地区，从事贸易航行，其中关系较为密切的贸易中心在苏禄海一带的岛屿。因此可以说，"风帆时代"的菲律宾历史，是一部中菲关系史。菲律宾国家博物院主持的地下发掘工作，先后发现数以万计的中国陶器、瓷器，如水缸、酒罐、碗盘、药瓶以及其他厨房用具，内中以明代产品为最多。由这些发掘的实物，足见古代华商，尤其是明代华商在做买卖时，传入中国的生活习惯，向岛民传授中国文化。所以现在菲律宾人的家具和农具的名称，很多与汉语闽音相似。

再谈民族构成。如张谦出使两次的渤泥国，其民族成分，由土著的达雅克族和外来移民马来人、华人三个种族组成，散居在沿海地区。"人多念佛，素食"，宗教信仰与古麻剌朗完全相同。自古以来由酋长统治，直至15世纪中叶，才改奉伊斯兰教，并建立了苏丹国，成为一个穆斯林国家。永乐六年（1408年）十二月丁丑，由张谦、周航护送回国的渤泥国王遐旺（即艾旺·阿拉克·贝塔塔），是"最先积极传播伊斯兰教"的文莱第一个苏丹，所以享有穆罕默德一世的称号。[10]

---

[10]（苏）拉·维·叶法诺娃：《文莱：历史、经济和现状》，商务印书馆1978版。

图3-19 古麻剌朗历史建筑的遗存：朱资坊葛氏祖屋
　　图中最可注意者，为一木雕护栏，线条呈波浪状，颇有南洋古韵。

第三篇

以此比照，古麻剌朗国，从疆域上看，要比渤泥大得多。古麻剌朗，"其国有百余州，有城四重"，这个"百余州"，只是个概数，说明辖地之大，可能包括附近的一些属国。而渤泥，则"所统十四州"，相比之下，古麻剌朗可称得上是一个海中大国了。

纵览菲律宾群岛诸古代岛国，除古麻剌朗国国属成为悬案外，其余一些国家均已被近现代中外学者考证确认，计有：苏禄、吕宋、合猫里（今菲律宾甘马磷省）、沙瑶（今菲律宾棉兰老岛北部之锡布盖）、呐哗啴（今棉兰老岛北部之达比丹）、麻逸（今菲律宾民都洛岛）、三岛（又称三屿国）。进而言之，如果把搜考的范围逐一缩小，除去上述所开列的诸岛国，再除去吕宋国所在地的吕宋岛，那么，永乐时的古麻剌朗，其版图和疆域，应存在于另一个大岛上，也即苏禄国东北的棉兰老岛。

2. 今Ku Laman族可能是古麻剌朗后裔

棉兰老岛是菲律宾第二大岛，岛上的三宝颜，我国宋元时称沙华公国，是一个"多出海劫夺"的番国。至明代，沙华公国逐渐衰落，我国史书从此不载，取而代之的是古麻剌朗这一新兴的国家。如此，再进而言之，除去三宝颜，古麻剌朗的具体位置（即国都）必然在棉兰老岛出入方便的沿海口岸。

我国出版的《世界地图册》（普及本，地图出版社编制出版，1971年7月第一版）"菲律宾"地图上，在棉兰老岛西南沿岸，有一个被译作"库马拉朗"的港口集镇，与古麻剌朗同音。它面临苏禄海，位置正巧在苏禄群岛东北。这一带居住着古老的土著，称ku—laman，译成华语，就是古剌人。古剌族人口虽少，约3000至4000人，但分布却颇广，菲律宾群岛的东南太平洋沿岸也可零星发现他们的部落。Kulaman族很可能是古麻剌朗国的后裔，而海港集镇库马拉朗，即明朝时古麻剌朗国斡剌义亦敦奔国王的家乡。永乐时的古麻剌朗国的辖地，不但包括棉兰老岛南端的网巾礁老国及宋元时的沙华公国，更统辖其北部的沙瑶、呐哗啴等国。

菲律宾是由7100多个岛屿组成的群岛之国。在古代的菲律宾，政府的单位是"巴朗加"（barangay）意为"帆船"。[11] 这些巴朗加，事实上是些独立王国，因为它们具备了一个国家的四个基本成分：土地、人民、政府和主权，就如荷马时代的希腊城市国家。每一巴朗加由一位称为大督的国王统治，有的巴朗加国王又叫作哈里（hari）。此名词源于梵文。巴朗加国王的职位是继承而来的，这和古代中国的帝王世袭制一样。菲律宾在西班牙入侵（1565年，明嘉靖年间）之前，已有好些巴朗加组成的联邦。从罗曰褧《咸宾录》中可知，古麻剌朗是由许多个巴朗加组成的大联邦国，"其国有百余州,有城四重"。

图3—20 菲华历史文明的融合体：唐人街

第三篇

三 在古麻剌朗旧地感受亲情

1. 机场出口处的感人一幕

这是 1998 年的岁末。经菲律宾学术界安排，我在国际华人学术研讨大会闭幕之后，从马尼拉坐飞机来到位于菲律宾宿雾的西南大学作学术访问，并参观了麦哲伦在宿雾古城的遗迹遗物，嗣后又乘坐飞机，踏上了古麻剌朗旧地之旅。

12 月的上海，早已是寒风凛冽的冬日，而远在太平洋南端的棉兰老岛，却依然是炎热如蒸的盛夏。

飞机在三宝颜机场徐徐降落。三宝颜，我国宋元时称沙华公国，是一个"多出海劫夺"的番国。至明代，沙华公国逐渐衰落，我国史书从此不载，取而代之的是古麻剌朗这一新兴的国家。也就是说，三宝颜在我国明朝初期，便是古麻剌朗辖地内的一个十分繁荣的港口城镇。

甫下飞机，在机场出口处，我蓦然看到人群中打出好几幅宽大的纸板牌，上面用英文拼出我的名字：XuZuosheng。其中有一位举牌的是当地土著，他中等个儿，肤色棕黑，一头细细的、密密的卷曲头发，眼睛大而明亮，这是一位长得眉清目秀的少年。他双手托举的牌子是用一张大大的薄塑面板制成，白底蓝字，甚醒目，在我的英文名字前面还写有"Welcome"。我知道，这一切全是菲律宾学术界同好在马尼拉就为我联系准备好了的。被这种热烈的欢迎场面所感动，一股强大的暖流向我心头涌来，一瞬间，眼眶里迸出激动的泪花。也许，我有"郑和研究会"的头衔，古麻剌朗人的后裔把我当成郑和的后裔，我也就默认了这个"假冒"。

2. 一位带有华人血统的古麻剌朗土著

在当地侨界社团的安排下，我被三宝颜菲华联谊会执行理事长洪和平先生接走，并下榻于洪府。

当晚，洪先生驾车带我探访住在三宝颜达洛 (Talon) 的戴高明先生。戴先生今年 65 岁，其父若在世已年届 100 岁了。戴先生告诉我，清宣统年间，父亲 11 岁时随乡人从福建南安老家乘槎浮海，飘滞南瀛，在库马拉朗（即古麻剌朗国王斡剌义亦敦奔的家乡）安下家来，这一住就是一辈子，直到去世，安葬在库马拉朗。

戴先生说，库马拉朗，土著菲人读音就是古麻剌朗，今天，我们从菲律宾出版的棉兰老岛地图上，仍可找到它的位置。古麻剌朗，其字母正确拼写为 Kuma Larang。它位于三宝颜半岛莫罗海湾的北偏东一带，这是一个平原地区，除了其南面傍海，东、西、北皆山地。古麻剌朗自古就有棉兰老岛"米粮仓"之称，十分富庶，当地土著民族靠种水稻和割胶为生，乡村中也有人到离它不远的卡巴萨朗港口出海捕鱼。而戴氏父子则靠种橡胶谋生，戴高明的母亲系土著菲律宾人，入伊斯兰教，所以他有一半的菲律宾血统。

图3-21　出生在古麻刺朗旧地的小土著
这些小土著之中，前排中的右起三个人，均系中菲混血儿，从他们幼稚的面部轮廓上，可以辨出其祖先的影子。照片中的孩子如今都在三宝颜华侨学校就读。

戴先生指着他宅园中的一株高大的果树告诉我，他听父亲说起，这就是榴莲树，取意"留连"，其果实甚酸，啖之酸中又带有香甜味，回味无穷。据古麻刺朗的华裔口头传说，郑和的船队（实是郑和的副帅张谦）到古麻刺朗，他们走的时候，把从爪哇带来的榴莲种子播撒于此，日渐长大成材，连成一片。这一美丽的传说在三宝颜的许多老年人口中也能听到。

在三宝颜，我还吃过一种鱼，土人名曰"塔西鱼"，这种鱼奇就奇在它一半有鳞，一半无鳞，询其故，一位老华侨说，三宝太监下西洋，在这个蛮夷之地面临断粮缺水，当地的老百姓就捉来塔西鱼贡奉。郑和将士舍不得吃完，于是吃一半，另一半放入海中，后来"塔西鱼"就变成一半有鳞，一半无鳞了。

这个传说虽近乎荒诞，而据史家考证，郑和本人实际上也未航行到菲律宾，但总的说来，传说寄托了羁旅异域的游子思念故国之情。并且，最重要的是，郑和的副帅张谦的确到过古麻刺朗国，他当年的宝船所泊的港口，可以推断为三宝

157

颜,并在这里生活了数月之久。为了证实这一切,笔者在洪和平先生的引领下,去总督府踏勘。

3. 总督府壁画印证历史

图3-22 在沙特莱都大教堂与古麻剌朗后裔合影

驱车来到城郊,附近多为稻田,农民在吆喝着老牛耕地,他们所使用的耙犁为六齿,我在宿雾西南大学历史博物馆曾看到过这种农具,说明书上写着,此种六齿耙犁系从中国传入。

在一个风景十分秀丽、名叫 Cabu 的山上,有座穹窿形的大清真寺矗立在眼前,这座清真寺,就是穆斯林总督府沙特莱都大教堂。其时,适值总督密苏阿里外出,总督助理卜隆和新以及负责全岛华人事务的黄启超(音译)负责接待了我们。总督助理友好地说:"这座教堂历史已十分悠久,你们跟我来,去楼上看壁画。"

我们随他来到三楼,这里十分高大敞亮,穹隆形天顶上,绘着一幅幅壁画,其中最引人注目的有两幅:其一为《长老说古图》(见图3-16),画面上,一位长者盘膝而坐,四旁围满了听讲的人们。长者所述的内容,以《国王早朝图》(见图3-10)为背景,四周饰以云彩,这种创作手法,如同小说创作中的联想手法。新王,也就是古麻剌朗的新国王剌苊,他是斡剌义亦敦奔的长子,明永乐十九年四月丙辰日（农历四月二十四日），斡剌义亦敦奔在大明皇朝向成祖上贡方物，返至福建福州迎恩亭时，不幸因病逝世，葬于茶园山麓。成祖派遣礼部主事杨善及工部官员火速赶到福州，为国王举行了隆重的葬礼。王子剌苾继承了王位，与其母返回古麻剌朗。这幅图所描绘的就是这段史事。

另一幅为《华商与岛民互市图》，画面上，脑后拖曳着一条长辫子的华商驾船来到岛上，他们打着手势，用中国的瓷器、陶罐来换取物品。从长辫子这一发型可以证实，这是清代的华商。（图3-24）

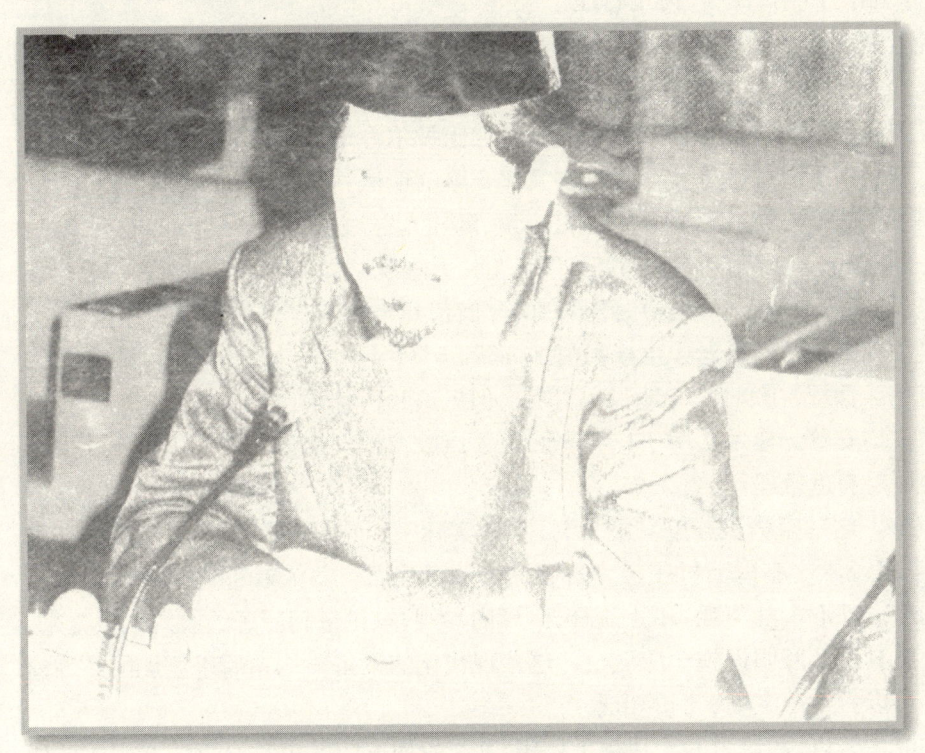

图3-23 密苏阿里总督（1998年）

总督助理说，这些壁画的题材有的源于菲律宾历史记载，有的则是根据民间的口头传说。而且，他还讲了一个令人感兴趣的细节：这一带土著也过春节，与中国传统春节相类。只不过中国的春节是正月初一，而此地的春节是以每年第一月的月亮盈亏为标记。这个土著传统的春节，在菲律宾其他省城从未听说过。这是否也与张谦船队有关呢？我们现在已无法启问于古人，不过有一点是可以肯定的，那就是张谦一行来到古麻剌朗，必定带来了传统的华夏文化。

在古麻剌朗旧地考察，最令我关注的还是民族成分这一点。据调查，现在三宝颜半岛，也即明朝时期古麻剌朗辖地范围之内，居住着九个世居大姓，依次用汉字译出分别为：斡剌哈剌、沙曼、道苏、罗务安、曼给、南罗、卡蒂布恩、苏马罗、牙更。在这些姓氏中，斡剌哈剌这一古姓很可能就是斡剌义亦敦奔国王的后裔，他们今天多在三宝颜沿海和苏禄岛一带以捕鱼为生，由于识字不多，不可能像我们国内的大家族那样续写家谱。因此，如果当你向他们提起先辈生活的情景，他们都一个个摇头说不知道。

4. 古老民居的活化石——树上村庄

棉兰老岛上的三宝颜，在宋元时期为沙华公国，至明朝初年，成为古麻剌朗一个属地，也是菲律宾最南端的古城，由于伊斯兰文化和西班牙文化在这里交相融合，因此留下了许多神秘的历史名胜，如比拉尔古堡（FortPiLar）、穹窿形回教寺庙、摩洛水上村落等等，都是这种文化交融的遗痕。

早上，匆匆漱洗过后，便从下榻处出发，随轿车往城南驶去。约行四五公里路，前面忽然出现一座蓊蓊郁郁的山丘。"呵，好一片参天古树林！"我不由脱口赞道。"这里叫柏索南卡（Pasonanca）公园，你仔细看，这一带有什么与众不同的景点？"当地华侨界人士林便良老先生乐呵呵地问我。

我抬头仰望，顿时惊奇地张大了嘴：但见这片树林中，凡有桠杈形粗大枝干的树木，均安着一座木头房子！我来回点了点数，柏索南卡的南北山腰上，这种树上房屋足有近百座。（图 3–25）

原来，这是摩洛民族的"树上村庄"。实际上，它是该民族水上村落的"翻版"，可以说，这座树上村庄，为古老民居的活化石，华人戏称为"栖木之家"。树上的房子外形古朴美观。攀上旋梯，到屋内参观，只见每间屋子约有六七平方米，电话、卧具以及照明设施一应俱全。这些现代化的设备，均系后来添加的。临窗远眺，可以看到三宝颜美丽的市景。

林先生告诉说，这里的一片树上村庄，其产权属三宝颜市政府管辖，近百座"栖木之家"一律作为旅社对外开放，国外旅游者只要凭护照到市政府接待厅登个记，就可免费在这里住宿。遗憾的是，鉴于棉兰老岛和苏禄海一带经常发生绑票案，"树上村庄"近来几乎没有一个外国人敢去投宿。

5. 关于古麻剌朗的风俗

通过这次考察，笔者还有两个收获，那就是我国古代史籍中关于古麻剌朗的风俗记载，有两点值得商榷：

其一，按寺中壁画所绘，明朝时期的古麻剌朗，老百姓既非"髡发之民"（秃头），也非"椎髻之民"（头发挽成髻），而是"头缠皂缦"、胸围一布的装饰，唯有国王或大臣，才衣着长袍。不过，壁画何时所绘？是否创作中有艺术夸张？是

图3-24　华商留滞古麻刺朗，与岛民们互市——沙特莱都大教堂壁画之四

否能作为明代时古麻刺朗风情再现，还需探究。

其二，古麻刺朗实际不产象，古时仅有牛车作坐骑，至于马车，可能是麦哲伦之后才出现的。《咸宾录》记载张谦出使古麻刺朗，"国王骑象出迎"一语大概有误，不过也可能这些大象是从邻近的爪哇"进口"而来。

四　菲律宾学术之旅感恩记

在菲律宾踏勘古麻刺朗历史遗迹及寻找古麻刺朗后裔的日子里，我得到了许许多多华人的无私相助。他们虽然与我素昧平生，却伸出宽厚的臂膀，迎接我这

第三篇

图3-25　在树上村庄做客

个来自中国乡梓的学人。其间，或向我提供交通工具，或免费提供膳宿，或抽出时间，陪我作现场翻译。

这之中，最令我难以忘怀的是在马尼拉考察时，华侨善举公所董事魏文艺老人，当时他已年逾七旬，每天一大早，便亲自驾驶着轿车，静静地在我的住处等候，然后我们一起去早餐，再后一起去查访华人古迹。而且，每次的考察，魏老的夫人，一位满口国语的老太太也会随侍在"副驾驶"之座。

现在，我虽然已经离开了那个千岛之国，但只要一回忆起往事，他们的音容笑貌便会立时浮上我的脑际。实在说，如果没有这些热心同胞的援手，我在这个被西班牙语和他加禄语包围的国度里，几乎是寸步难行。

至今，我仍清楚地记起其中一些人的名字：菲律宾中华总商会理事长李逢梧，菲中友好协会副理事长柯清淡，菲律宾华侨善举公所董事魏文艺，世界日报社社长陈华岳，宿雾市华裔报人李炯荣，世界日报社老编辑庄惠泉，三宝颜菲中联谊会理事长柯柄彪，三宝颜华人实业家林便良，三宝颜福泉寺住持传禅，三宝颜奋发百货商场总经理洪和平，三宝颜菲华善举公所理事长吴注来……

在此，笔者谨怀着感恩之心，略记其中一二。

1. 一个温馨的华人家庭

打开世界地图，在临近赤道不远处，即东经122°、北纬7°的地方，有一个象鼻形半岛伸向南太平洋海面上；而这象鼻的最尖端，便是菲律宾最南端的古城三宝颜。这里距新几内亚岛甚近，濒亚洲和大洋洲的交汇点，盖我国古书所云"东洋尽处、西洋所自起处也"。

三宝颜是我访菲学术活动的最后一站。为了安全起见，当地侨界决定将我移榻于三宝颜华友联谊会执行理事长洪和平先生府上。

这是一栋占地500平方米的公寓式洋楼，登楼可以远眺湛兰的太平洋。公寓前面是一个大草坪，它足有一个兰球场那么大，四周种满了南国的奇花异草。公寓后面停着四辆汽车：一辆轿车，三辆运货卡车。洪先生告诉我，造这栋楼，他花去菲币700多万元，约合人民币175万元。洪先生不仅在三宝颜办厂开店，还在苏禄海的达威达威岛(TawiTawi)开设了一家颇具规模的大超市，托他的外甥管理。

三宝颜的华人家庭，其氛围的布置大多突出民族传统文化的特色。这一点，洪先生的家也不例外。走进公寓，首先映入眼帘的是客厅里悬挂的一幅仿张择端《清明上河图》；墙壁右面，挂着一幅诗匾，诗云："慈母手中线，游子身上衣。

图3-26 大洋彼岸有人家
图为洪和平夫妇及其二子一女,摄于三宝颜洪府大草坪。

临行密密缝,意恐迟迟归。"这是十多年前他们夫妇去闽南旅游时,临行前,洪先生的父亲遗赠的手迹。

述及创业的艰辛,洪先生不无感慨地说:"大陆不少青年认为海外华侨钱赚得容易,仿佛一夜之间就能成为巨富,其实这是一种误解。"洪太太指着她先生额角上的一块伤疤说,这是昨天在码头搬运货物时,不慎被船缆甩伤而留下的。

今年43岁的洪和平,一生中当过工、农、商、学、兵:中学毕业后,他应征入伍,在山西空军部队当气象兵,复员后回家乡福建石狮濒海的一个渔村种田;继而又被推荐上了大学。其时,他的伯父在三宝颜开设四家大型超市,需要人手,写信到家乡恳请他去帮忙照看。于是他不得不辍学,踏波万里,来到这个濒南太平洋的古城,给伯父打工。

他每天起早贪黑，装运货物，联系客户，上门讨债，样样杂活都干。每个月，他要到首都马尼拉去贩货，然后再分送到附近的一些岛屿上去。菲律宾是龙卷风的发源地，货船在海浪中颠簸，仿佛要把人的五脏六腑全倾翻出来，押运一次货，要在这样的恶劣环境中待上一个多星期。如此艰苦的工作，连菲人都不愿意去干，而洪和平却坚持了下来。

说起一些菲人的怕吃苦，我到三宝颜的次日，就给一件事证实了。这天一大早，洪家的三个菲佣就嚷着跟洪太太结算两天的工资，没有任何原因"集体辞职"。按理对这种违约行为，雇主完全可不发工资，但洪太太是个善心人，还是给她们发了饷。接下来，她发愁了，今天的饭菜谁来做呢？上馆子吧，这儿离街市还有两里多路。我说让我做吧，因为我是厨师出身，在海轮上烧过七八年饭，还在上海最老的本帮菜馆老正兴学习过两年。她一听，乐得直拍手。打那，我在学术考察之余，就当起了厨师，在伙食上给他们翻花样，一家子吃得滋滋有味。孩子们说，徐叔叔若能多住些日子就好了。

洪先生育有二子一女。他告诉我，太太名叫许吟吟，出身于一个中医世家，他俩是中学的同班同学。刚来菲律宾时，入关的那一天，太太怀抱着才3岁的长子少慰，手中还拉着6岁的女儿少华，受尽了颠沛流离之苦。次子少鸿则是在菲岛出生的，所以洪太太笑着说，这三个子女，两个是"进口"的，一个是"国产"的。一晃十多年过去，子女都已长大成人，"他们都很争气，姐弟三人互相谦让，成绩在班上都是名列前茅"。洪太太语调充满慈母的温情。

三宝颜曾经先后是西班牙人和美国人的殖民地，当地通用西班牙语和英语，华人生活在这样的环境里，为了不让子女忘掉自己的"根"，夫妇俩商量决定，送他们到三宝颜中华中学读书，从小接受民族传统文化教育。大女儿少华早已高中毕业，她现在是大学三年级学生，为了返哺母校，她课余任中华中学幼儿班教师。长子少慰为中华中学高中三年级学生，他的中文成绩在全班是头名状元，因此被入围参加全菲华人爱心教育奖励基金竞赛。次子少鸿则在中学二年级就读，三姐弟中，他喜欢经商。

每天的晚饭以后，月上树梢时分，洪府的庭院里便摆出一张白色的圆桌，每人一杯铁观音香茶，我和洪氏夫妇就围坐在桌旁聊叙家常。每每这时，他们的三个子女也会团团围在一起，静静地听我们交谈，而从不插嘴打断。有一次，被唤作"帅哥"的少慰忽然睁着一双亮晶晶的眸子问我："徐叔叔，我明年毕业考大学，很想到上海去读书。"在一旁的姐姐少华则揶揄说："人家上海的大学水平好高哎，你能行？"少慰赌气地离席而去，末了像是对姐姐又像是对众人掷来一句："看我考给你们看！"

由于三宝颜所处的地理位置较偏僻，这一带绑票活动十分猖獗，为防意外，洪先生的三个子女除了上学外，平时足不出户，他们的生活圈子永远是一个小小的天地，华人的家庭观念及传统道德由此深深植根于他们幼小的心田。

2. 拜访吴注来先生

在入住洪先生寓所的第二日，晚上9点已过，我正欲休息，忽然菲律宾学术界一位同仁从马尼拉打来长途电话，谓三宝颜有位80高龄的老华侨想来会我一面，不知肯否赏光云云。

我当即允诺，并说是我去上门拜访他，因为我是晚辈。不料电话那头又说："他是大名鼎鼎的旅菲国民党元老吴注来老先生。"我顿住了，思而再思，既然已经允诺，不好改口，决定还是见一见。

次日午后，洪先生驾车将我引领到三宝颜市中心的一家颇不起眼的小店铺前。店铺开面不大，三尺柜台内，堆满了各种百货，香烟、老酒、药物、食品、小百货等等，准确一点说，这是一家小杂铺。

甫出车门，一位双鬓染霜、戴着老花眼镜的长者踽踽步出门口，谦恭地朝我伸出手来。不用问，他就是吴注来先生了。我忙跨步上前，回握着他的手。同时因好奇心驱使，我有点略带不恭地问道："吴先生，你是这家小店铺的老板？"老人并不介意，他慈祥地笑笑，颔首以答，继而向我递上一张烫金的名片。从名片上可以看出，老人不仅是三宝颜鸿福企业公司董事长，在他名下拥有不少商行和大旅社，而且他还是三宝颜菲华善举公所名誉董事长。

洪先生在一旁告诉我，三宝颜濒临苏禄海，绑架案不断发生，吴老蛰居于小杂铺，也是"明哲保身"。

吴注来先生13岁那年便随父亲来菲律宾谋生，童年度过一段坎坷岁月，又遭战争的洗劫，但他和父亲辛苦遭逢，披荆斩棘创下一份雄厚的基业，可称得上棉兰老岛早期的建筑业大王。在他二十初度的时候，是他的个人事业最为风光的年代：他与同好林山茶、雷金元、邓英达等社会贤士，把被战火焚毁的三宝颜中华中学从废墟中重新创建起来，使无数失学的华人子弟重新获得就学的机会；嗣后不久，他又被推举为三宝颜菲华商会理事、中华中学校董会董事等职。而这时，他的政治前途也突然发生变化：加入了中国国民党，并被委任国民党三宝颜党部领导者。因囿于政治身份，打那以后，他就一直没回过故乡。

迨自20世纪70年代末80年代初，菲政府下令解散岛内的国民党团体，三宝颜国民党党部易名为文化协会。由于吴注来多次在公开场合抨击台独，受到李登辉当局的不满。吴注来丝毫不在乎，他在印名片时，主动"请辞"了一切带有政治色彩的职务和头衔。

1975年6月，中菲建交后，祖国的逐渐强大，使吴注来先生始终按捺不住那思乡的激情。终于，在90年代初的一天，他决定将妇挈子，万里迢迢踏上归乡的途程。

述及乡梓之旅的经历，吴老感慨万千，他把当时的情感，全部汇融于一首《故乡巡礼》诗中。这是一首四句七言旧体诗，诗云：

半世旧居今重游，往事如烟涌心头；
昔日幻梦成追忆，玩伴难寻平添愁。

是啊，时隔半个世纪，而今追溯往事，恍惚如隔昨日；而儿时的伙伴，如今都已相继作古。

"访旧半为鬼，惊呼热中肠"，没有切身感受，是不能体验出杜甫这两句诗的深切含义的。

此刻，吴老向我递上一支烟，我摆摆手，谢绝了，于是他自己点燃了烟。顿了一会儿，继而又絮絮地说下去——"看到内地建设变化如此巨大，当时我的心情由恍惚而变为惊喜，由惊喜而生出赞叹，又由赞叹而生出悲凉。"

——他解释这"悲凉"二字，自己从年少时便寄寓异域，充耳皆蛮夷之音，触目尽他乡之人，每每思乡之念涌上心际，便去福泉寺（寺在三宝颜，老方丈为弘一大师入室弟子传贯。——作者注）礼佛，与方丈用华语交流乡情，以慰藉孤寂之感。

吴老说，华侨义山有一副挽联是这样写的：

蓝缕辟华山，忆先侨泽及泉台传瘗旅；
殡宫营菲岛，遗后人思深霜露酹羁魂！

上联的"蓝缕"，也就是褴褛，谓先人来菲岛谋生时衣衫破旧，食不果腹，而创下今天的这份基业，实属不易。下联中的一句"羁魂"，犹言客居海外的魂魄，死后也不能归家，后人只能以薄酒相祭，这是多么令人心酸的事啊！

言及于此，老人双眶湿润了，他取下老花眼镜，用衬衫的边角不断地揩拭着。

吴老热心社会公益事业，他在晚年把家业托付给子女，自己于1990年开始主持善举公所，在他的努力奔波下，不但园地范围扩大，铺设了巴士路，而且还建造纪念亭，使久已失修的菲华义山焕然一新，这可以说是他对三宝颜侨社最大的贡献。

去年6月8日，是吴注来及其老伴雷诗玲女士结婚五十周年纪念日，一千多名亲友从菲律宾各地赶到三宝颜祝贺他们的"金婚"之喜。吴注来和老伴用深情的目光注视着面前举着蜡烛向他们祝福的五男二女。50年前今日的"吴雷联姻"，从两个人的小家庭，至九个人，加上三房媳妇与七个内孙，现在总共是19个人的大家庭。而在这群儿女中，有医学博士，有律师，有工程师，也有很多成功的商人。人们评价这对"金婚"伉俪在"爱"的工厂交出了一张很值得骄傲和自豪的成绩单。

末了,吴老告诉我,1999年秋,他打算和老伴回到祖国去看一看,"离家久了,思乡之情也愈切",老人用闽语一字一顿地说。

12月25日,我结束学术考察,即将离开三宝颜,准备飞赴马尼拉。

当天已是夜晚九点多钟,吴注来先生打来电话,说他们夫妇在诗玲大厦订下酒席为我饯行,邀我一定要赴宴。然而由于行色匆匆,我不得不托请友人婉谢他们夫妇的这一片盛情。

飞机起飞了,大地淡淡的光色之中,我仿佛看到一个白发老人,踽踽地迈着步履,向我缓缓地挥动着枯槁的手臂。

再见了,吴注来老人,但愿我们能重逢于乡梓!

五 跋语

1987年7月,笔者在完成古麻剌朗国属和疆域研究及斡剌义亦敦奔国王陵寝考证的基础上,及时撰文,以《古麻剌朗国及王陵研究》为题,发表在暨南大学《东南亚研究》杂志上,向海内外学术界公布了这一成果。

是年8月,我携带这篇论文,应邀出席了在北戴河召开的明清中外关系史学术研讨大会。第二年,又被中外关系史学会接收为会员。

1990年6月,《东南亚研究》编辑黄滋生以《古麻剌朗今地及其他——评"古麻剌朗国及其王陵研究"》(以下简称《评》)为题,对拙作进行了评判。

这里,应当感谢黄滋生的是,他在《评》中肯定了笔者关于"古麻剌朗即今库马拉朗"这一结论的准确无疑之后,又指正了库马拉朗的英译名称应为Kumalarang,并提供了5本分别标有Kumalarang地名的英文菲律宾地图。

检讨古麻剌朗国属考证之全过程,在确定古麻剌朗的最小范围之后,笔者首先查阅中文版《世界地图册》,吃准古麻剌朗就是库马拉朗的同时,在未及核照更多的外文版地图的情况下,仅以为美国华盛顿1981年出版的英文版菲律宾地图是"权威"版本。然而实际上,该图未录库马拉朗,而在这一位置上标以Kabasalan。正如《评》中所指出的,"因为两地(指Kumalarang与Kabasalan)实际直线距离只有40公里左右,在上述两幅比例尺较大的图幅上显得非常逼近,不易分辨"。

《评》的作者黄滋生在文章的第二部分起首,便强调了对音考证。他指正库马拉朗的英译名之后,又洋洋洒洒地发了一通议论,他说:"本来,作者在尝试解开古麻剌朗今地之谜时,已经开拓了一条现在看来是非常成功的思路,想到运用对音考证。"在说这句话之前,黄滋生更有一句惊人之语:"在缺乏足够史料的情况下,对音法无疑是史地考证的捷径。"真是不敢苟同!

循着这句"惊人之语",重新拜读《评》,人们又不难发现,《评》的作者在评判别人文章之时,并不是带着严肃、严谨的学风和科学态度。有鉴于此,特以其中三论,是为《评》之续貂:

其一,按黄氏"走捷径"逻辑,读者势必被引入误区。

任何人都懂得,要考证一个地名,如果连它的地理位置甚至大致的范围也没有弄清之前,就去以对音法寻找,那么,这种"考证"的结果肯定是南辕北辙,大相径庭。须知,世界上同音异义的地名何其之多!以汉语的"大洋洲"为例,就有江西新干县的大洋洲(倚傍赣江的一个小村落),更有泛指太平洋众多岛屿的大洋洲。如果没有区域大前提,岂不把新干县大洋洲搬到了太平洋上?又以外国地名为例,巴黎和巴厘,在汉语中同音,你能说得通它们是同一个地方吗?

以"捷径"为论据,黄滋生才会对拙作《古麻剌朗国及其王陵研究》作出这样一个顺理成章的"假设":"说作者先有结论后作求证,并非毫无根据。"他的这一"假设",似乎又从另一方面说明,治学是完全可以走"捷径"的。

其二,《评》批评笔者"在研究中缺乏严肃、严谨的学风和科学态度"。

首先,他列举一例,认为笔者考证张谦出使东洋针路时,所引用的《皇明象胥录》,成书于明万历后期,不足为凭。他不去考核该书哪个史实错了,错在哪里,而笼而统之地予以否定。可是,恰恰正是这位强调"学风"的作者,却把《皇明象胥录》撰著者茅瑞徵说成是"茅远征",一个人名,错了两字。由此令人发疑,《评》作者是否真正看过《皇明象胥录》?抑或仅仅为了批驳之用,才立此论据?

再次,永乐六年(1408年),与张谦一同出使渤泥国的,还有行人周航。行人,是古代官职名,掌传旨、册封等事。而在作者自己编稿、自己核对的《评》中,却把行人说成引人,这"引人"不知是哪个朝代的何种官职?

以上诸点,笔者以为有必要述之,供读者评判。

[11]根据人类学家解释,菲律宾民族的起源,除了冰河时期沿着大陆而来的先民外,其后的移民都为中南半岛、印度、华南等地渡海过来的。因此,在西班牙入侵之前的菲律宾,称"风帆时代"。

[附录一]

蕃王来华的盛典

洪武二年(1369年)九月壬子(二十一日)，定蕃王朝贡礼。礼官奏言：先王修文德以来远人，而夷狄朝觐，其来尚矣。殷汤之时，氐羌远夷，来享来王，太戊之时，重译来朝者，七十六国。周武王克商，大会诸侯及四夷，作王会。周礼秋官象胥氏掌蛮夷闽貉戎狄之国，使而谕说焉。汉设典客及译官，令丞，以领四夷朝贡，及设典属国及九译令。武帝元鼎六年(前111年)，夜郎入朝，自后外夷朝贡不绝。甘露元年(前53年)，呼韩邪单于来朝；三年(甘露三年，前51年)，呼韩邪单于稽居 来朝，并见于甘泉宫。河平元年(前28年)，四夷来朝，领于大鸿胪。四年(河平四年，前25年)，匈奴单于朝正月，引见于白虎殿。元寿二年(前1年)，单于来朝，舍之上林苑蒲萄宫。顺帝永和元年(136年)，倭奴王来朝，皆有宴享赐予之制。唐设主客郎中，掌诸蕃来朝，其接待之事有四：曰迎劳，曰戒见，曰蕃王奉见，曰燕蕃国主；其仪为详。贞观三年(629年)，东蛮酋长谢元深等及突厥突利可汗来朝，皆宴缯以乐之。宋朝奉贡者四十余国，皆止遣使入贡，虽蕃王未尝亲入朝见，而接见之礼，见于礼书者，与唐略同。元太祖五年(蒙古成吉思汗五年，1210年)，畏吾儿国王奕都护朝。世祖至元元年(1264年)，敕高丽国王植，令修世见之礼。六月，值来朝上都。其后蕃国来朝，俟正旦圣节，大朝会之日而行礼焉。今定其仪：

凡蕃王来朝，至龙江驿，驿官具报应天府，府报中书省及礼部，礼部以闻。遣侍仪通赞舍人二员接伴，遣应天府知府至驿礼待。前期馆人于正厅陈设蕃王座于厅之西北，东向；知府座于厅之东南，西向。知府至馆，以宾至接见，具酒食宴待毕，知府还，蕃王送出于门外。次日清晨，府之从官复伴送蕃王入会同馆，礼部尚书奉旨即馆中宴劳。尚书至蕃王服其国服出迎,相见宴享如龙江驿;酒作乐,宴毕,尚书及从官皆出,蕃王与其从官送至馆门外。明日,中书省奏知,命官一员诣馆如前宴劳,礼部告示侍仪司,以蕃王及其从官具服于天界寺,习仪三日,择日朝见。前一日,内使监陈设御座香案于奉天殿,尚宝司设宝案于御座前;侍仪司设蕃王及其从官次于午门外,蕃王拜位于丹墀中道少西及御座之南,其从官拜位于蕃王丹墀拜位之后,俱此向。设方物案于丹墀之北,中道东西方物状案于御前及丹墀中,受方物官位于方物案之东西。知班二人位于蕃王拜位之北,引蕃王舍人二人位于蕃王之北,引蕃王从官舍人二人位于蕃王从官之北,俱东西相向,余如朝会仪。

是日鼓初严,礼部陈方物于午门外,举案者就案。次严,执事官俱入就位,接伴舍人、引班舍人引蕃王及其从官立候于午门外。三严,文武官具朝服入就侍立位,执事举方物案,蕃王等从其后,由西门入奉天西门,至殿前丹墀西俟立,侍卫迎皇帝服通天冠、绛纱袍,御舆以出,大乐鼓吹振作,升座。乐止,卷帘。鸣鞭报时讫,蕃王及其从官各就拜位,执事以方物案置蕃王拜位前,赞拜,乐作,蕃王及其从官皆四拜,乐止,引班导蕃王升殿,宣方物官取方物状从引,俱由西陛升。乐作,从殿西门外,内赞接引蕃王至御前,乐止,赞拜,蕃王再拜,跪称兹遇某节,钦诣皇帝陛下称贺。致词讫,宣方物官跪于御座西宣状,承制官跪承制,诣蕃王前立。宣制讫,赞拜,蕃王俯、伏、兴,再拜。蕃王及宣方物状官俱由西门出,乐作,复位,乐止,赞拜。乐作,蕃王及其从官皆四拜,乐止,礼毕,鸣鞭,皇帝兴,乐作,至谨身殿,乐止。

引班导蕃王及其从官俱出见皇太子。前一日,礼部官以蕃王所献东宫方物启知内使监,设皇太子位于东宫正殿,蕃王及其从官次于东门外。又设蕃王拜位于殿门外及殿中,其从官拜位于殿下中道之东西,俱北向。引班二人于蕃王拜位之北,引从官二人于从官拜位之北,皆东西相向。余陈设如朝会议。质明,蕃王朝见皇帝讫,常服至东宫门外,文武官公服入侍从,皇太子皮弁服出,乐坐,升座。乐止,引班引蕃王入,乐作至位,乐止。其从官俟立于殿下,东西相向。赞拜,乐作,蕃王再拜,皇太子立受。引班引蕃王至殿西门,内赞接引至殿中，跪称兹遇某节，诣皇太子殿下称贺。致词讫，俯、伏、兴，蕃王复位，赞拜，乐作，再拜，皇太子答拜。乐止，蕃王出，皇太子坐。引官引蕃王从官就拜位，赞拜，乐作，从官四拜，乐止，礼毕，皇太子兴，乐作，入殿门，乐止，蕃王及其从官以次出。

接伴舍人引见亲王，前期王府官设王座于正殿东少北，西向；蕃王座于殿西少南，东向。蕃王拜位于座之南，王答拜位于座之北，蕃王从官拜位于殿下外门，北向，内赞二人，位于殿上之东西；承转二人，位于殿门外之东西；接伴舍人位于内赞之南，东西相向；引从官二人，位于其拜位之北；王府官侍立于殿上左右，俱东西相向。是日，所司陈仪仗于殿门外之东西，蕃王至王府门外，执事者先入就位。王皮弁服出，升座，蕃王至殿下由西阶升，王降座，出迎于殿门外。既见，王府官引王由中门入，舍人引蕃王由西门入，各就拜位，赞拜，蕃王再拜，王答拜。王就座，蕃王亦就座，引班引蕃王从官就拜，皆四拜。礼毕，蕃王诣王座前，王降坐，蕃王举手揖毕，王还府，蕃王出，王府官送至门外。

舍人引蕃王及其从官诣中书省见丞相，前期礼部宫于中书后堂设蕃王座于其西，省官坐于其东，相向。蕃王至省门外，省官出迎，蕃王升自西阶，省官升自东阶，至省堂，宾西主东，皆再拜。蕃王诣省官前致谒见之意毕，俱入后堂就座；舍人引蕃王从官于省堂前楹，北向再拜讫，立于蕃王之后。礼部官供茶毕，蕃王出，降自西阶，省官降自东阶，至省门外，各揖，蕃王上马，省官还。其见三公、大都督、御史大夫，其仪皆同。

择日赐宴于谨身殿。拱卫司设黄麾仗于殿廷左右，内使擎执如奉天殿受朝贺仪。内使监陈设御座于殿中，皇太子座于御座东偏少南，诸王座皆以次而南，俱西向，又设诸王座于西偏，与东偏诸王座相对，俱东向。蕃王座于殿中之西第一行，东向；次设文武一品陪宴座于第二行，二品、三品三行，俱东西相向。蕃王从官，文武三品陪宴官，俱以序座于西庑东向北上。和声郎陈大乐细乐舞队于殿之南楹，光禄寺设御酒尊于殿中之南，皇太子、诸王、蕃王至二品官酒尊于殿门左右之东西御位。司壶二人，尚酒、尚食二人，东偏诸王如之。蕃王司壶一人，奉酒食一人。文武官第一行，及左右第二行，各司壶四人，兼供酒食。光禄寺直长于西庑各置酒尊及司壶供酒食之人。光禄卿陈御食案及皇太子、诸王食案，寺丞设蕃王食案于殿内，直长设殿上左右文武官及西庑食案各于其座前。诸执事者、各供事舍人引文武官常服侍立于殿门之左右，又引蕃王服其国侍立于百官之北，引进引皇太子、诸王常服侍立殿内之左右，侍仪导引皇帝常服升御座。大乐鼓吹振作，鸣鞭，乐止，皇太子、诸王各就座，礼部官取旨，导蕃王入就座。丞相、光禄卿举御食案进入御前，礼部侍郎、光禄少卿举食案进于皇太子、诸王之前，礼部郎中、光禄寺丞举食案进于蕃王前，文武官及蕃王从官各以次就座。内使监令御于前斟酒，司壶于皇太子、诸王以下各斟酒，细乐作，奏太清之曲，和声郎北面立，举手唱。上酒，皇帝举爵饮，皇太子以下皆饮毕，乐止。酒再行，细乐作，奏感皇恩之曲，乐止。内使监令于御前进食，供食者自皇太子以下各供食，大乐作，和声郎唱上食，皇帝进食，皇太子以下皆食毕，乐止。酒三行，细乐作，奏贺圣朝之曲，饮毕，乐止。进食，奏大乐，食毕，乐止。凡五进食，皆如之。酒四行，细乐作，奏普天乐之曲，饮毕，乐止，进食。酒五行，细乐作，舞诸国来朝之舞，饮毕，乐舞止，进食。酒六行，细乐作，奏朝天子之曲，饮比，乐止。酒七行，细乐作，奏醉太平之曲，舞长生队之舞。饮毕，乐舞止。进食。其西庑斟酒进食之次，亦如殿中，唯不用乐。宴毕，皇帝兴，乐作，皇太子、诸王还宫，乐止，蕃王、文武官俱以次出。

东宫择日宴蕃王，是日，宿卫陈设如朝会议，内使监设皇太子座于殿上正中，诸王座于东西偏相向，以次而南；蕃王坐于西偏诸王之下，东向；三师宾客谕德位于殿上第二行，东西相向；蕃王从官及东宫官位于西庑下，东向北上。和声郎陈乐，光禄寺官设酒及食案，俱如谨身殿锡宴仪。皇太子司壶二人，尚酒、尚食二人；东西诸王司壶各一人，奉酒食各二人；蕃王司壶一人，供酒食一人；三师等官左右司壶各四人，兼供酒食。直长于西庑置酒尊食案及司壶供酒之人，三师以下俱予设食案于座前，诸执事，各供事舍人引三师等官常服俟立于殿门之左右；又引蕃王服其国服立于三师之北，引进引诸王常服俟立于殿内之左右，引进引皇太子常服出，乐作，升座，乐止，诸王各就位，礼部官启知引蕃王入就座。礼部侍郎、光禄少卿举食案于皇太子前，礼部郎中、光禄丞举食案各进于诸王及蕃王前，三师以下各以次就座。内使监官于皇太子前斟酒，诸王以下司壶皆斟酒，细乐作，乐工北面举行唱上酒，皇太子举饮，诸王以下皆饮毕，乐止。酒二行，进食，大乐作，食毕，乐止。酒凡七行，食五品，皆如之，唯酒五行七行杂呈诸队舞。西庑酒食次如殿中，唯不作乐。宴毕，皇太子兴，乐作，诸王从还宫，乐止，蕃王、三师以下俱出。

中书省取旨宴劳，前期有司设蕃王及省官坐于后堂，宾西主东，设酒食案于堂中。蕃王从官及左右司官坐于右，司坐于次，酒食案如堂中，教坊司陈乐于堂及左司南楹。至日，都堂遣官诣会同馆请蕃王赴宴，至省门外，省官迎之，左右司官、蕃王从官各从其后。宾西主东，至席，主宴者诣蕃王前致礼待之意毕，各就座。举食案讫，执事者斟酒，细乐作，饮毕，乐止。酒再行，进食，大乐作，食毕，乐止。凡酒七行，食五品，俱如之，唯酒五行七行杂陈诸戏。左司酒食次作乐俱如堂中，唯不陈杂戏。宴毕皆出，省官送至门外，遣官一员送至会同馆。都督府宴如之，各卫官属戎服盛陈兵仗于门外内，蕃王从官宴于经历司，御史台宴则无兵卫。

蕃王陛辞，其陈设行礼如朝见仪，唯不设承制、传制、方物案宣状等官；辞东宫亦如见仪，唯不跪致辞。礼毕，中书省设率礼部官送至龙江驿，礼部设宴如初至，礼部官还，应天府官送起行。

蕃王遇正旦冬至圣节，皆望阙行礼，前期执事者设阙庭于王宫正殿南向，陈香烛案于阙庭前，王拜位于殿中褥位于香案前，众官拜位于王之后，俱北向。司礼司赞于王拜位之北，司香二人于香案前，俱东西相向。是日，陈甲士军伏于王宫门之外，乐工陈乐于拜位之后，众官先具朝服，齐班于王宫门外东西，执事俱就位王于后殿，具冕服，未赐者服其服。众官入，俟立于殿庭东西，王出，乐作，由西阶升至拜位，乐止。众官就拜位，赞拜，乐作，王与众官皆四拜，乐止。王由东门入，乐作，至褥位，乐止。赞跪，王与众官皆跪。王三上香毕，俯伏、兴，众官皆兴。王由东门出，乐作，复位，乐止。赞拜，乐作，王与众官皆四拜，乐止。赞搢笏，舞蹈山呼，王与众官皆搢笏三舞蹈跪，三拱手加额，呼万岁。出笏，俯伏、兴。赞拜，王与众官皆四拜，礼毕，王与众官以次出。

蕃王进贺表笺，前斯所司于王宫内外及国内街巷结彩，设阙庭于殿上正中，表笺案于阙庭前，香案于表笺案前，司香二人于香案前左右，王拜位于殿中，众官拜位于王之后，俱北向。司礼二人于王拜位之北，引礼二人于王左右，引班四人于众官左右，俱东西相向。使者立位于香案东，捧笺二人于香案西，设乐于众官拜位之后，龙亭于殿南正中，仪仗鼓乐于龙亭前。是日侵晨，司印者陈印案于殿中，涤印讫，以表笺及印俱置于案。王具冕服，众官具朝服，诣案前用印毕，用黄袱裹表，红袱裹笺，各置于匣中，仍各以袱裹之，捧表笺官捧置于案，使者与捧表笺官就位。行礼引王入，及众官俱就拜位，赞拜，乐作，王及众官皆再拜，乐止。王诣香案前跪，众官皆跪，王三上香讫，捧表官取表东向，跪进王。王受表以进于使者，使者西向跪受，兴，置于案。赞兴，王与众官皆兴，王复位。赞拜，乐作，王与众官皆四拜，乐止。礼毕，捧表笺官捧表笺前行，置于龙亭中，金鼓仪仗，鼓乐前导，王送至宫门外还宫，众官朝服送至国外，使者奉表笺以行。

其诸蕃国及四夷土官朝贡所进方物，遇正旦冬至圣节，悉陈于殿庭。若附至蕃货欲与中国贸易，官抽六分，给价以偿之，仍除其税。

(《明太祖实录》卷四十五)

【附录二】

蕃国迎诏仪

皇帝登极，及册立皇储，则遣使颁诏，蕃王受封，则赐印，或有赍予，故有蕃王迎接之仪。

洪武十八年（1385年）定：

凡使者，入蕃国境，选遣人驰报于王，王遣官远接诏。前期，令有司于国门外公馆设幄结彩，设龙亭于正中，设香案于龙亭之南，备金鼓仪仗鼓乐伺候迎引，又于番国城内街巷结彩。王宫内设阙庭于殿上正中，设香案于阙庭之前，设司香二人于香案之左右，设诏使立位于香案之东，设开读案于殿陛之东北，设蕃王拜位于中道北向，设蕃国众官拜位于蕃王拜位之南，异位重行北向；设捧诏官位于开读案之北，宣诏官位于捧诏官之南，展诏官二人位于宣读官之南，俱西向。司礼二人位于蕃王拜位之北，引礼二人位于司礼之南，引班四人位于众官拜位之北，俱东西相向。陈仪仗于殿庭之东西，设乐位于众官拜位之南北向。远接官接见诏书，迎至馆中，安诏于龙庭中，遣人驰报王，王即率国中众官及耆儒僧道出迎于国门外。至馆中，具冕服，众官具朝服，行五拜礼讫，迎诏出馆至国门。金鼓在前，次僧道耆儒，次众官，次王，次仪仗鼓乐，次诏书龙亭。使者常服行于龙亭后。迎至殿中，金鼓分列门外之左右。置龙亭于殿上正中，使者立于东，引礼引王入就拜位，引班引众官人等各就拜位。使者诣前南向立，称有制，司赞唱拜，乐作，蕃王及众官以下皆四拜。乐止，引礼引蕃王由西陛升诣番香案前北向立，引礼唱跪，司赞唱众官皆跪。引礼唱俯伏、兴、平身，蕃王及众官以下，皆俯伏、兴、平身。引礼引蕃王复位，司赞唱开读，宣诏官、展诏官升案，使者诣龙亭，捧诏书授捧诏官，捧诏官前受诏捧至开读案，授宣诏官，宣诏官受诏，展诏官对展。司赞唱跪，蕃王及众官以下皆跪，宣诏官宣诏书，捧诏官于宣诏官前，捧诏书，仍置于龙亭，司赞唱俯伏、兴、平身，蕃王及众官以下皆俯伏、兴、平身。司赞唱拜，乐作，蕃王及众官以下，皆四拜，乐止。司赞唱搢笏鞠躬、三舞蹈，三拱手加额，山呼万岁、山呼万岁、再山呼万万岁；出笏，俯伏、兴，乐作，四拜，兴、平身，乐止。礼毕，引礼引蕃王退，引班引众官以次退，蕃王及众官释服，使者以诏书付所司颁行。蕃王与使者，分宾主行两拜礼，使者居东，蕃王居西，如蕃国陪臣行礼，使者立受。

（《明会典》）

蕃国受印物

洪武三年（1370年）定：

使者至蕃国境，先遣关人入报，蕃王遣官远接。前期，有司于自门外公馆设幄结彩，设龙亭于馆之正中，备金鼓仪仗鼓吹于馆所，以伺迎引。又于国城内巷街结彩，又于王宫设阙庭于殿上正中，设香案于阙庭之前，设蕃王受赐予位于香案之前，设番王拜位于殿庭正中北向，众官拜位于王拜位之南，异位重行北向，设乐位于众官拜位南北向，司赞二人于蕃王拜位之北，引礼二人于司赞之南，引班四人于众官拜位之北，俱东西相向，陈仪仗于殿庭之东西。远接官接见使者，迎至馆所，以上赐安奉于龙亭中，遣使驰报王。是日，蕃王率百官出迎于国门外，远接官迎上赐出馆至国门。金鼓在前，次众官常服乘马行，次王乘马行，次仪仗鼓乐，次上赐龙亭。使者常服乘马行于龙亭之后。迎至殿中，金鼓分列于门外之左右，众官分立殿庭之东西，置龙亭于殿上正中，使者立于龙亭之东。引礼引蕃王，引班引众官各就拜位，立定。司赞唱拜，乐作，蕃王及众官皆四拜，乐止。引礼引蕃王诣龙亭前，使者称有制，引礼赞跪，司赞唱跪，蕃王与众官皆跪。使者宣制曰："皇帝敕使某持印，赐尔国王某某并赐某物。"宣毕，使者捧所赐印并某物，西向授蕃王；蕃王跪受，以授左右讫。引礼唱俯伏、兴、平身，司赞唱同，蕃王及众官皆俯伏、兴、平身。引礼引番王出复位，司赞唱拜，乐作，蕃王及众官皆四拜，乐止。司赞唱礼毕，引礼引蕃王入殿西立东向，使者东立西向。引礼唱使者与蕃王行两拜礼，使者降自东阶，蕃王降自西阶，遣官送使者还馆。

（《明会典》卷五十八《礼部》十六《蕃国礼》）

【附录四】

在马尼拉国际学术大会上的发言

应世界海外华人研究学会之邀，笔者于1998年11月赴菲律宾马尼拉，出席了华人国际学术研讨会。现将这篇题为《华人文化在南洋古麻剌朗的传播和影响》（*The Culture Dissemination and Effect of Ethnic Chinese Communities in Kumara Lang in the South Seas*）学术论文刊录如下。

Dear executive Chairman,

Dear colleagues:

Nice to meet you. Buddhist Scripture says, "All the things in the world are definited by primary and secondary causes."It is also predestined relationship for you and me to get together happily in the beautiful Philippines.

Furthermore, what a happy coincidence, there is another kind of predestined relationship that makes me attend such a high level international academic conference. There was an ancient king of Philippines who connected you and me 568 years ago and just because of this the topic of my lecture is The Cultural Dissemination and Effect of Ethnic Chinese Communities in Kumara Lang in the South Seas.

Ⅰ.Preface

There are usually many surprising coincidence in the history. Just in this date before 586 years(Bingchen October, the 18th year of Yongle, November 1420 of the Gregorian calendar), Zhu Di, Chengzu of the Ming, an emperor of China, hold a luxury national feast in the palace in Nanjing to entertain an honourable guest who is the character of what I am going to say for you, Wociyiyidunben, the king of Kumabra Lang, an ancient country of philippine's.This king lived happily from Zhengdan, Jiaosi, Dongzhi and Shengshou, the four solar terms.

I'd like to give a brief account of the history of the friendly relationship between China and Philippines before I move to the topic.

The word "Kumara Lang" firstly appeared in Chinese history in the imperial court's "Kanhehaobu" of Hongwu's 16th year in the Ming Dynasty (A.D.1383). This Kanhehaobu was such a kind of diplomatic documents that were bestowed by the central govement of the Ming Dynasty to the countries that eastablished trade relationship with him, just as the credentials we called today.

September 6, the 15th year of Yongle(A.D.1417), 34 years after that, Zhu Di, Chengzu of the Ming, decided to send Zhang Qian, an eunuch, to lead a large fleet of boats on a deplomatic mission with Kumara Lang.

What's the area of Kumara Lang? Luo Yuegeng, a scholar of the Ming Dynasty's, wrote a book named *Xianbing Lu* on which described like this: there are more than one hundred Zhou, about four thousand Buddhist temples and four heavy besiegements of the city walls.

"More than one hundred Zhou" which was said by ancient people is just roughly speaking, but we can conclude according to the range which Kumara Lang controled tat the area ot Kumara Lang must be 7 times larger than Boni, his neighbouring country.

Zhang Qian's fleet of boats didn't get to Kumara Lang until the winter of the next year after they sailed for about a year. The spectacle for greeting was very grand. A gold crown on head, the King Wociyiyidunben was riding an elephant to welcome Zhang Qian with horse-riding retinues and numous singing-and-dancing beauties followed by. Reminding the hometown after the Chinese guests lived in Kumara Lang for several months, Zhang Qian and his officials and soldiers discussed with the King and decided to start for returning China together.

Headed his wife, son and courtiers, travel soiled, the King of Kumara Lang followed Zhang Qian and came to Nanjing, the capital of China, in Yisi October, the 18th year of Yongle (November A.D.1420).

In order to welcome the coming of the king, the emperor Zhu Di commanded Li Department to hold a luxoury banquet to invite Wociyiyidunben and his followers to dinner, and bestowed stamps, croun and belt, flags and weapons, pommelled horses, coloured silk knit goods, gauze and gold inherited dress to the king, croun and dress to the queen, coloured currencies to the courtiers, in Bingchen, October.

Unfortunately, while getting to the district of Chayuan Hill, the suburbs of

Fuzhou, Fujian province on the way of returning home, Wociyiyidunben, the King of Kumara Lang, died of disease, in Bingchen April, the 19th year of Yongle.Shocked by the news, Zhu Di send Yang Shan, the chief of Li Department (equal to the director of the Protsed Department now), to take charge of the King's funeral, and he conmanded to stop presenting memorials and discussing in court for three days, to pay their respects to the king Wociyiyidunben, a faithful friend of Chinese people's.

The site of the king's mausoleum was proved to be on the side of the north part of the Chayuan Hill, Fenghuangchi village, suburbs of Fuzhou, Fujian province, China, about 40 meters above the ground, through years of on-the-spot investigations by the author.

II.The Dissemination and Effect of Chinese Culture on Kumara Lang In the South Seas

On the base of finishing the invetigation of the belonging and territory of KumaraLang's, and the King Wociyiyidunben's mausoleum, the author wrote an article promptly named The Study of Kumara Lang and the Kings' Mausoleums and published it on the magazine of Jinan University's The Study of Southeast Asia in July, 1987, announced officially this achievement to the academic circles.

Here, considering the topic of this conference the author focuse the discussing point on the cultural dissemination and effect of ethnic Chinese communities in Kumara Lang in the South Seas.

It was proved by foreign historilists that as early as before A.D. 1225 Chinese boats had sailed in almost every places along the seas of philippines' to take up trade sailing, in which the most properious center of trade were the islands along the Sulu Sea (please refer to The History of East, by Shitaiger, etc., page 205, the Boston Press, 1926).

As we all know, Philippines is an archiplegos country that being made up of more than seven thousand and one hundred islands.The administrative unit of the government in ancient philippines was barangay which means "sailing boat", so we could say that the history of "the time of sailing"was the one of relationship between China and Philippines, and Kumara Lang at that time was a united state made up of many barangaies. Xianbin Lu wrote:"there are more than one hundred Zhou in that country", and from which we can conclude that those Zhou were made up of over one hundred barargaies actually.

The cultural dissemination and effect of Chinese culture were very heavy in those ancient philippines countries included Kumara Lang because of the increasing trade exchanging with each other. The work of digging in the coastal region which was incharge of the National Museum once found ten thousands of Chinese Potteries and chinas, e.g.water pottery jugs, wine pitchers, bowl and trays, chemist's bottles and other tools and the most large part of which were products of Ming Dynasty's. These real things that were found out by digging proved amply that ancient Chinese merchants especially the ones of Ming Dynasty's passed on Chinese living habit and culture to the residents of the islands' while they were trading.So many names of furnitures and farming tools in Philippines today are similar with the pronunciation of Chinese Min dialect (Chen Liefu: *Philippines' Relationship with Foreign Countries* Zhengzhong Publishing House).

Ⅲ.The Cultural Effect of Chinese on the Descendants of the King of Kumara Lang's

After the King's death, the Ming government would send the local leader to come to the mausoleum for offering sacrifices to the king every year; and the food and solary of the descendants' of the courties' were given by the court. *The Book on Min·Annals of Islands*, written by He Qiaoyuan, said:"the king was confered posthumous title as Kangjiang and was buried in Min county, the emperor of Ming sent Yousi(an official)to offer sacrifices to the king; the descendants of the courties' were raised by the government; Ge Lianggui, one of the descendants, became a scholar of Houguan's in Jiajing, since many descendants had died, only Ge and other one or two family were raised by the government.""Zhusheng"in the text was a scholar of Fu or Zhou who passed every class examination hold by province in the Ming Dynasty, "Shengyuan"was its another name.

The historical datas above told us:the descendants of the people who were pretecting the tomb were compensated by the Ming government constantly after the death of Wociyiyidunben, and from which many people had became scholars.

For example a person named Ge Lianggui of Min county's (today's Fuzhou) became a well-known person because of his richful knowledge. It is obvious that the descendants of Kumara Lang's people had accepted the Chinese traditional culture fully in the Ming Dynasty and became one member of the family of Chinese nationality. Among the descendants the courtiers that left for pretecting the tomb in Yingle there is only Ge family that can be investigated. The family name of his ancesstors was Ge(I think it is the representing sound of "Gu")followed the habit of Chinese, and the given name was Weian. Ge Weian lived in the Hongtang town, in the west of Kangjing Mausoleum, got field and houses from the local govenment, took emoluments and salary regually even at the end of the Ming Dynasty.Until now, there are "Gegegeguo", a kind of food made of polished glutinous rice, which are used as offerings while Ge family are worshiping their ancestors, in Hongshan villiage, Hongtang town. These mean that Kumara Lang's catering culture are existing. Many of the descendants of Kumara Lang were famous of latence and learning gradually (such as Ge Lianggui)until the begining of the 16th century, late period of the Ming Dynasty, they moved and settled down in official residence. Most of the Ge family of Hongtang lived in Yangqiaotou, Huangui Xiang (another name was Fangui Xiang) and Cangjiao, most of them took teaching as their occupations. The author once visited a 87-year old man named Ge Shishu whose father was a Jinshi (a successful candidate of the national civil service examination held at the imperial capital in former times) during the year of Tongzh, and a teacher of emperor Guangxu's. Now, also many of Ge family take up of education jobs and some of them gave lectures in England as visiting scholars.

Ge Fuhuang, an old man who lived in.No.9 Cangjiao Tou, Fuzhou, told the author that he was a descendant of the direct line of Ge family, he kept the pedigree all along that preserved in Ge family shirne in Cangjiao.An old member of the Lireature and History Building once came there to invest the pedigree.The Ge family shrine was on a large scale with over one hundred mu foundation, and sacrificed the statue of Ge Weian whose dress were the style of Ming Dynasty's, the main tablet of the shrine wrote "the ancestor's fablet of Ge family of Hongtang" which is a proof that Ge family's ancestral hometown was Hongtang. Later the shrine was removed as primary school and the pedigree was burned up by means of "Destroying the Four Old Things"during the Great Cultural Revolutionary.

【附录五】

古麻剌朗所在地被确认

新华社上海十三日电 中国史学研究获得一大成果：中外关系史上一大悬案，古麻剌朗国国属及国王葬地，已被确认。

明朝成祖朱棣即位后，施行睦邻友好的国策，使得东南亚沿海诸国纷纷遣使来华。永乐年间，苏禄国、渤泥国、古麻剌朗国、满剌加国四国国王率众来华，不幸的是，有三位国王在华时，不幸病逝。古麻剌朗国国王斡剌义亦敦奔，是在归国途中，行至福建一带时而亡的。古麻剌朗国今在哪儿？国王又葬于何处？这都成了史学界研究的重要课题。

揭开这一历史之谜的是上海史学工作者徐作生。他认定古麻剌朗国即今天的菲律宾棉兰老岛西南小城库马拉朗，而国王则葬于中国的福州市西郊凤凰池村茶园山。徐作生的论据严密而翔实。他从当年明太监张谦出使古麻剌朗国之航线、菲律宾国家博物馆发掘的中国文物以及菲律宾今古麻剌朗人后裔姓氏等方面，论证自己的观点，得到史学界的肯定。

（香港《文汇报》1993年6月14日）

【附录六】

"为菲中友谊做了件大好事"
——在阿基诺祖屋度蜜月

佛经上说，尘世的一切皆由因缘所定。

我有幸结识菲律宾总统科拉松·阿基诺的堂叔许源兴，因缘起于拙作《古麻剌朗国及其王陵研究》。其时，适值阿基诺总统到福建龙海县鸿渐村谒祖认亲，她在祖屋里看到了我的那篇论文，非常高兴，便拜托她的堂叔写信给我，说我这是"为菲中友谊做了一件了不起的大好事"。总统正在读小学的侄女许晓红，思绪翩飞，还给我寄来了一篇题为《总统姑妈的心愿》的散文，《小主人报》编辑慧眼识玉，当即拿去发表了。打那以后，鸿渐村与我结下了不解之缘，村中不少老人、小孩都与我通信往来。许源兴老人更是热情，几次托人捎信，邀我到鸿渐村去做客。然而，机遇难觅，什么时候我才有缘到那个令我心向往之的闽南小村去作一次欣游呢？！

去年四月，是我走运的日子：经美国加州柏克莱大学教授吴景宏博士推荐，我应邀出席在福建莆田召开的国际妈祖学术研讨大会；我征得新婚妻子的同意，借此良机，我俩特地转道鸿渐村，在那里度过了一生中最甜蜜的时光。

鸿渐村位于龙海县之北。我们从厦门渡口坐船过海，至嵩屿，然后换乘大巴士。抵达村口时，这个绿树、古宇相互掩映的美丽的小村子已笼罩在暮色之中。离总统祖屋还有一里路，天却淅淅沥沥地下起了小雨。源兴的次子许其章特地驾车来接我们进村。这天村中停电，家家户户都点起了红烛，仿佛在为我们这一对新人祝福。

阿基诺总统祖屋共有四进，南北合成一个小院，显得十分幽静。院门前早伫立着一位身材颀长，面容清癯的老人在迎候我们，不用猜，他就是菲律宾总统科·阿基诺的堂叔许源兴老伯了。

他热情地伸出手来，一左一右地握住我和妻子的手。

"今天下细雨，也是喜雨。"老伯的话把我们都逗乐了。许晓红以及其他一些信中交识的乡亲都闻讯赶来,妻子连忙从包内取出喜糖分给大家。初次见面,这个傍海的小村镇就充满了一种温馨和喜庆的气氛。

在源兴老伯的引领下,我们来到阿基诺总统祖屋的客堂。客堂四壁挂满了照片,在烛光的摇曳下,这些照片如同一部电影,记录了许源兴飘泊而坎坷的一生:他尚在母腹之中时,父亲便染疾去世,临终留下遗言和地址:日后孩子长大,到菲律宾去投靠叔祖父许玉环(即阿基诺总统的曾祖父)。

于是,源兴长到16岁,泪别慈母,乘上一条鲨船,踏上了去菲寻亲的漫漫旅程。时值南洋战乱,而他又乏川资,只得随船逃到北婆罗洲(今属马来西亚),在一个名叫沙巴仙本那的小镇上落脚,以打杂谋生。

由于他敦厚老实,又肯出力气干活,当地一位郭姓华侨收留了他。未几,他即与华侨的女儿郭玉蕊结婚。

源兴身在马来西亚,心却常常思念菲律宾的叔祖父,无奈他文化低,且又丢失了地址,故而音讯阻隔。直到1941年,他念母心切,终于携带妻子重新回到祖国……

"吃哪,吃哪,这是刚刚蒸出来的。"一位头梳发髻、身着对襟夏布衣衫的老婆婆端上一大盘糯米糕,热情地招呼我们品尝。

"这是我老伴。"源兴老伯介绍说。"哦,许伯母!"我端详这位慈眉善目的马来西亚"番婆",同时慨叹岁月的无情——真不敢相信,她就是照片上那位身披婚纱的娇丽新娘。她与许源兴共生育二男五女,儿女均已成家。自1987年科拉松·阿基诺总统回乡谒祖认亲之后,她这个叔母也成了有"身价"的人,然而她不习惯使用保姆,九口之家的一切家务杂事,仍旧由自己操持。源兴现在是漳州市政协委员、漳州市归侨联合会委员。他待人谦和,喜欢深居独处,从不以"总统之叔"自居,也从未因生活拮据而向国外亲友要过一分钱,现在,他仍从事着一般力所能及的农活。

"吃哪,吃哪,这叫'葛葛粱',你们上海人怕没尝过呢!"许伯母用生硬的国语说。"葛葛粱",我曾在《古麻剌朗国及其王陵研究》论文中述及过,是菲律宾人最喜欢吃的一种食物,它以糯米和麻油拌和,以芝麻酥为馅,然后上笼蒸熟,吃来香甜可口,糯而不腻。

"这种'葛葛粱',科丽最喜欢吃了。"许老伯说。

科丽,她是谁?见我疑惑不解的样子,老人告诉我说,科丽是阿基诺总统的小名。"许"姓,闽南译音为Ko,译成西文以C0开头,所以"科丽",也就是许丽,这个爱称是她父亲给她取的。科丽兄妹8人,她排行第六,幼年在马尼拉入天主教修道学校就读。她聪慧伶俐,并具有引人艳羡的青春光彩。十三岁那年,她便负笈远读,在纽约圣文森特山学院获文学士学位,同学们称她是个"腼腆的小紫罗兰"。科丽没有忘记中国传统的美德,她很尊重长者,从小就和母亲分担家务,养成了一种刻苦、耐劳的好习惯。

言谈之间,许伯母已将晚饭摆上桌来。我们入乡随俗,晚餐按闽南人习惯食粥,佐菜也很清淡,唯一碟花生,一碗辣菜,一盘炒蛋而已。

是夜,我们就宿在总统祖屋的耳室,源新的次媳抱着一床簇新的大红丝绸棉被和一对绣有鸳鸯图案的枕头,送到我们房间。"早点睡吧,路上累了。"许伯母给我们铺好床,关上门,又叮咛了一句,才放心地离去。

更深人静,小村的一切声响都渐渐地消沉下去,只有雨点在轻轻拍打窗户,发出"嘀哒、嘀哒"均匀而有节奏的音响。在这个令人永远难以忘怀的蜜月之夜,我和妻子全无睡意,彼此相拥而坐。

梳妆台上,那对红红的烛光,在白色的墙壁上叠印出紧紧依偎的双影……

(写于1989年5月22日)

图3-27 在阿基诺祖屋度蜜月
作者夫妇与菲律宾总统科拉松·阿基诺堂叔许源兴(中)在许氏祖祠前祭拜。

第四篇

迷失的倭船
——古百济国泛槎考谜

引言　好太王碑"说"倭患
——实地勘察图录之一

　　2005年12月20日,笔者冒着漫天大雪,风尘仆仆地来到了吉林省边境城市集安。此行的目的,只为了却一个少年时代的梦想:能一睹好太王碑的风采。

图4-1　朝鲜族聚居的好太王村

第四篇

好太王碑矗立于集安市东北 5 公里处的太王村。从集安市中心乘公交巴士，只要花六毛钱的车费就能赶到。

小巴士只能开到村口，若从这里再步行到好太王村，还需走 1.5 公里的小路，而这小路全被厚厚的积雪覆盖。

我背着相机，深一脚、浅一脚地在皑皑的雪地里踽踽独行。谁知竟然走岔了路，在禹山村迷失了方向。

禹山村是一个朝鲜族聚居的村落。这些朝鲜族民居，大都有砖砌的围墙。房屋以木板为墙壁，上覆以瓦。其门窗带有纵横交错的细木格子，花格种类繁多，长短结合；圆方照应，疏密相间。体现了朝鲜族传统建筑风格。

其时天气甚寒，达零下 31 摄氏度。我敲开了其中的一户人家，门吱呀一声开了，开门的是一个长得十分文弱的少年。"您找谁？"他扬了扬浓密的眉毛，轻声问道。我递上了证件，请他带我去看好太王碑。这时，从屋里蹒跚走出一位白发老太太，她用朝鲜语对小孙子说了句什么，于是这个少年便邀我入屋。"奶奶说，外面下雪天冷，大伯您到炕上暖和暖和吧！"就这样，在未识好太王碑之前，我已与禹山村的这个名叫崔昌军的朝鲜族少年有了这么一段缘。

暖和了身子之后，我告别了这对善良的朝鲜族祖孙俩，沿着他们手指的方向，沿途叫了一辆"蹦的"，终于找到了好太王碑。

这通巨大的石碑，被安置在一座封闭型的落地式玻璃亭子内，碑高 6.39 米，为一方柱形制砾凝灰岩稍加修琢而成，无碑额，碑座埋于土中，形制极富特色。碑文环刻，共 44 行，每行 41 字，计 1804 字。颇可注意者，在这块巨碑中，铭文出现十余次"倭"字。倭者，史家对日本列岛上的古代国家之通称也。铭文中有称"倭"、"倭人"的，也有曰"倭贼"、"倭寇"的。有学者考证，铭文中这些称谓涉及的，主要是四次历史事件，即从 391 年至 404 年之间，倭向朝鲜半岛的百济、新罗及辽东高句丽所发动的四次大规模战争。[1] 前两次是倭寇渡海侵扰百济和新罗；后两次是高句丽军队与倭之间的战争。

新罗、百济，同为朝鲜半岛南部的两个小国。新罗居东部，在洛东江至大海之间。百济濒临西海岸，在汉江以南的锦江流域。与北方的高句丽比较起来，国家的经济力量和军事力量十分悬殊。先是，新罗和百济都曾经作为高句丽的属国，称臣纳贡。当然这种臣属、朝贡的关系不甚稳定，时叛时服。

新罗于公元前 57 年建国，至 935 年灭亡，传 56 王。百济建于公元前 18 年，到 661 年灭国，传 31 王。[2]

矗立于吉林集安的好太王碑，其铭文中述及的"倭患"史事，也为 660 年（唐高宗显庆五年）发生的那场著名的海战——白江口海战，埋下了一段曲笔……

[1] 赵福香：《高句丽与倭的关系》，载耿铁华等编著《高句丽历史与文化》，吉林文史出版社2000年版，第156页。

[2] 赵福香：《高句丽与新罗、百济的关系》，载耿铁华等编著《高句丽历史与文化》，吉林文史出版社2000年版，第152页。

图4-2 形制极为隆崇的好太王碑

第四篇

第一章　历史背景及谜案焦点

距今 1300 多年前,一个赤日炎炎的酷暑,在朝鲜半岛的百济国,发生了一场惊心动魄的海战,400 艘倭船被唐朝刘仁轨部下的水军全部歼灭。当时,火焰冲天,遮住云空,方圆几十里海面上,一片火红,史载"烟炎灼天,海水为丹"。

这场激烈的海战,便是中外历史上著名的白江口海战。

在这场海战中,倭人水军残部向唐朝投降。刘仁轨,这位素有"白袍将军"之称的唐朝名将因其战功赫赫,受到朝廷的擢升。他 84 岁去世,武则天辍朝三日,为之举行国葬,并颁布诏书,令在京的文武百官依次凭吊。

那么,白江口海战的发生地点在朝鲜半岛何处?被大唐水军击沉的 400 艘倭船的沉江位置又在哪里?遍阅朝鲜、韩国及日本史料,均无明载。

为了查究这一历史之谜,笔者必得先向读者交待一下这场海战史事的本末。

图4-3　作者沿鸭绿江考察

第二章 一夜间，400艘倭船被击沉

一 新罗国王的一封求援信

唐高宗显庆五年（660年），朝鲜半岛东北部的新罗国，受到西南部百济国的攻打。为解救这一危局，新罗国向中国唐朝发出紧急求援。

唐高宗（唐朝第三世皇帝李治）接到求援信后，立即颁发诏书，派遣大将军苏定方率领10万水陆大军，火速驰救。

一个暮色苍茫的黄昏，在我国山东濒海的尽头——成山角秦东门李斯石刻"天尽头"海面上，唐朝的10万大军汇聚在苏定方的麾下，只见令旗一挥，战船如离弦的弓箭，扬帆出海，向百济驶去。与此同时，由金庾信率领的新罗军队，为协同大唐水军作战，正往炭岘隘移动，对百济军队实行包抄。

苏定方的水军势如破竹，于百济境内的白江入海口南岸登陆，而此时的新罗军队也已通过了炭砚隘口，双方夹击，百济王朝的国都很快陷落，国王扶余义慈及太子扶余隆等58人被送往京师长安（今西安）。唐高宗李治后来采取宽宥政策，将他们全部释放。苏定方平定百济后，撤兵回国，留名将刘仁轨驻守熊津。唐高宗下旨，在百济故地设置熊津、马韩、东明等五大都督府，分别统辖故百济的37郡、200座城镇。

第四篇

当时，为了感谢唐朝的救援，新罗国王制作了一面锦旗，上作五言《太平颂》，呈献给高宗，其中有几句是这样写的："大唐开鸿业，巍巍皇犹昌。止戈戎衣定，修文继百王。统天崇雨施，理物体含章。深仁偕日月，抚运迈陶唐。幡旗既赫赫，钲鼓何锽锽！"

不久，故百济国王之侄福信，联合一个叫道琛的谋僧，率众打出百济的旗号，在周留城反叛。同时，他们还星夜派人乘船到日本，迎故王子扶余丰为新王。扶余丰潜回周留城后，伺机反扑。但由于内讧，福信将道琛杀死，并其兵众，自命为大将军，拥握兵权，而扶余丰仅仅是个"主祭"而已。这时的扶余丰心有不甘，暗中派身边的亲信，把卧于窟室中称病的福信一剑刺死。

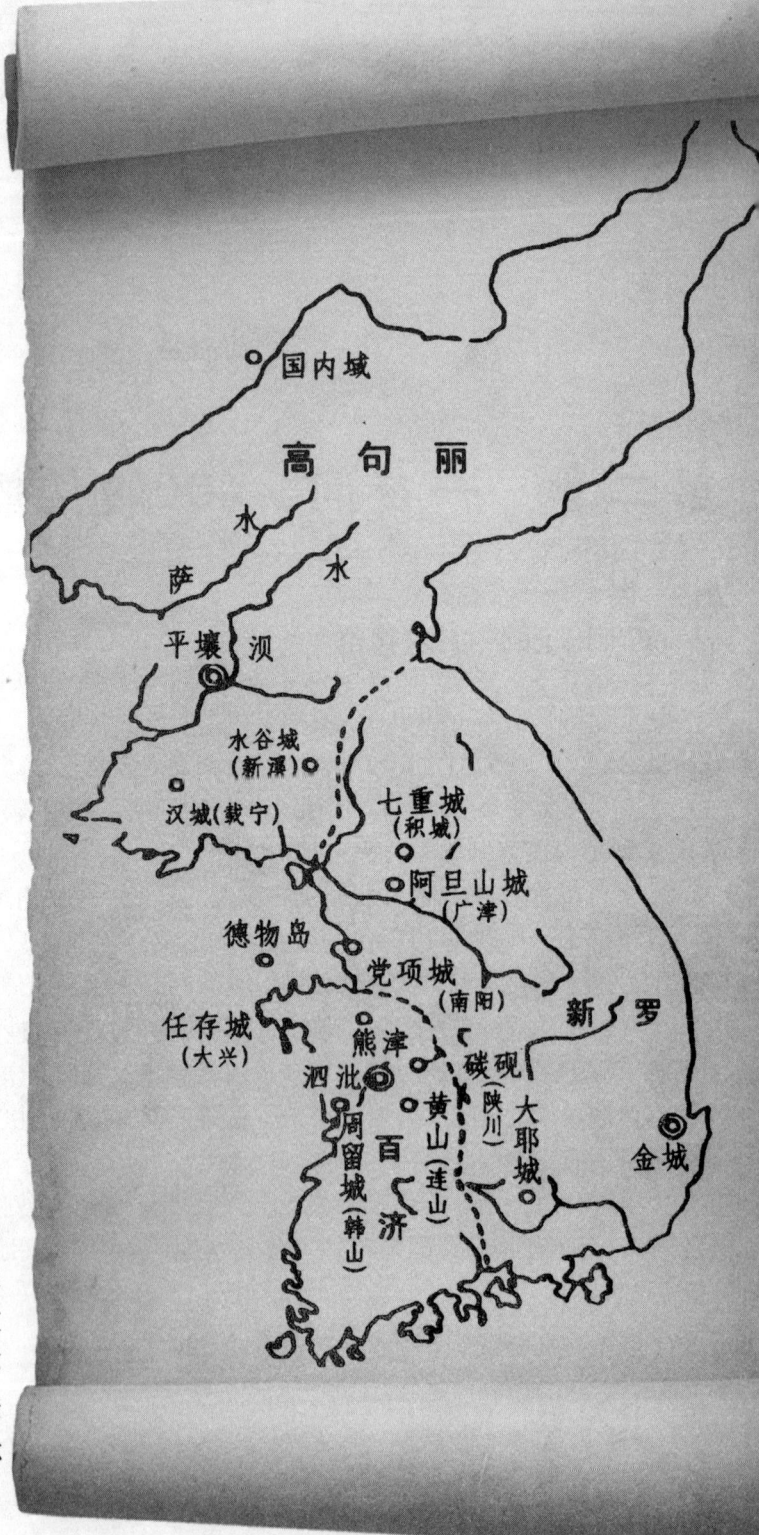

图4—4 公元660—663年统一战争图
引自 [韩] 李基白《韩国史新论》

二 "白袍大将"扬威白马江口

唐高宗龙朔三年(663年)八月,日本以助百济复国为名,倾举国精锐27000余众,进攻新罗。"白袍大将"刘仁轨在新罗国国王金法敏的帮助下,率领他的水军,从熊津沿江引兵直下;随后,又在白马江口与日本水军遭遇,双方发生激烈的海战。刘仁轨四战四捷,烧毁倭船400艘,日本残部投降,百济国王扶余丰化装成一个樵夫,慌张地扔下宝剑,脱身逃走(扶余丰后不知所终,一说他投奔高句丽,但于史无据),而他的两个王子扶余忠胜、扶余忠志以及仕女等全被捉住。百济诸城,皆复归顺。战斗结束,已是深夜,但见白马江口附近一带的海面上,火势冲天,烈焰把云空和海水都变成红色,如史书上所记载的那样,"烟焰涨天,海水皆赤"。[3]

白马江口海战,日本水军几乎全军覆灭,此后900余年,倭寇未敢再犯朝鲜。新罗国力由此日益强盛,在大唐的帮助下,于668年统一了大同江以南地区。735年,唐朝承认大同江以南的领土属于新罗。新罗遂成为朝鲜半岛第一个统一的国家,延续267年。[4]

---

[3]《旧唐书》卷八十四"刘仁轨传";《旧唐书》卷一百九十九"东夷·百济",并有记载。
[4]陈池:《韩国》"新罗王朝",当代世界出版社1998年版,第56页。

第四篇

第三章 "都督传家"话百济
——实地勘察图录之二

一 熊津都督看守祖坟

百济亡后,有个叫石北的文人写了这样一首五言诗,以寄托亡国之恨,其诗云:

平楚浮山出,荒城半月斜。

行人悲故国,啼鸟惜余花。

都督犹传家,君王自弃家。

兴亡万古事,春色又天涯。

在这首诗中,诗人把自己的故国百济喻为屈原时代的楚国。而由于福信之乱引发的那场海战,使得城廓变成废墟。

诗中运用了两个典故。"行人悲故国,啼鸟惜余花",说的是百济国都城陷落后,三千宫女因遭新罗和大唐联军的追赶,在白马江悬崖边投江而死,传说悬崖边盛开的杜鹃花纷纷凋谢。

图4-5 百济国三千宫女跳江处
又传公元660年,唐朝大军攻陷百济都城,国王和宫女逃到白马江畔的百花亭被擒。

196

"都督犹传冢，君王自弃家"，都督者，扶余隆也。他是百济国王扶余义慈的太子，于660年被苏定方俘获，归顺大唐，后被高宗皇帝封为熊津都督，拜光禄大夫、太常员外卿。由此可见，扶余隆还是得到朝廷厚待的。诗中说，扶余隆兵败后，虽然被诏封为熊津都督，守着祖坟，但是作为一个君王，他却拱手把自己的国家让给新罗了。

考百济国名之由来，史家谓"百家济海而立国"。查《辞源》有专条记叙，文曰："百济，古国名。本出扶余，古为马韩诸国之一。传说为后汉末夫余王尉仇台之后，初以百家济海而立国，因以为名……"

又，《旧唐书》卷一百九十九"东夷·百济国"云："百济国，本扶余之别种，尝为马韩故地，在京师（即今西安——笔者注）东六千二百里，处大海之北，小海之南。东北至新罗，西渡海至越州，南渡海至倭国，北渡海至高丽。"

上述两条史料，皆述及"扶余"一词。其实，追溯其源流，这个"扶余"原是古代一个复姓，我国古籍中屡有记载；若考证其始祖，当源自春秋时期的吴国。

据《元和姓纂·虞》引"风俗通"，相传吴的公子夫概奔楚，余子在吴者，因以夫余为姓氏，后也作扶余。《金石萃编》中记载，唐朝的《赠泰师孔宣公碑》，阴刻"乾封祭文"，有司稼正卿，名字叫扶余隆，在朝廷中掌管农事，相当于今天的农业部部长。这个扶余隆，笔者推断可能就是被苏定方俘获来京（长安）的百济国太子。

进一步查阅《旧唐书》，在"百济国"中，明确述及前百济太子扶余隆于665年8月官至司稼正卿。《赠泰师孔宣公碑》中的朝代年号称为"乾封"，正是唐高宗李治在位时，于666—668年的年号。历史记载与碑文相符。

那么，这位百济国太子扶余隆最后的命运结局如何呢？（图4-6）

二 太子扶余隆命运结局

1. 洛阳出土百济太子墓志

河南省洛阳市北郊的北邙山，埋葬着许多古代的王公贵戚，其中以汉魏和隋唐时期的王侯公卿墓居多。唐代大诗人王建《北邙行》："北邙山头少闲土，尽是洛阳人旧墓。"可知其墓葬之多。

1919年，在北邙山一个名叫清善里的地方，出土了一块方形墓志，志石长、宽均60厘米，正书。计26行，行27字，志题在左，文自右向左刻写。四面有勾连花卉。右面略损，字有残缺。末行题"大唐故光禄大夫、行太常卿、使持节熊津都督、带方郡王扶余君墓志"。

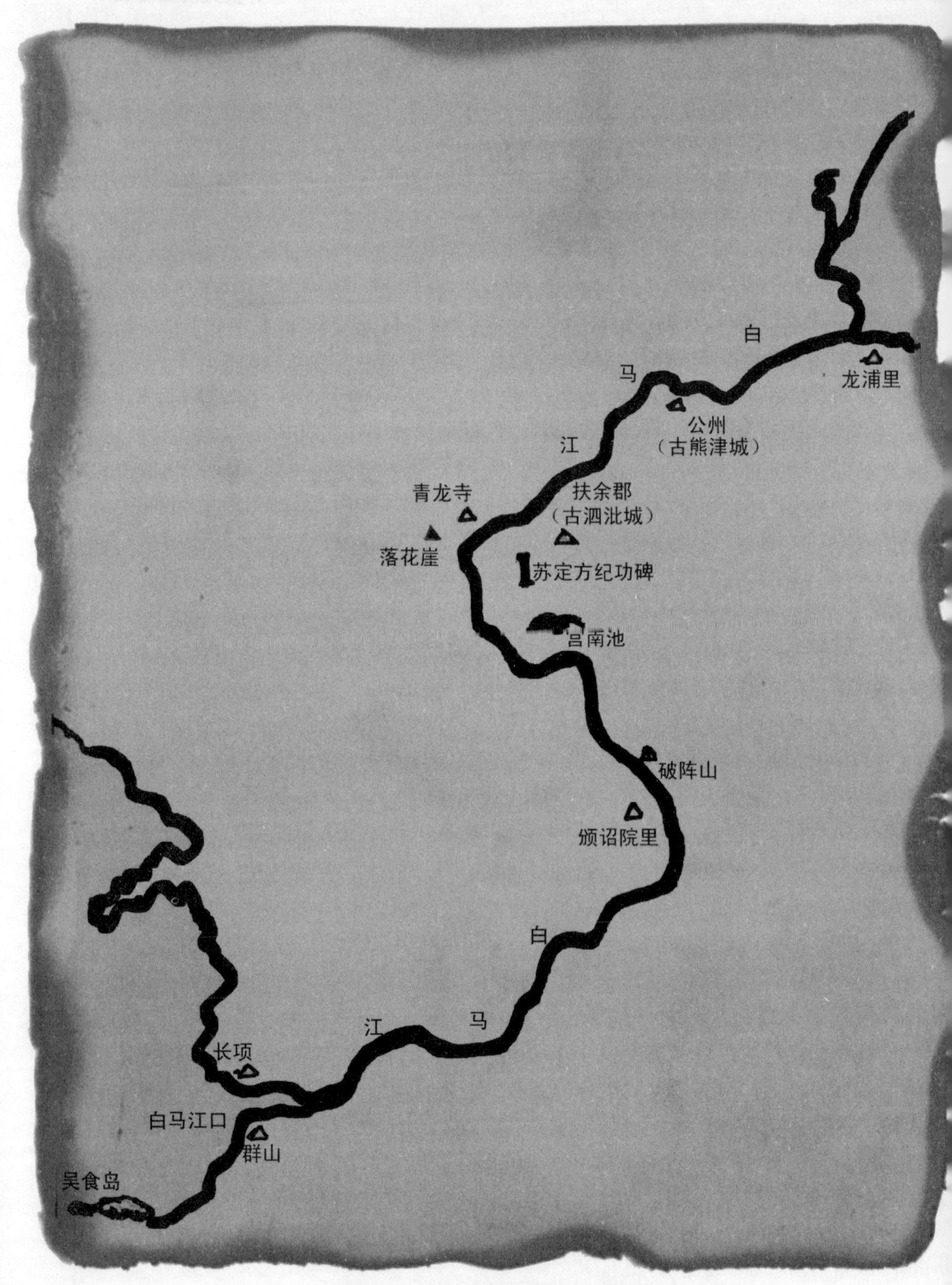

图4-6 白马江沿岸历史遗迹图

看起来，这块正方形墓志颇不起眼，然而，其上所刻700余字，却为后世留下了一段美好的佳话。（图4-7）

承蒙洛阳博物馆馆长王绣女士给笔者寄赠了墓志拓片，为了能让读者诸君直观地了解这段史实，现将铭文抄录如下：

公讳隆，字隆，百济辰朝人也。元□□孙启祚。旸谷称雄，割据一方，跨蹑千载，仁厚成俗，光扬汉史；忠孝立名，昭彰晋策。祖璋，百济国王……贞观年，诏授开府仪同三司、柱国、带方郡王；父义慈，显庆年授金紫光禄大夫、卫尉卿。……公幼彰奇表，凤挺英姿；气盖三韩，名驰两貊。……显庆之始，王师有征。公远鉴天人，深知逆顺，奉珍委命，削衽归仁。去后夫之凶，革先迷之失，款诚押致，衷赏荐加，位在列卿，荣冠藩国。而马韩余烬，狼心不悛，鸱张辽海之滨，蚁结丸山之域。皇赫斯怒，天兵耀威……以公为熊津都督，封百济郡公，仍为熊津道总管兼马韩道安抚大使。公信勇早孚，威怀素洽，招携邑落，忽若拾遗；翦灭奸匈，有均沃雪。寻奉明诏，修好新罗，俄沐鸿恩，陪觐东岳。勋庸累著，宠命日隆。迁秩太常卿，封王带方郡。公事君竭力，徇节亡私，屡献勤诚，得留宿卫。……春秋六十有八，薨于私第，赠以辅国大将军，谥曰□□公。□操坚悫，持身谨正，高情独诣，远量不羁，雅好文词，尤尢玩经籍。慕贤才如不及，比声利于游尘。天不□遗，人斯胥悼，以永淳元年岁次壬午十二月寅朔廿四日癸酉葬于北邙清善里。

永淳元年，即682年。

墓志中"俄沐鸿恩，陪觐东岳"一句，指的就是他当司稼正卿时，于665年陪高宗拜祭泰山、立孔宣公碑一事。

由墓志铭可以知道，扶余隆的祖父扶余璋为百济国国王时，唐太宗李世民于贞观年间下诏授他为开府仪同三司、柱国、带方郡王，以表彰其"仁厚成俗，光扬汉史；忠孝立名、昭彰晋策"的事迹。这"仁厚成俗，光扬汉史"八个字，说明当时作为藩国的百济，一直是与大唐通好的。

2. 百济太子死后为何缺谥号

铭文中有"深知逆顺，奉珍委命，削衽归仁"之句，由于语意隐晦，后人多不理解。其实，《唐书·东夷百济传》有明确记载，贞观十六年(642年)，扶余隆的父亲扶余义慈(即扶余璋之子)与高句丽联兵伐新罗国，取十余城，后又得十余城，新罗遂向唐朝告急，唐太宗下诏斥责百济。永徽六年(655年)，新罗又向唐朝诉述百济与高句丽取其北境30余城。显庆五年(660年)，唐高宗李治诏苏定

第四篇

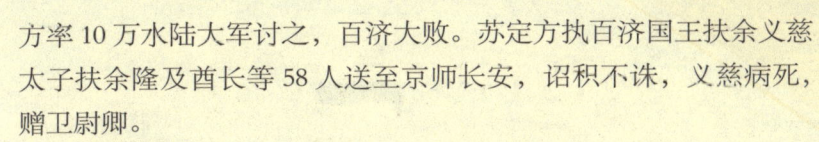

方率10万水陆大军讨之,百济大败。苏定方执百济国王扶余义慈太子扶余隆及酋长等58人送至京师长安,诏积不诛,义慈病死,赠卫尉卿。

那么,墓志铭文中"马韩余烬,狼心不悛"等句,指的是什么呢?这在《唐书》中也有明载——

百济王义慈及扶余隆被俘入唐后,扶余璋之侄福信据周留城叛乱,并迎故王子扶余丰为王,其后内部自相残杀,唐遣刘仁愿、刘仁轨等带兵讨之,丰逃走,王子忠胜、忠志逃入倭国(今日本),诸城尽复。志中"马韩余烬,狼心不悛;鸱张辽海之滨,蚁结丸山之域。皇赫斯怒,天兵耀威",即指此事而言。丸山,即高句丽都城,故址在今吉林省集安市。

图4-8 被厚雪遮盖的丸都山城

图4-7 百济王子扶余隆墓志拓片

201

图4—9　高句丽遗迹"东方金字塔"

集安市区东北4.5公里的龙山脚下，有一座形似埃及金字塔的巨型石墓——将军坟。将军坟建于5世纪初，以1100余块修凿工整的长方型花岗岩石条垒筑而成，中间以卵石和沙砾填充。它是集安上万座高句丽古墓中方坛阶梯墓的代表。

人。麟德二年（665年），由刘仁轨主持扶余隆于新罗王相会于熊津城，行白马以盟，并作成金书铁券藏于新罗庙中。志中所谓"修好新罗"即指此事。最后说，当刘仁愿等人回唐后，扶余隆惧众携散，也返回唐朝京师。仪凤时，进扶余隆为带方郡王，遣其归藩。此时新罗强盛，隆不敢入旧国，寄寓高句丽死去。但志中在"修好新罗"语下，接着言其"俄沐鸿恩，陪觐东岳"。"迁秩太常卿、封王带方郡"、"屡献勤诚，得留宿卫"。后"薨于私第"，葬于洛阳邙山。志中这一段，传中多未载，由此来看，扶余隆回到百济又来唐朝后确未再次返回百济，因而死于唐而不会死于高句丽。但志中未写明死于何年何地。扶余隆死后，百济遂亡。

志中"谥曰"二字下留两空格，说明墓志刻成直到入葬时扶余隆的谥号还未议出，故缺谥号。

此志所叙扶余隆之事迹，涉及唐与百济两国关系，具有重要史料价值，并可补史载之阙误。

三　百济大将当上皇帝的"警备司令"

在白江口这场海战中，百济国有一个人值得一书，他就是黑齿常之。

黑齿常之是百济西部人，《新唐书》及《旧唐书》中均有他的列传。他身材魁梧高大，打仗骁勇而有谋略。初时在百济国任达率兼郡将，相当于唐朝的一名刺史，也就是我们今天所称的省军区司令员，掌握一州的军政大权。

唐显庆五年（660年），苏定方奉朝廷之命讨平百济，黑齿常之惧怕大唐威势，表面上他向苏定方递上"降款"，暗中却纠集亡逸，在百济国任存山一带，构筑栅栏，负隅抵抗。就这样，旬日（10天）之内，黑齿常之归附者达30000余人。苏定方派遣大军攻之，黑齿常之带领一批敢死之士顽强抗击。唐朝的官军被战败返国。

唐龙朔三年（663年），高宗派遣使者，向百济国的残部发出最后通牒。大兵压境，黑齿常之只得率领他的30000余众，向唐朝军队投降。

高宗皇帝十分欣赏黑齿常之的作战才能，任命他为左武卫将军，兼检校左羽林军。有了这左武卫将军官职，皇帝周围的禁旅由他调动，等于我们今天说的卫戍区司令长官。

嗣后，黑齿常之在讨伐吐蕃的战斗中屡立军功，得到皇帝的赏赐。史书上称，"常之在军七年，吐蕃深畏惮之，不敢复为边患"。

殊为可惜的是，黑齿常之在垂拱三年（687年），遭到同列攻讦和诬陷，系狱，遂自缢而亡。他平时待下属宽厚仁义，还把皇帝前后所赏赐的金帛等财物，全部分送给下属的将士；以致他去世之后，军中的兵属无不惋惜。

关于黑齿常之的姓氏，不由令人勾起探究之欲。

古代朝鲜人的姓氏（包括百济），约有300多个，而经常使用的有100多个，几乎全是汉族姓氏。那么，黑齿常之的这个"黑齿"姓氏，又是出自何方呢？查《旧唐书》卷一百九"列传第五十九·黑齿常之"，其文谓："黑齿常之，百济西部人。"说明他是百济国人。但古代朝鲜人的姓氏中，并无"黑齿"一姓。不过，若是稽诸古籍，还是能找到一些线索的。

《三国志·魏书》"东夷传·倭传"中有这么一段记载："女儿国东渡海千余里，复有国，皆倭种。又有侏儒国在其南。人长三四尺，去女王国四千余里。又有裸国，黑齿国复在其东南，船行一年可至。"据一些学者考证，女王国以东的倭种诸国即四国、本州等地。侏儒国在琉球。裸国应在热带地区，黑齿国与之相邻。裸国、黑齿国与倭国保持着经常性的往来。按这段史料所述，从中国坐船到达黑齿国，要一年时间。

黑齿常之，即使到唐朝做官还是使用这个姓氏，故可推考，他极有可能是当时百济的一个外籍侨民。

黑齿常之的最后归宿地在哪里呢？2006年3月9日，孟津县文化局局长郭志红女士函示，在孟津县所辖的北邙山一带，有许多古代朝鲜半岛人的墓葬，墓主人在生前都有过显赫的身份。郭局长函中还附了一份史料，其中述及葬在北邙山的百济人，就有黑齿常之以及他的儿子中郎将黑齿俊。

四 90名留唐新罗生进士及第

公元7世纪，在中国唐朝的扶植下完成统一大业的新罗王朝，与中国的文化交流发展到一个新阶段，在儒学、语言文字、天文历法、医学、文学、美术等领域均有广泛而密切的交流。

新罗全方位地学习唐朝政治、经济制度和文化艺术。政治制度仿唐设六部和州、郡、县。经济制度仿唐实行丁田制、租庸调法和户籍制。教育制度仿唐设立国学和科举制，并崇尚中国儒家思想和经学。

自唐贞观中期至五代中期的300多年里，新罗先后派遣过2000多名留唐学生，全面学习中国的政治制度、文化思想、典章礼仪、文学艺术、天文历法。中韩史籍中记载，仅应中国科举进士及第的留唐新罗生就有90人，如著名的崔利贞、朴季业等。

这些留学生多为王室贵胄子，弟又深受中国文化熏染，他们学成归国后，把中国文化渗透到整个新罗社会，对促进历史上中韩文化交流做作出了重大贡献。

新罗于神文王二年(682年)设置国学机构，元圣王四年(788年)实行科举制度，教授及考试内容均以儒家经典为主，儒家的"德治"、"仁政"等政治理念及忠孝等道德伦理思想，对新罗统治者及社会产生了极大影响。

新罗人在创造自己文字之前一直使用汉字，692年，新罗学者创造出用汉字部首或读音标记本民族语的"吏读"（又称"吏吐"、"吏道"）文字。新罗文人用汉文写作散文、诗歌和传奇（小说的前身），并达到很高水平。

公元692年，新罗王朝的孝昭王设置医学博士，开设医学堂，用《本草》、《针经》、《脉经》、《明堂经》、《难经》教授学生。其他在诸如宗教、雕塑、绘画、音乐、书法、天文等方面，也都深受中国盛唐文化的影响。[5]

---

[5]李英武、郭淑媛：《古代韩文化交流解析》，载《东北亚论坛》2005年第5期。

第四章　在百济旧地寻访遗迹
——实地勘察图录之三

一　百济国熊津古都何处寻

如今，历史越过了将近14个世纪，古百济国旧地又是一幅怎样的光景呢？那令人思绪牵萦的白江口400艘倭船沉陷位置究竟在何处？

2000年1月4日，经我国学术界牵头，笔者从上海启程，乘"紫丁香"轮，经东海、渤海和黄海，沿当年大唐水军的航行针路，探寻被历史的沙尘湮没将近14个世纪的400艘倭船遗踪。

古百济国位于朝鲜半岛西南部，其大概位置在今韩国境内。史书中述及苏定方平百济，析熊津为都督府。熊津，据笔者考证，在韩国忠清南道所辖的公州市城郊。

图4-10　百济都城熊津一景

第四篇

赴熊津古城，交通还算便捷，从汉城搭乘京釜线新生活号列车，至忠清南道道厅所在地大田市，约需 1 小时 30 分；再由大田西郊巴士站搭直达车至公州，约需 50 分钟。这条线路比较省钱。此外，也可在汉城高速公路总站乘坐直达车，行程约需 2 小时 30 分钟。

在公州博物馆，我拜访了申英浩研究士，他赠送我一本《百济故都——公州》画册。据考证，今公州市郊的公山城，即熊津古城遗址。从公州西南徒步行走约 20 分钟，可看到高高的山坡上，有一座由巨石垒砌而成的城墙，这便是闻名遐迩的熊津城。城中有镇南楼、拱北楼等名胜，登楼远眺，可望见公州市容及逶迤而流的锦江。目前公山城已辟为公园，供游人歇憩之用。

按，熊津建都的年代，始于百济第 22 代国王，于 475 年由汉城郊区的慰礼城迁都于此，成为百济国繁华的都城。在熊津遗址附近，韩国考古学家发掘出一座陵寝，陵内葬者为百济国第 25 代国王武宁王及王妃，也称武宁王合葬陵寝。1971 年，考古工作者在陵寝一带进行排水施工时，发现它的完整形态。在陵墓玄室内，除了有安眠 1500 年的国王与王妃的灵柩外，并有金冠、装饰品和死后冥界的地权券等约 3000 件随葬品。玄宫内壁是由绘有莲花与忍冬纹样图案的彩色釉瓦砌成，精美绝伦。在熊津遗址附近，还发现另外几座百济时代的墓葬。

图4—11　百济故都熊津的城墙门洞
此城墙门洞系重建。

笔者在公州的古熊津遗址勘察时，始终纳闷：古城不远处的一条大江，为何不叫白江，而称"锦江"？

又据《旧唐书》记载，显庆五年（660 年），高宗征辽，命苏定方攻百济，围其都城，百济降唐。这里所指的都城，按其年代考证，显然是有别于熊津的另一

206

座都城。那么，当时的百济都城在哪里呢？又查韩国学者李基白教授所著的《韩国史新论》[6]，其文考定公元660年被唐朝军队攻破的百济都城为泗沘。这个"泗沘"究竟在何处？

在李基白教授的这部专著中，第71页绘有新罗统一战争图，图中的"泗沘"标在熊津西南，周留城东北，则可知泗沘即今扶余郡一带。从图中还可以看出，熊津标有一个小圆点，而泗沘则标有双圈，说明泗沘在当时人口超过熊津，是一座繁华的古城。

二　扶余郡守的镇宅之宝

扶余在熊津西南约30公里，汽车行驶大概需要50分钟。538年，百济的都城从熊津（今公州）迁往扶余，一直到660年被苏定方攻陷，其间凡122年，作为古都的年代要比熊津长60年[7]。

到达扶余的时间是2000年1月11日中午时分，甫下旅馆，扶余郡厅办公室秘书就打来电话，约定我下午2点45分在郡厅办公室，届时俞炳敦郡守将进行接见。

图4-12　作者与扶余郡余炳敦郡守合影

[6]　[韩]李基白：《韩国史新论》，国际文化出版公司1994年版，第71页。
[7]　有些中国出版的资料书籍，如辽宁民族出版社1985年出版的《朝鲜知识手册》，把百济时代的泗沘的遗址，说成今天的公州，实有误也。

第四篇

郡守，是沿袭古代的职官名。始置于我国战国时期。秦统一全国后，以郡为最高的地方行政区划，每郡置守，掌治其郡。

由于我不谙韩语，承蒙忠清南道华侨协会会长高禄升先生想得周到，派扶余郡通晓韩语的两位老华侨作陪。

驱车来到郡厅办公大楼，一位身材魁梧、着藏青西装的中年人见到我，亲切地迎上前来，同我握手，连连说："欢迎，欢迎。"这位和蔼可亲的中年人就是俞炳敦郡守。在郡守办公室，墙壁上方醒目地挂着一块横匾，上面题着"与民同苦乐"四个隶体汉字。这块汉字横匾是当地一个叫宋溪永的老学究书赠的。我们彼此的交谈颇为投入。从百济的立国，谈到苏定方平倭，再叙到今天的中韩友好关系。

郡守拉着我的手，带我来到办公室的另一头，那里有一方台，上置碑志一通，边长约二尺许。当我读到"大唐故光禄大夫、行太常卿、使持节熊津都督、带方郡王扶余君墓志"一句时，不由惊喜失声说："郡守，这是扶余隆的墓志！"俞炳敦微笑地点点头，他告诉我，这块墓志是洛阳博物馆根据1919年出土的那块墓志复制的，是洛阳市政府代表团专程送来的，现在扶余郡与洛阳市是兄弟友好城市。听到此，我甚为感慨地对郡守说："是一千四百年前的百济太子扶余隆为我们两国缔造的这段因缘！"

当我向郡守提出开发白马江历史旅游资源、在扶余郡建立海战史博物馆这两条建议时，他高兴地颔首以答，表示要把这些建议提请研究人员关注。

会见结束后，俞炳敦郡守热情地邀我一同合影留念。

是日晚，为解开白马江之谜，我遍访扶余郡的华裔。据当地一位沙姓老华侨说，听先辈口述，古代的白马江，实际上就是今天的锦江。其上游，也即公州（古称熊津）上溯，经龙浦里，折东南流，经锦山，入全罗北道长水郡，这一段称锦江，古人也谓熊津江；若从公州开始往下，经扶余郡，折西南流，于群山附近注入黄海，这一段称白马江。整条江流呈∩形，全长410公里，可航里程130公里，为忠清南北道大动脉。

那么，这条白马江是不是唐代史书中述及的白江呢？回答是肯定的。古籍中不仅明确记载熊津江和白江这两段，而且对白马江，还提到这样一个典故——

"麟德二年八月，隆到熊津城，与新罗王法敏刑白马而盟。先祀神祇及川谷之神，而后歃血。"[8]

这段史料告诉我们，665年，在唐高宗的撮合下，故百济国太子扶余隆与新罗国国王金法敏在熊津斩白马盟誓和亲。这"白马"，同指白马江；"歃血"，以指蘸血，涂于口旁，这是古人订盟时的一种仪式。

图4—13 百济王迁都祭祀盛况

举行地点在忠清南道公州市，时间为每年10月9—12日。其时，举行百济文化祭，活动内容有百济魂灯仪式、百济文化花车游行及百济中兴追墓祭等。

图4—14 百济王妃选拔大赛
这是在第39届百济文化祭典上的活动之二。

第四篇

图4-15 苏定方纪功碑
现矗立于扶余郡定林寺内，石塔底层嵌立苏定方纪功碑。

三 苏定方纪功碑被韩国列为国宝

在扶余，关于百济古国的历史遗址历历可辨。在白马江南岸，沿着悬崖绝壁至江畔的下坡徐徐而行，有一座名为落花岩的陡壁，波光岩影，风景秀丽。民间传说，当新罗和唐朝的大军追到扶余，王宫内一片混乱，三千名百济宫女被联军追赶到这块悬崖边时，走投无路，遂投江于此。当时，一群子规在悬崖顶上盘旋，久久不愿离去。这就是古诗上说的"行人悲故国，啼鸟惜余花"这个出典。

此外，在扶余古都附近，还可发现半月城遗址、三忠祠（为哀悼殉国的将士而设）以及遭战火焚毁的军仓遗址和宫南池等等。宫南池位于扶余郡南郊，为一直径约 300 米的圆形小湖，湖中央有亭阁，四岸皆植柳树，景甚优美。百济时代，这里是国王拥宫女泛舟戏水的地方。

一位世居扶余的老华侨告诉笔者，扶余郡拥有著名的八景，即白马江沉月、扶苏山暮雨、落花岩宿鹃、皋兰寺晓钟、百济塔夕照、窥岩津归帆、水北亭晴岚、九龙坪落雁。由于郡厅特别注重文物古迹的保护，所以这八景今天仍可寻辨。八景中的扶苏山，曾经是百济王朝首都的军事要塞，山上建有许多百济时期的亭阁及城堡，若是站在山顶的展望台，扶余全城尽收眼底。

值得一提的是，在古都中心有一座定林寺，寺的大雄宝殿外矗立着一座五层石塔，塔高 8.33 米，由花岗岩雕琢而成。石塔底层，由四通石碑围砌而成，由于 1000 多年来香烛的烟熏，其中大半文字漫漶不清，唯有苏定方纪功碑仍可辨出数十字，碑文为楷书，阴刻，弥足珍贵。目前，这座五层石塔已被韩国政府列为第九号国宝。

此外，与白江口海战相关连的山名或地名，还可举出很多，如 660 年，苏定方率军大破百济的破阵山（今扶余郡石城面，傍白马江东岸）、国师峰（破阵山北面），以及颁布皇帝诏书的颁诏院里（今扶余郡世道里，傍白马江西岸），扶余城内的旧衙里、旧校里，等等，不胜枚举。

在扶余郡厅做客时，俞炳敦郡守赠送笔者一副汉字扶余郡地图，弥足珍贵。从图中标示的地点，我们仍然可想象唐高宗龙硕三年（663 年）的那场壮怀激烈的海战。

第四篇

第五章　400艘倭船沉陷筼筜岛海域
——实地勘察图录之四

一 根据三千宫女投江史事找线索

公元663年的白江口海战，其军事线路图是这样的：

唐大将刘仁愿及新罗国国王金法敏率陆上军队攻打周留城（今韩山，当扶余郡南，属辖舒川郡，傍白马江）；水军则由刘仁轨及熊津都督扶余隆率领，船队从熊津沿白马江一路而下，会同陆军在周留城集合。不久，周留城被唐朝军队攻克，刘仁轨遇倭兵于白马江口，这场海战打得很激烈，唐军四战四捷，终于把倭寇两万七千余众全部歼灭。

史书载"仁轨遇倭兵于白江之口"，说明唐朝水军闻讯早有准备，当倭船尚未泊岸时，就在江口堵住敌船。又据韩国学者李基白教授所考，660年，苏定方率水军入百济，在白江入海口南岸（今属全罗北道群山市）登陆。结合这一地形特点，又通过白马江实地勘察，笔者得出如下的结语：

白江口海战的400艘倭船沉陷地点，应集中在群山湾白马江口、筊餐岛北的附近海面，即北纬36度、东经126.5度一带海域。另外，根据民间传说，百济三千宫女投江的故事，可判断沿白马江上溯，由韩山至扶余郡百花岩一带的江底，也有零星的沉船。

图4-16 百济熊津都邑期武宁王陵

为百济第二十五代武宁王及王妃合葬之墓，1971年在宋山里古坟地区作排水施工时被发现。在陵墓内的玄室，除了安眠1500年之王与妃的灵柩外，并有金冠、装饰品及冥界的土地证明之买地权等，共108种约2906件遗物。

213

笔者在此需要着重指出的是，中国史书上记载的400艘沉江倭船，只是个大概数字，非实指。在打捞过程中，可能发现其中也有新罗和唐朝的战船。这些古战船如果能重见天日，必定会有许多意想不到的发现，比如战船的形制，船上供给以及海战时所用的武器等物品，它们对研究古代海战史具有不可多得的重要价值。

二　扶余郡官员的探访

在扶余郡宿一夜，次日晨起，郡厅文化财长（相当于我国的文化局长）金光善先生等人，亲临笔者下榻的忠南旅社致候。金光善先生熟知韩国史，他说："关于663年发生的那场海战，敝人曾查阅过韩国和日本的有关资料，其中均有记载，唯徐先生所述及的400艘沉江倭船，却只字未提。关于这一点，先生是否能提供更可靠的历史资料"。笔者闻此，遂将《旧唐书》中记载的史实一一陈述给金先生。

金光善通史，他说，中国有《旧唐书》，也有《新唐书》，哪个版本所载史事更为详实、可信？笔者答，《旧唐书》前半部全用唐代官修实录、国史旧本，故《本纪》、《列传》颇为详明，所载史事可靠。如百济国太子扶余隆降唐后，于665年八月任司稼正卿一职，这在唐朝《赠泰师孔宣公碑》记中得到印证。又如，唐咸亨四年(673年)，朝廷因许敬宗所修国史不实，命刘仁轨等改修。刘仁轨既为国史撰修人，他对于自己所亲身经历的那场海战记载决不会有误。金先生颔首表示赞同，并打算提请有关研究机构重视开发和保护这一历史遗产。

文化财长金光善先生的这次探访，如同一次学术研讨会，持续了整整一个上午。光善先生获知笔者为勘察白马江口海战史实，不远千里而来，至为感奋。他说："谨遵俞炳敦郡守嘱咐，敝人昨晚就曾到旅社拜望，其时适值先生临白马江踏勘史迹，彼此未遇。故今日一早复往探候，至为欢欣。"笔者告诉他，当今天下午我将离开扶余，他紧紧地握住我的手，我们彼此都变得恋恋不舍。末了，金先生连连用汉语说："一路平安！"

（笔者撰写此文，得到洛阳博物馆馆长王绣女士的大力支持，寄赠唐扶余隆墓志拓片，谨此致以衷心的谢忱！）

【附录一】

关于大唐、百济、日本诸国之战船

唐朝时期发明的海鹘船,其船型头低尾高,前大后小,船的外形模仿善于穿风破浪的海鸟,适合划浪而行。船上左右设置浮板,在浪涛中具有稳定船只的作用,又可阻挡侧面的涌浪,减缓船体横向摇摆,是一种比较能抗风浪的古战船。

图4—17
唐朝海鹘战船图

图4—18
唐代帆船

发生在白江口海战的那个历史时期，百济、新罗和日本诸国，均与中原交往密切。

日本在公元7世纪中叶，聘请中国造船师去日本造船及传授驶帆和掌舵技术。当时建造的船长30米，宽8米，载货1500吨，可容140人。这种船首尾高阔，像浙闽的深水尖底船型，船上有二桅，挂中国式可折叠的帆。船首部装有辘轳，起放碇石。船尾有橹棚舵楼，舵可升降。

图4—19
日本弁才船

图4-20　日本的朱印船

当时遣唐使船的航线有北、南两条，前者沿朝鲜、辽东海岸线航行，到达山东的兖州。南线则越过东海，直接去扬州、杭州和宁波。

9世纪末，日本停止了遣唐使节活动。随后，武士集团日益强大，诸侯当权，内战连绵，日本船只要能适应沿海和内海贸易运输，或到沿海捕渔就可以了，船舶也就恢复了日本船工们熟悉的复材刳船。

图4-21　刳船

7世纪后期，新罗借助大唐军队的实力，统一了朝鲜半岛之后，更发展了与唐朝的贸易，并成为中国和日本之间的桥梁。

百济、新罗早期的战船史料阙失。其后，为了抗御外族入侵，朝鲜李氏王朝建立了较强大的海军，龟船便是那个时代的产物。

龟船，顾名思义，其外形似龟，即在船舱顶部有龟形保护层覆盖。

林泰辅《朝鲜通史》云："舜臣尝创造龟船，其制：铺板于船下，如龟背，上有十字细路，可通行；其余遍插铁钉，前作龙头，其口为铳穴。后为龟尾，左右前后各有铳穴，兵士匿于其中。由四面发炮，进退纵横，捷速如飞云。或谓此龟船，包以铁板，如龟甲。或谓朝鲜人为铁甲舰创造者；但龟船实不用铁板，唯舜臣之水军奏效，多赖此龟船之力耳。"[8]

今人从史料中可觅见龟船的形制，此种舰船外形如龟，唯其船首为龙头状，只要战斗一打响，龙头处就会立即喷吐出硫磺或焰硝制成的烟雾，使敌军陷入毒雾包围之中，从而阵脚大乱。龟船虽然笨拙如龟，然而在当年它们却为击败日本丰臣秀吉的入侵立下赫赫功劳。

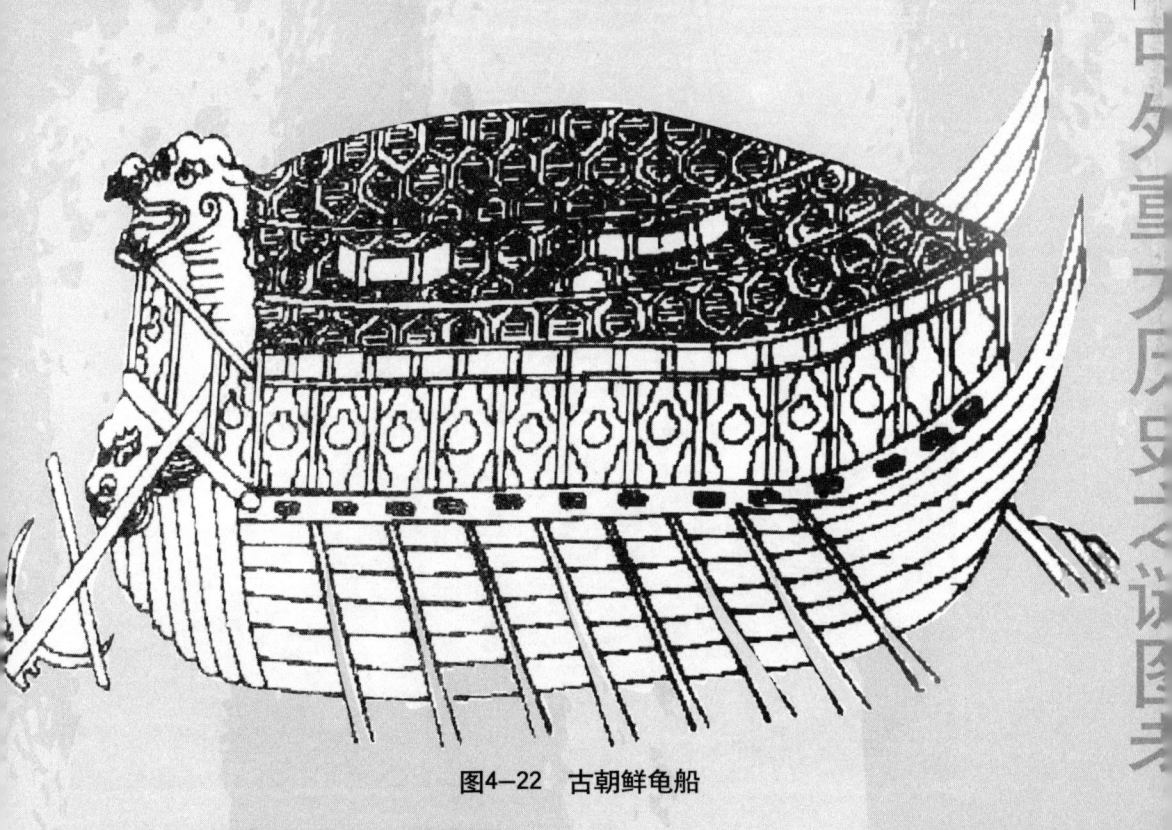

图4-22　古朝鲜龟船

---

[8]《旧唐书》卷一百九十九（上），"东夷·百济国"。

引文中述及的"舜臣",即李舜臣。字懋钦,一字梦虞,号愚谷,乐安县(今山东广饶)李鹊村人。明嘉靖二年(1523年),以会试第一成进士,官至太仆寺卿。在著名的露梁海战中,他壮烈牺牲。据悉韩国首都首尔有一条忠武路,就是纪念李舜臣而命名的。

　　明穆宗隆庆三年(1569年),皇帝下诏,将其赐葬山东故里,并在墓前设石羊、石虎、石马、石柱、华表等物。李舜臣墓在李鹊镇李鹊村,距广饶县城6公里。

图4-23　韩国古船

【附录二】

在哈佛燕京图书馆发现唐日海战史料

中新社上海 6 月 27 日讯（记者姜煜） 30 多年来致力于历史谜案研究的上海学者徐作生，昨日披露了他的一项最新发现：他在哈佛大学进行学术访问期间，于哈佛燕京图书馆意外发现日文珍藏本《唐新连合军百济王都泗沘城攻略》一书。该书所附关于发生在公元 663 年的古百济国白江口海战史事地图，与他在韩国公州、扶余实地勘考基本一致，使这位学者当年作出的"四百艘倭船沉江地点"论断得到了有力的旁证。

据徐作生介绍，这部《唐新连合军百济王都泗沘城攻略》日文史料，为深蓝布封面装帧，纸质极薄，且因年代久远而发黄变脆，未署作者姓氏和所著年月。文字部分计 14 页，书末附插图"百济王都防御编成立唐新攻击方向略图"，共有 3 幅，描绘极为精细。该书为竖排，手抄本，每页 11 行，每行约 21 字，全书总约 3500 字。书中述及的人名与图中所示的地名，均可与徐作生在五年前所发表的论文《古百济国四百艘倭船遗踪查勘录》所作的考证相互印证。

据新、旧唐书等史料记载，唐高宗龙朔三年（663 年）八月，日本以助百济复国为名，倾举国精锐 2.7 万余众，进攻新罗。唐朝"白袍大将"刘仁轨在新罗国王的帮助下，率水军从熊津沿江直下；随后，又在白江口（今锦江）与日本水军相遇。刘仁轨四战四捷，击毁倭船 400 艘。徐作生实地考证后说，这些倭船沉陷地点，集中在群山湾白马江口附近的江海交汇处，即北纬 36 度、东经 126.5 度一带海域。（图 4–24）

221

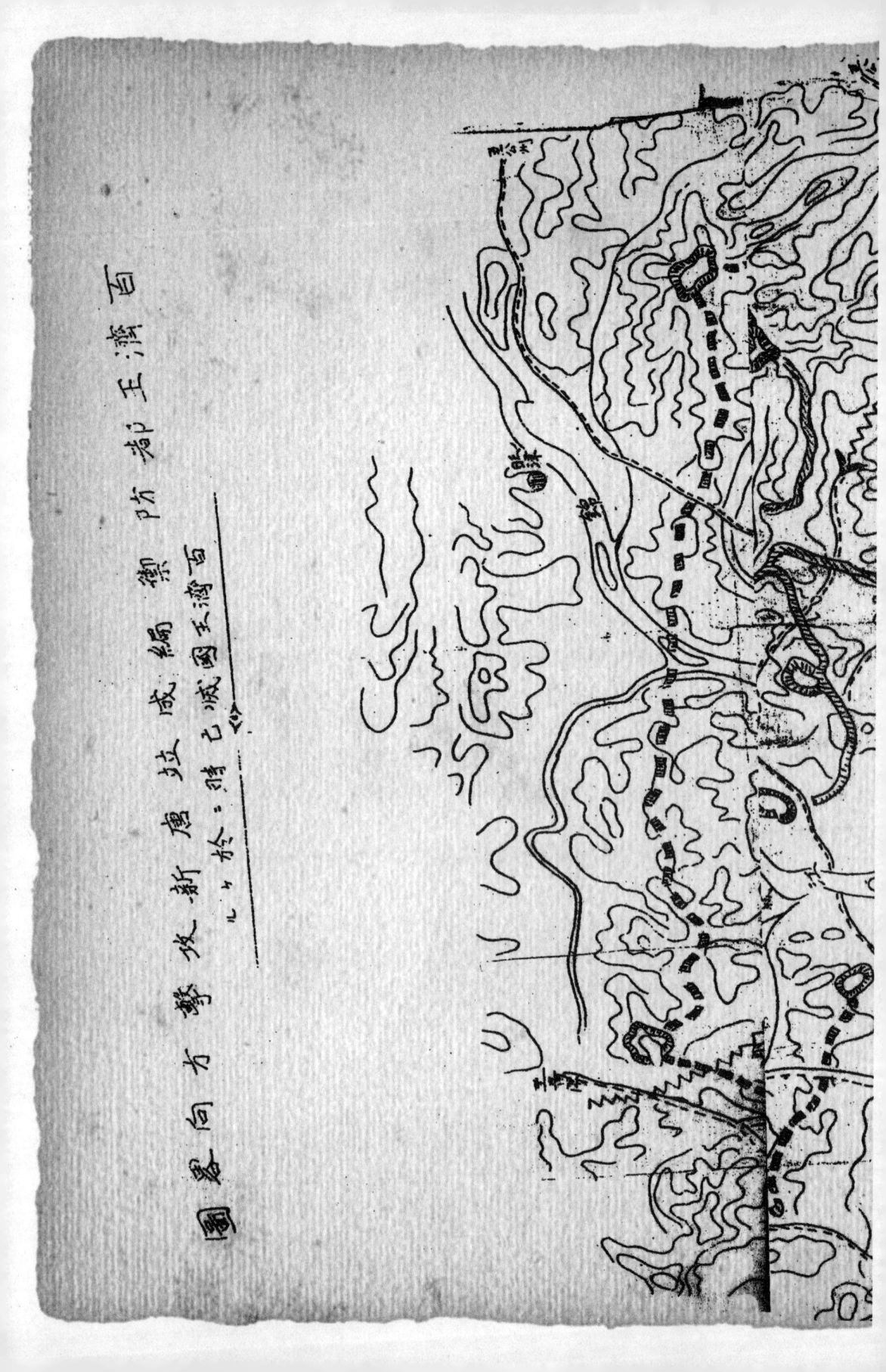

唐羅聯軍攻新羅拔成熄鄕防禦百濟王瀆西
圖
 於：時已滅亡百濟國王瀆國

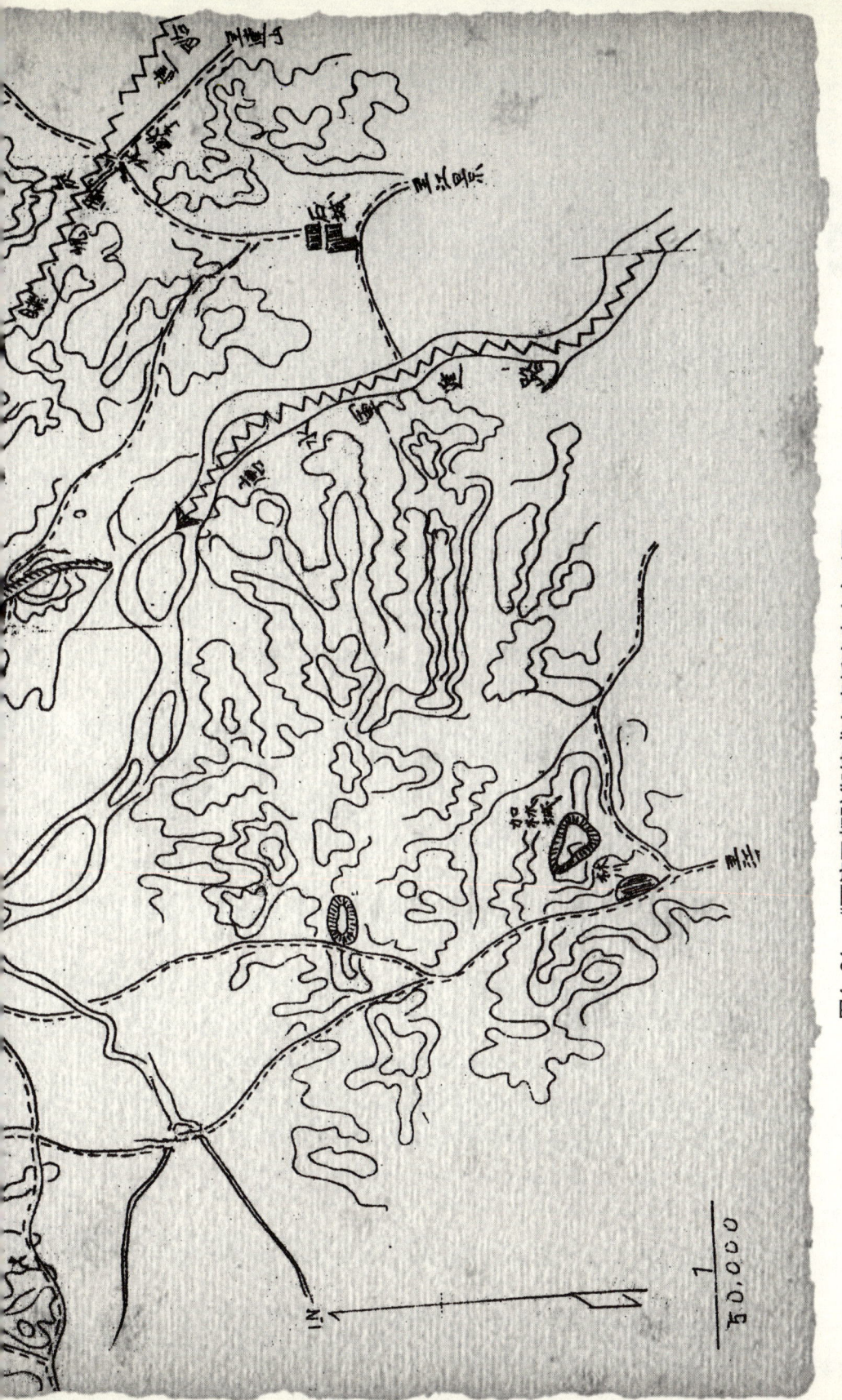

图4-24 《百济王都防御编成立唐新攻击方向略图》

这幅图系徐氏采自哈佛燕京图书馆《唐新连合军百济王都泗沘城攻略》一书,日文善本史料,深藏布封面装帧。故缩印,图的中部衔接稍有断档。因原图尺寸较大,但不影响全图整体阅读。

【附录三】

《唐新联合军百济王都泗沘城攻略》校注

2000年1月4日，经中国学术界牵头，笔者从上海启程，乘"紫丁香"号轮船，经过东海、渤海和黄海，沿当年大唐水军的航行针路，探寻被历史的沙尘湮没将近14个世纪的400艘倭船遗踪。这份2万字的学术报告被收入学苑出版社出版的拙著《泛槎考谜录》中。

2004年7月，笔者在哈佛大学进行学术访问之时，于哈佛燕京图书馆二楼日文古籍部，发现一本仅有16页的薄薄的善本，即日本人撰写的《唐新联合军百济王都泗沘城攻略》，书末还附有绘制精细的唐新联合军对泗沘城的作战地图。哈佛大学回国后的第三年，即2007年岁暮，笔者在请教通晓古代日语的友人之后，才将此书译出。以下就是笔者对《唐新联合军百济王都泗沘城攻略》一书的校注，为了便于阅读，笔者在文章中加了小标题。

一 关于百济泗沘王都之方舆

泗沘王都为百济第四都城（也有人称第五都城），现今为忠清南道扶馀郡扶馀。百济圣明王二十六年春，我宣化天皇三年[9]（537年——译者注），从第三王都久摩那利（熊津），即现今忠清南道的首府公州，迁都至此，并开始称王。

建国532年之后，锦江在此地改道，由北流向西南后再拐弯至东南方向，正好形成一个半月形，把王城揽入月弦怀抱之中，由此又得半月城之美名。其东南两面崎岖险要，峻峰连绵，世人谓之奇险无比。土地富饶，作为上等农田，因此当时战国乱世之中，此处乃据以抵抗战争的宝地。

都城既不失舒适，又占据地利之便，利用当时这一民族最进步

---

[9] 日本宣化天皇三年：即537年。

发达的筑城术建造于本国的要害之处。

定都于此五代共计146年之后，几经盛衰，疆域更迭，俨然就是百济王国中枢之地的面目的体现。

二 百济圣明王侵略高句丽

其时，朝鲜半岛之形势是：西北为高句丽，东南为新罗，西南为百济，以黄海道和京畿以及江原道为界；再往北是高句丽的管辖地，往南则是江原庆尚两道和忠清全罗的两道，以南北线为境分开，东百济，西新罗，成三国鼎足之势，相互间势力互有消长，一国势力强大之后，则另外两个利益休戚相关的国家，马上组成同盟，攻打第三国，如果结成同盟的两个国家没有获得平等的利益的话，则其中之一又会与原敌国相提携，背叛友邦，最终维持权力的平均，以保持国势。

神功皇后征韩[10]以来，三国共同对我日本朝廷执藩族之礼，其中百济国始终一贯不失礼节，因而我国历朝历代也与之最为亲密，对之尤其鞭策庇护，采取将之作为保护我国西藩的屏障的策略。而新罗尤其狡猾，不仅侵略我住那加罗的官员之家，叛逆我国，虽几度经我朝膺惩，实则没有忠心之意。

至其真兴王十二年，百济圣明王[11]侵略高句丽，夺取汉城（京城）平城等十余座城堡，在进行善后处理时，几番哀求乘机将兼并领地，一举将疆域膨胀至黄海边，终于取得了出海之道。从此之后，开始与中国大陆交流起来，并因为以其为后援而对日本朝廷表示出敌对

---

[10]神功皇后征韩：据《日本书纪》"神功皇后摄政前纪"载："冬十月己亥朔辛丑，从和珥津发之。时飞廉起风，阳侯举浪，海中大鱼悉浮扶船。则大风顺吹，帆舶随波，不劳橹楫，便到新罗。……新罗王遥望，以为非常之兵将灭己国，詟焉失志。乃今醒之曰：吾闻东有神国，谓日本；亦有圣王，谓天皇。必其国之神兵也，岂可举兵以拒乎！即素旆而自服，素组以面缚，封图籍降于王船之前。……今既获财国，亦人自降服，杀之不祥，乃解其缚为饲部。遂入其国中，封重宝府库，收图籍文书。……于是，高丽、百济二国王，闻新罗收图籍降于日本国，密令其军势，叩知不可胜。自来于营外，叩头而叹曰：从今以后，永称西藩，不绝朝贡。故因以定内官家屯仓，是所谓之三韩也。皇后从新罗还之。"从文中看，神功皇后出征三韩的最初动机，显然为了在朝鲜半岛掠夺财富和扩张领土。

[11]百济圣明王：圣明王，又称圣王，523—554年在位。548年，高句丽大规模入侵百济。新罗真兴王趁机撕毁同盟合约，攻略百济后方。554年，新罗攻破伽耶北部重镇管山城，并杀死在管山督战的圣明王。伽耶，在今韩国庆尚南道，百济新罗争夺之地。因百济圣王被斩于此，史称"管山城之役"。

225

叛逆之意，后又和高句丽好大王及长寿王结盟一同侵略百济，因我膺惩军的缘故对其都城进行占领以后，其又开始对我们行藩属之礼。其后，百济武王与高句丽结成攻守同盟，与新罗频频交战，并攻破新罗城池，我皇极天皇的御赐义慈王即位后，并率领亲信夺取新罗的40余城，更加派遣将军元忠夺取了大耶城（今陕明郡）。经过连年攻略，最终拿下50余城之一的大耶城，进而一跃迫近中国大陆。

三　唐太宗亲征高句丽[12]

在此情况下，新罗的狼狈惊慌至极，向高句丽来求援，遭到拒绝后，后又请求唐太宗，在试图三国之间调停。但遭到高（句丽）、百（济）两国拒绝后，唐太宗从北方亲征高句丽，新罗则从侧面策应，百济此时则乘新罗之虚，在我大北四年，占领其十余城，而太宗听闻后更加支持新罗，并起了想以此为契机吞并新罗的野心。

新罗频频请求唐太宗的支援，甚至由金春秋亲自入朝请愿，此时新罗女王真德[13]薨，亲唐派的头目金春秋登上王位，针对高、百两国与靺鞨族结成联合军，侵略新罗北城，曾连夺33城，新罗共计损失90余城。

唐太宗随后派遣苏定方等人发兵高句丽，孰料没有起到任何效果，后来又陆续发动两三回攻击，然而没有达到目的，结果新罗日益窘迫。

百（济）、高（句丽）两国沉醉在胜利之中，气骄心驰，反而忽视了警惕，而我日本朝廷也轻视了李唐政府的政权，也不熟悉百济高句丽的内情，听说百（济）、高（句丽）两国的连战连胜，以为两国的实力可以轻易地对抗李唐政府，并能迅速结束战争，所以也没有对两国的首领进行警告和鞭笞，这是日本朝廷的政策失误。

---

[12]唐太宗从北方亲征高丽：当今学者对唐太宗亲征高丽的研究成果较多。刘进宝先生撰《试论唐太宗唐高宗对高丽的战争》一文，对太宗亲征高丽的背景、目的作了探析，并从政治、军事策略、国际环境及经济的角度对进攻未果原因进行了分析。该文载于《中国边疆史地研究》1995年第3期。

[13]新罗女王真德：真德女王（在位时间647–654年），姓金，名胜曼，是新罗国的第28代君主。

当时百济义慈王[14]从逃亡而来的中国学者的后裔那里接受了文学熏陶，终日醉心于享乐之中，就像其父武王晚年，整日得意满面、巡游寺庙一样，极尽奢侈，饮酒作乐，陷入淫乱荒诞之中。日本朝廷在刚开始时派遣阿云比罗夫等人去惩罚他，斥责百济王周围的奸臣，然而后来联合军取得大捷，义慈王忽然情绪一变，又开始享乐荒淫起来，他实行逸乐政治，排挤武士，还曾赐庶子 41 人为佐平，以强奸人妾为乐事，亡国的迹象已经显现。事已至此，日本朝廷为了对百济国进行监督和掌控，而派出阿云比罗夫等武臣进行出征，义慈王无奈又再度陷入逸乐政治之中。

四 惩戒来临，国破家亡

新罗陷入从未有过的困境，金春秋窥探到颓势尽险的百济宫廷内的一些密事及其国内形势的变化，义慈王因国内日渐兴盛而产生的骄傲，随着唐太宗讨伐高句丽几乎没有成功，而变得绝望和忧虑起来。

秋天时候，唐高宗毅然派出侵略军 13 万从一侧攻打百济[15]，而新罗作为策应于七月十日在百济王城外集合，军命发出，义慈王二十年即我齐明天皇六年、唐显庆五年五月二十六日，唐兵行军至此，用兵小心周密，新罗发现这一点备受震惊，因为百济、高丽的骄怠，再加上日本政府的疏忽和大意，对唐新联合军的作战计划的部署并且顺利进行，竟毫无察觉。

六月二十一日，唐朝将军苏定方、刘仁英[16]等抵达德物岛（在开城南部德物县的旧地。德物岛在汉江口）[17]，百济才发觉此事，国王变得惊慌大乱，不知如何适从，慌忙召集大军并商讨对抗的策

---

[14]百济义慈王：百济末代国王。贞观十五年（641年）百济王扶余璋卒，其子扶余义慈嗣位，袭封百济王。显庆五年，归唐入东都洛阳，不久病死，葬于洛阳北邙山。考古专家通过对洛阳大量考古、勘察资料的研究，可初步认定义慈王墓在今邙山凤凰村。
[15]唐高宗派兵攻打百济：据《旧唐书》记载，显庆五年(660年)，高宗征辽，命苏定方攻百济，围其都城，百济降唐。文章提及的13万唐军，与我国史书中所说的10万人各有出入。
[16]刘仁英，实为刘仁轨之误。刘仁轨，字正则，河南尉氏人，唐将领，时称"白袍大将"。苏定方平定百济后，撤兵回国，他留守熊津。
[17]德物岛，即今天的德积岛，在仁川港南偏西海中。原文所述位置明显有误。由此可证，文章出自一名日本学者之手。

略,向将军兴首[18]等人征询其意见,兴首等人建议说"白马山地势险要,一夫当关,万夫莫开,可以让最精悍勇猛的将士镇守于此地,将唐军逼至白江之内,新罗军拒于白山之外,大王守备于此,待敌人粮饷耗尽之时,我们发动袭击,定能破之"。还沉迷在享乐饮酒中的义慈王马上就采纳了其建议,遣兵若干,驻守在国境东边,以对抗新罗来犯,而在熊津口(南阳湾唐津浦)则防备唐军的军船。

新罗接到唐高宗策应的命令之后,派其名将金庚信率领全部兵力(数目不详),攀越过秋凤岭,经过阳山,于七月七日抵达黄山(今忠清南道连山),攻打百济的达率阶伯率领的东境防备军,此役中百济阶伯以下的众将士皆殉国,众将士骁勇苦战,以寡敌众,对抗新罗军队,最终百济军全军覆没。新罗军乘胜追击,于七月十一日抵达白山,联合唐军将泗沘城包围。

唐军以13万兵力,部署为水陆两路,陆军(兵力不详)由苏定方指挥,七月十日在熊津口附近击破百济军,经过洪州青阳迫近至泗沘王城背面,七月十一日与新罗军策应联合将王城包围起来。唐朝水军由刘伯英率领挥师经南阳湾沿百济的西海岸南下到达白马江口(群山)封锁锦江(白江),与陆军呼应策动。

七月十三日,泗沘王城因兵力全居于白马山之险要地点,守备已形同虚设,于是义慈王退至熊津(今公州),其众多宫女在落花岩上跳入白江而死。同日,百济王国最后的王都被唐新联合军占领。同月十八日熊津又败后,义慈王及太子隆等全部投降,俘获王子大臣88名,百姓1.2万余人,交战仅十日不到,王城全部的政治机关就陷于敌手控制之中,百济全国上下对战败一时惊悚愕然,扼腕痛心,对敌军只得服从。

八月三日唐军召开宴会,慰劳相关将士。捉拿义慈王父子一个月之后,唐在百济地设军政部署,命刘仁愿率兵1万,镇守泗沘王都,并新罗兵7000人归其管理。而后大将军苏定方于九月三日率其大军及全部俘虏,从熊津口乘船迅速凯旋,由山东省莱州登陆回国。

呜呼!建国678年的王朝终因国王被擒,而如梦境一般覆灭。

---

[18]将军兴首:疑即《旧唐书》中所记载的福信,他是故百济国王之侄,后被百济王子扶余丰所派的亲信刺杀于密室。

日本朝廷在唐军凯旋回国之后的九月五日，才得到王国灭亡的消息，决定在这样的关头采取一定的行动，并在百济王国被征服后，召集四方有志之士，谋划国家复兴，日本于是给与极大的支援，一时甚至收复百济的故地，将唐新军队围困在城堡之中，此事足见日本当时国力的隆盛。然而，新即位的百济王丰璋[19]庸劣无比，未能结束国难，在白马江与唐水军之役中不幸战败。

　　于是，王国复兴的希望完全破灭了，自从上古以来长久扶植半岛的日本朝廷的国权一时间就消失得无影无踪，实乃遗憾至极之事。

　　　　　　　（善本来源：哈佛大学燕京图书馆日文古籍部）

---

[19]百济王丰璋：疑即扶余丰。唐高宗龙朔三年(663年)8月，日本以助百济复国为名，倾举国精锐2.7万余众，进攻新罗。刘仁轨在新罗国国王金法敏的帮助下，率水军从熊津沿江引兵直下；随后，又在白江口与日本水军遭遇，双方发生激烈的海战。刘仁轨四战四捷，烧毁倭船400艘，日本残部投降，百济国王扶余丰化装成一个樵夫，慌张地扔下宝剑，脱身逃走。扶余丰后不知所终，一说他投奔高句丽，但于史无据。

【附录四】

长眠在洛阳的百济人

百济位于今朝鲜半岛南部的西边，系由三韩（马韩、辰韩、弁韩）中马韩的一部发展壮大而成。百济王室出自扶余族，所以在中国史书上把百济王名为"扶余某"或简略为"余某"。

据中国史书所载：有名仇台者，在带方郡立国称王。此时，汉辽东太守公孙度将女儿嫁与仇台，使其势力日盛，成为东夷强国。初以百家济海，因号"百济"。仇台即是百济始祖。可见百济从立国之初就与中国的汉代有姻亲关系。

自百济立国后，就与先已存在的新罗、高句丽形成鼎足之势，到663年（唐龙朔三年）百济灭亡。结束了半岛的鼎立局面。百济从建国到灭亡，历时六百余年，在位31王。百济的历史跨越了中国历史上的东汉、三国、两晋、南北朝、隋、盛唐等几个朝代。在这一历史阶段中，中国与百济的往来很多，约略统计有58次，其中东晋、南北朝时期有33次，隋唐时期有25次。从交往的内容看，可分为政治、外交、军事、经济、文化诸方面。如：册封、求封、朝贡、慰劳、吊祭等属政治外交礼节方面；请救援、出兵、请军期、作军导等属军事方面；请求佛典、经籍等属文化方面；朝贡，献方物等属经济贸易的特殊形式。例如贞观十一年（637年），百济遣使献铁甲、雕斧，唐回赐以彩帛和锦袍等。现对葬在洛阳北邙山的百济末代国王扶王义慈作一介绍，说明洛阳与百济的历史关系。

扶余义慈是百济末代国王。贞观十五年（641年）百济王扶余璋卒，其子扶余义慈嗣位，袭封百济王。显庆五年（660年），归唐入东都洛阳，不久病死，葬于洛阳北邙山。关于扶余义慈王的事迹，史书多有记载，兹据史载简述其生平事迹。

贞观十五年，太宗下袭封诏，义慈继位百济王。

贞观十六年，义慈王兴兵伐新罗。

永徽二年（651年），高宗降玺书，奉劝义慈王停止攻新罗，若不停战，唐要出兵。

永徽六年，新罗再次求救，唐遣程名振、苏定方发兵，败高句丽兵于贵端水。

显庆五年，新罗又求救，唐命苏定方率水陆10万大军击百济。八月，义慈王降。

显庆五年十一月一日，则天门诏释义慈王。不久，义慈王因病而死，高宗追赠其为金紫光禄大夫、卫尉卿，特许其旧臣赴哭，诏葬于洛阳北邙山，并为竖碑。

由于历史变迁，义慈王墓已夷为平地，墓前石碑早已不存，加上史书记述简略，所以义慈王墓地遂成历史悬案，1300多年来，未能解答。近年来，我们通过对洛阳大量考古、勘察资料的研究，可初步认定义慈王墓在今邙山凤凰台村。

（原载《洛阳日报》1997年1月3日，陈长安撰文）

【附录五】

在唐韩半岛遗民墓志铭一览

名称	出土时间	出土地点	收藏单位	撰者
泉男生墓志铭	1922.10	洛阳市东北30里东岭头南	河南开封博物馆	王德真撰
泉男产墓志铭	1923.4	洛阳市东北20里刘家坡村		泉光富撰
泉献诚墓志铭	1937	洛阳市		梁惟忠撰
泉毖墓志铭	1926.5	洛阳市东山岭头村	洛阳古代艺术馆	泉玄隐撰
高震墓志铭	1929	洛阳市		献书待制 杨憼撰
高玄墓志铭	1929	河南孟津县后李村	铁门镇千唐志斋	缺载
高足酉墓志铭	1990.4	伊川县平等乡楼子沟村	伊川县文管会	缺载
高震女儿墓志铭	1990	伊川县白元乡土门村	伊川县文管会	缺载
高慈墓志铭	1929	洛阳市	铁门镇千唐志斋	缺载
黑齿常之墓志铭	1929.10	洛阳市	南京博物院	缺载
黑齿俊墓志铭	1929.10	洛阳市	南京博物院	缺载
勿部将军功德记		在山西太原天龙寺		郭谦光撰并书
难元庆墓志铭	1960	鲁山县张店乡张飞沟村	鲁山县文化馆	缺载
扶余隆墓志	1919	洛阳市	河南开封博物馆	缺载

(原载 [韩] 拜根兴《中国史研究》2001年总第12辑)

第五篇

千年宝玺话沉浮
——秦始皇传国玺材质及形制研究

第一章　历史背景及谜案焦点

一　秦始皇宝玺成疑团

据文献记载，从秦代开始，天子印独称玺，又独用玉，臣下不能用。一些专家指出，秦代皇帝印玺至今未见，不详其是否符合史载，但就目前所见到的秦官印，确实都自名印而不称玺。[1]

概而言之，玺是封建时代皇帝的宝印。在无数宝玺中，秦制"传国玺"被称为天下共传的"至宝"。几千年来有关它的种种传说无不充满了神秘的色彩，甚至在两千多年后的1924年11月，末代皇帝溥仪被逐出宫时，警察总监张璧和鹿钟麟等还在追索这块"历朝相传的金镶玉玺"。

传说春秋时，楚人卞和在荆山（今湖北南漳县）见凤凰栖落青石上。古人曾有"凤凰不落无宝地"之说，他将此璞献给楚厉王，经玉工辨识认为是石块。卞和以欺君罪被砍去左足。楚武王即位，卞和又去献宝，仍以前罪断去右足。至楚文王时，卞和抱玉痛哭于荆山下，文王命人剖璞，果得宝玉，经良工雕琢成璧，人称"和氏璧"。

400年后，楚相国昭阳，灭赵败魏，魏王将和氏璧赏赐昭阳。一日，昭阳率百余宾客游览赤山，席中应众人之请，出璧传视。其时山下深潭有丈余长大鱼及无数小鱼跃出水面，众人争睹奇迹，及至散席，和氏璧不翼而飞。当时未发迹的纵横家张仪，正在昭阳门下，众疑"仪贫无行，必此盗相君之璧，共执张仪，掠笞数百"，但和氏璧终无下落。"盗窃犯"是谁？至今尚未"破案"。

---
[1]罗伯建：《玺印鉴赏与收藏》"历代玺印"，
吉林科技出版社1995年版，第44页。

第五篇

五十余年后，赵国太监缪贤偶以500金购得和氏璧，赵惠文王闻讯，将璧占为己有。

秦昭襄王获悉和氏璧在赵，假以15城换璧。赵王无奈，遂派蔺相如怀璧使秦。蔺不辱使命，设计"完璧归赵"。61年后，秦灭赵，和氏璧落入秦国。

秦嬴政统一中国，称始皇帝。皇帝宝玺自然要选用天下绝无仅有的宝贝。于是始皇命宰相李斯磨和氏璧做皇帝玺，并想代代相传，因此称为"传国玺"。

公元前219年，秦始皇乘龙舟行至洞庭湘山，风浪骤起，龙舟将倾，秦始皇忙抛传国玺于湖中，祀神镇浪。八年后，使者过华阴平舒道，有人持璧曰："为吾遗滈池君"，传国玺，复归来。其事真假难辨，成为千古疑团。

刘邦率兵入咸阳，秦王"子婴上始皇玺"。刘邦称帝"服之，代代相受"，号曰"汉传国玺"。

西汉末年，王莽篡政，小皇帝刘婴仅两岁，玺由王莽姑母汉孝元太后代管。莽命弟王舜进长乐宫索玺。后见舜怒斥："而属父子宗族蒙汉家力，富贵累世……乘便利时，夺取国玺，不复顾恩义，如此者，狗猪不食其余！"随即将玺"投之地"。传国玺被摔缺一角，经黄金镶补，但终难天衣无缝，天下至宝，从此留下瑕痕（详见本篇第三章）。光武中兴，"莽败，李松持玺诣宛上更始"，后归刘秀。东汉末期，十常侍作乱，汉少帝夜出北宫避难，仓促间未带传国玺，返宫后传国玺查无下落。

不久，"十八路诸侯讨董卓"，长沙太守孙坚攻入洛阳，从城南甄官井捞出宫女的尸体，在项下锦囊中金锁关闭的朱红小匣内取出玉玺。玉玺四寸见方，上镌五龙交纽，旁缺一角，以黄金镶外，下有篆文："受命于天，既寿永昌。"此文传为李斯所书。孙坚获传国玺，心生异念，但不久阵亡岘山。袁术乘孙坚妻吴氏扶榇归里，"乃拘坚夫人而夺之"。袁术死后，其妻扶棺奔庐江，广陵太守依袁术先例抢传国玺献曹操。三国鼎峙，玺属魏。三国归晋，玺传晋。

西晋末年，五胡十六国更迭频繁。传国玺像是被猎犬追逐的猎物，被不停地争来夺去。每一次的交替易手，就伴随着一场血腥的残杀。晋怀帝永嘉五年（311年），"玺落前赵刘聪"之手。东晋咸和四年（329年），石勒灭前赵，玺属后赵。冉闵杀后赵石鉴，夺得传国玺。352年，慕容俊克邺城，宣称闵妻已献传国玺，封其为"奉玺君"，改年号为"元玺"，建大燕国（即前燕）。其实当时传国玺已被濮阳太守戴施偷献于晋穆帝，慕容俊只是导演了一场自欺欺人的骗局，妄想以所谓"天命"来维持其统治而已。传国玺归东晋后，经刘宋、齐、梁、陈、隋，最后落入唐高祖李渊之手。从此，玺改称为"宝"。

传国玺从发现和氏璧始，传至唐末，计一千六百二十余年，像这样被历朝传递一千多年的历史文物，在世界史上亦属罕见。令人可惜的是，传国玺于五代时突然失踪。宋太祖"陈桥兵变"受禅后周,仅获后周两方宝印,未获传国玺。

二 宋元明清真假宝玺层出不穷

由于历代封建统治者极力宣扬获得传国玺是"天命所归"、"祥瑞之兆",因此,在宋、元、明、清,均有真真假假的"传国玺"不断问世,屡有发现。如:宋绍圣三年(1096年),咸阳段义于河南乡掘地修舍,获一方"色绿如兰,温润而泽"、"背螭纽五盘"的玉印。经翰林学士蔡京等13名官员"考证",奏称哲宗为"真秦制传国玺"。

明弘治十三年(1500年),鄂县毛志学在泥河滨得传国玺,由陕西巡抚熊翀呈献明孝宗皇帝。但孝宗疑其伪"却而不用"。

明末,相传由元末元顺帝带入沙漠的传国玺竟被金太宗于"上年八月得元代传国玺于元裔林丹汗之苏泰太后",太宗由此"乃定立国之计",改"金"为"清"国号。

清初,故宫交泰殿藏御玺39方,其中一方"受命于天,既寿永昌"的玉玺被人称为传国玺。1746年,乾隆皇帝从中钦定25方宝玺时,将此方宝玺剔除在外。由此可见,这是一块伪造的赝品。[2]

由上观之,传国玺是我国丰富的历史文物中的一个至宝,它没有青铜器的雄奇诡异,没有金银宝玉的雍容华贵,但是,在其方寸之中,却自有一番博大的天地。千百年来,多少人为了得到它,拥有它,发生了无数可泣、可悲、可笑、可叹的故事……

---

[2]录自张红华《传国之玺何处寻》,载《中国文化之谜》第3集,学林出版社1986年版,第50页。

第二章　传国玺是和氏璧琢成的吗

一　"和氏璧"的虚构成分

打开晋朝孙盛所写的《晋阳秋》，其中有一段记载颇引人关注，十六国时，大将军蒋干将秦始皇传国玉玺交给河南太守戴施保管，后来戴施又将玺献给魏国皇帝冉闵。献玺的当日，文武百官皆上朝恭贺。冉闵将传国玺置于殿上，"玺光照洞彻，上蟠螭文隐起，书曰'昊天之命，皇帝寿昌'秦旧玺也"。有人考订这枚放出光彩的玉玺确系秦始皇使用的旧玺。

又根据《三国志·吴志卷》注引《吴书》的一段记载，我们可知秦始皇所刻的传国玉玺，其材质莹润有五色光泽。《吴书》的这段记载是这样写的：

中平四年（187年），豫州刺史孙坚率兵攻入洛阳，屯兵于城南。这天清晨，东方微露曙色，孙坚在洛阳皇宫的甄官井边踱步，忽然见到井中折射出一束束五彩夺目的光芒，军营中的官兵互相传告这一奇异场景，他们纷纷走出营房，奔到甄官井旁看个究竟。当时，有一个卒子正在井边打水，见状吓得把水桶掉到井内，而没有人敢上前帮忙。

孙坚命令部中一个身材魁梧、胆魄过人的卫士下井探个虚实。

那个卫士冒着严寒，在井水中来回踩摸，最后摸到一个方形的玉玺，宝光烨烨。孙坚叫军中有才学的文官来辨识，只见玺上端有纽，刻五龙相交的浮雕，边上缺一角。这块宝玺呈正方形边长四寸，玺文曰"受命于天，既寿永昌"。于是断定它就是秦始皇的传国玉玺。

又对照其他史料，洛阳是汉魏故城，其城南有太学遗址，在南宫则有太极殿，是汉宫城的主要建筑。而于太极殿旁的甄官井里出现传国玺，这种可能性是很大的。有材料说，孙坚率部队攻入洛阳故宫时，当时从甄宫井内捞出一具宫女的尸体，玺印就是这个宫女随身从宫中携带出的。

那么，读者一定会发问：传国玉玺会放出五色光彩，它是用什么材质雕刻而成呢？如果我们仔细辨析一下史料的真伪，便可一目了然了。

查司马迁所撰的《史记》，书中未提及传国玺系用何种玉石琢制，唯唐张守节《正义》引崔浩云："李斯磨和璧作之，汉诸帝世传服之，谓'传国玺'。"

但是，寻根探源，崔浩的这句话缘起于《韩非子·和氏》一书。又查《韩非子·解老》，其文谓："和氏之璧，不饰以五采……其质至美，物不足以饰之。"文中的"不饰以五采"语，尤可玩味。

以此可以知道，"和氏璧"的故事出自寓言，多有虚构成分，不足为史据，此其一也；和氏璧"其质至美"，但"不饰以五采"，它是没有五色光彩的，与传国玺所用用材质不同。此其二也。

二 传国玺为何呈五色彩

言及于此，读者会提出这一个疑点：那么，这枚会呈五色彩的传国玺到底用什么玉石琢成的呢？

据《太平御览》引宋郑文宝《玉玺谱》所载，秦始皇时，得蓝田水苍玉，命李斯篆文，制为传国玉玺。玺八面正方螭纽，以鱼、虫、鹤、蟮、蛟龙，皆水族物刻之，文曰"受天之命，皇帝寿昌"，或曰"受命于天，既寿永昌"。

遍阅《陕西通志》及《蓝田县志》的各种版本，也发现有同样的记载。

又据近年编撰而成的《蓝田县志》，志第四章"蓝田玉"云："蓝田玉俗称'菜玉'，质地坚硬，色彩斑烂，光泽温润，纹理细密，以翡翠绿、羊脂白、天青、玄黄、赭红为五色。"对玉石的成分作了科学合理的解答。据笔者手头资料显示，目前在已知的玉石品种中，如南阳玉、和田玉、新疆玉及进口的玉石，均属单一的颜色，唯蓝田玉拥有五色彩。民间因此有"玉种蓝田"的美誉。这一点与史书中所记载的传国玺呈五色彩相符。

在今蓝田县玉川乡境内，有地名曰印沟，据山中长者相传，印沟的出处和由来皆源自于秦始皇传国玉玺。（图5-1）

第五篇

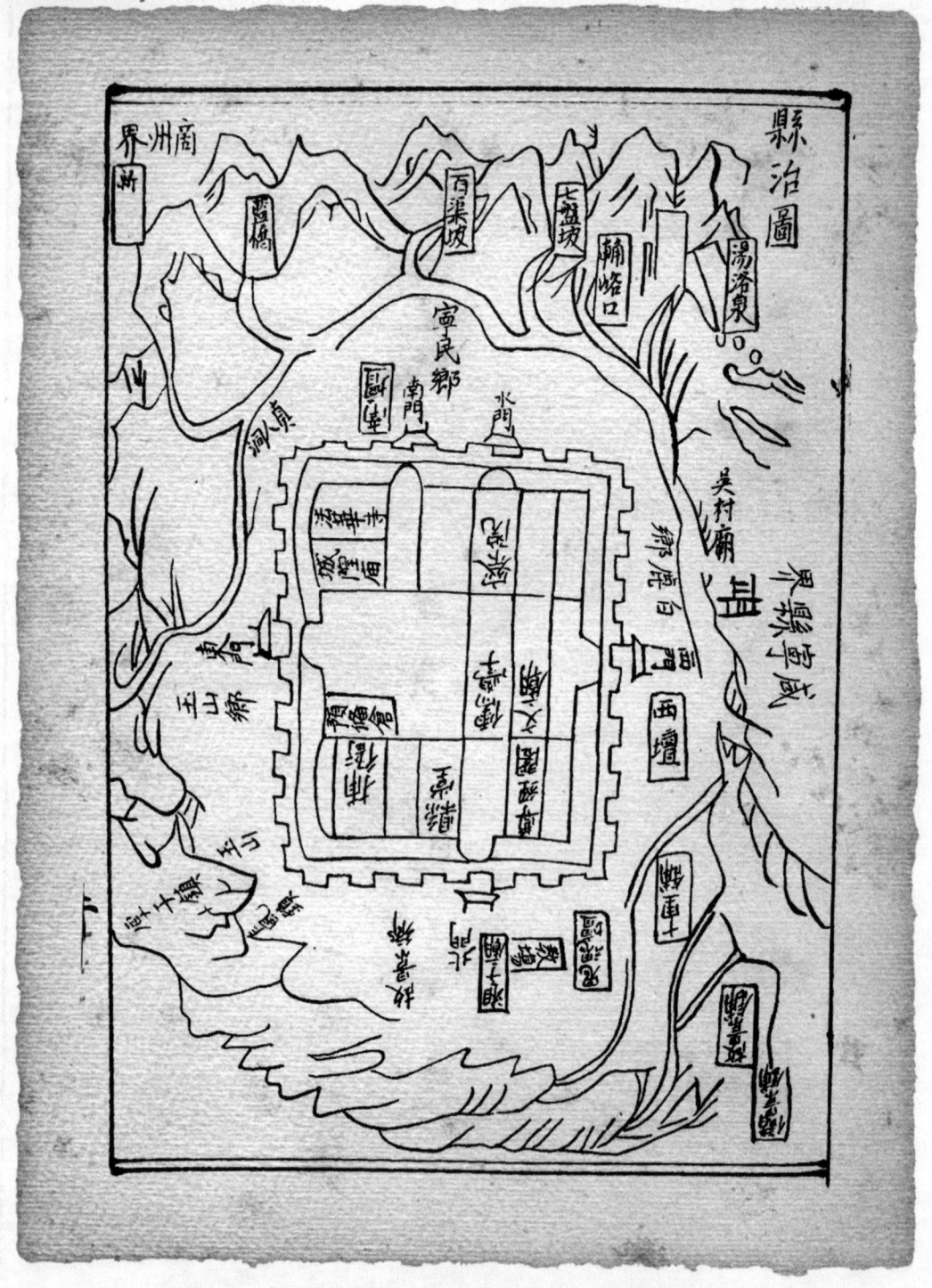

图5-1 古代蓝田县治图中西南的玉山，即产玉之地

[3]黄建军：《玉山蓝水》，中国旅游出版社出版1989年版，第129页。

黄建军著《玉山蓝水》[3]一书，对印沟实地勘访，民间传李斯在此采玉制玺史事，言之凿凿。谨录于此，博好事者一哂。

秦始皇平扫六合自为秦始皇帝后，要开帝王印玺新风，决定把以前帝王使用的金玺改为玉玺，并且指定第一块玉玺可永远传世，它传在哪位子孙手里，哪位就是皇帝。用一块什么样的玉石雕刻玉玺呢？当时秦始皇有些犯难，便命宰相李斯带人寻找。

三　坊间一说：李斯赴印沟采玉

李斯走遍全国的玉石之地，均落得空手而归。他带人由南阳过武关，最后来到了蓝田，一面寻找，一面走访，并广贴告示，要百姓也寻找美玉。

多少年来，住在印沟的人发现常常有凤凰飞来，每次都要落到河床上的那块巨石上。他们只知道凤凰来朝是吉祥之兆，谁也不愿赶走凤凰，年深日久，人们也并不以此为奇了。

这年，朝廷的告示贴到村口，村里有一爱思考的青年，把凤凰同美玉联系了起来。心想：这凤凰为什么老落在这块石头上呢？他便仔细观察，发现这凤凰每次都停留在巨石上部中间。他背着乡亲，几次把凤凰赶走，但不一会儿又飞回了原处。他是个读书人，知道古传"彩凤栖玉"的现象，怀疑这巨石的上部有玉石。

在一个月挂中天的夜晚，他悄悄渡过溪水，攀上巨石，赶走凤凰，发现巨石上的中部有一石窝，石窝上有一块碗大的石块，他推断这石头里边藏玉。但他又不敢把石块打碎，怕打碎了里边的玉石，为了进一步证实他推断正确，便把那块石头抱起放在较远的山坡上，他刚一离开，凤凰就落在山坡上；他又赶走凤凰，把那块石头放在场院里，他一离开，凤凰又翩翩飞来，他一连数十次挪动，石块到哪里，凤凰就在哪里栖息，他断定里面一定有宝玉。

于是，他背起这奇异的石头，在村口揭下了朝廷刻玺寻玉的告示，去寻找正在蓝田走访的宰相李斯。他要把这块宝石献给秦始皇帝。他走了几条川道，终于找到了李斯借居的寓所，不料被门卫毒打一顿，说他背的是块顽石。他只好把这块石头背回印沟。听乡亲们讲，他走后的几天凤凰没有飞来过。但他一回来，凤凰又飞来了，并向他长鸣了一声，这鼓起了他向始皇帝直接献宝的勇气。

他要到京都咸阳，直接面陈始皇。他走出村外，沿大路前行，抬头见迎面来了一队人员，大轿彩旗，好不威风。他知道这是李斯的人马，他憎恨那昏庸不识

第五篇

玉的蠢货，他感到非常难过。可就在此时，他发现凤凰就在自己头顶，向他展开着美丽的锦屏，并不断地长鸣。这壮丽的情景，被坐在大轿里的李斯看见了，李斯惊喜万状，急忙让打开轿观看。这位青年一心只想献玉，若无其事地向前走着。就在同李斯相遇时，凤凰居然落到了小伙子背石的肩上。李斯出轿亲自笑迎，询问这其中的原因。小伙子生气地讲了昨天挨打的经过。李斯即令给小伙子赔礼，并热情接受了献玉之事。

几天以后，秦始皇在金碧辉煌的金殿里亲自召见了献玉的英俊青年，在宫娥彩女的簇拥和音乐的伴奏之中，观看营缮大匠钎剥这块蓝田美玉。只见璧光水波，晶莹闪闪，温润泛蓝，苍翠、典雅……在场的文武百官无不惊喜！

第二天，秦始皇早朝之时，丞相李斯随即跪奏："这是块蓝田水苍玉，润泽似温，仁之方也；其声远扬，专以远闻，智之方也；鰓里自外，可以知中，义之方也；不挠而折，勇之方也；锐廉而不技，洁之方也。此正'五德'俱全，好为吾皇陛下传国玉玺，永葆世代皇福如海，江山不衰。正天赐良物良机，臣伏祈诏示。"

秦始皇听了李斯的奏语，十分高兴，当即下诏："丞相所奏，正合朕意。"即命李斯亲撰"受命于天，既寿永昌"为传国玉玺的篆文。决定用新得的这块蓝田水苍玉刻制我国第一枚传国玉玺。并下诏将出玉的那条沟赐名为"印沟"。

第三章 老妪与"金镶玉玺"

一 一身缟素的老妪

这是发生在中国历史上的一件真实的事情。

公元9年（王莽新朝元年），长安宫城内，长乐宫的御座上，一身缟素的老妪一边骂骂咧咧，一边愤怒地将传国宝玺投掷于地。宝玺放出五色光彩，在宫殿的石阶上往下滚去，突然"帛"的一声，碎裂一角。

宫殿两侧的文武百官，一个个屏息静气地垂手而立，他们面面相觑，互相用眼神来探询："皇宫里发生了什么大事？她为何要拿传国玺来出气？"

这时，安阳侯王舜小心翼翼地抬起头来，他见老妪已退位而去，遂从地上捧起缺角的宝玺，径自向后宫疾步跑去。从此以后，这枚传国玉玺就再难完璧。

行笔至此，读者诸君一定会发出疑问：那个一身缟素的老妪是谁？她又为什么要摔坏传国玺呢？

她就是历汉四世、位极人臣的汉孝元皇后！

孝元皇后本名王政君，为了便于把"摔玺"的历史事件叙述清楚，笔者不得不向读者交待一下孝元皇后及由其所形成的外戚裙带网。

孝元皇后王政君，是汉宣帝刘询的儿媳，汉元帝的妻子。汉元帝的后宫妃子七八年没有为他生下一个儿子，王政君入宫后不久便有了身孕，生下了一个儿子，取名叫刘骜。"母以子贵"，王政君从此受到宠爱，被元帝立为皇后，也即后世所说的孝元皇后。

建始元年（前32年），太子刘骜即位，就是汉成帝，尊皇后为皇太后，王氏专权由此始。她把她的哥哥王凤擢升为大司马、大将军领司书事，邑封五千户。

第五篇

到了后来，她的另外几个兄弟也都封为侯，时人谓之"王门五侯"。

这之中，只有王莽的父亲王曼早死，未得封侯，故王莽早年生活不如诸伯叔兄弟。他自知孤贫，因折节为恭俭，勤身博学，被服如儒生。其伯父王凤病危时，"莽侍疾，亲尝药，乱首垢面，不解衣带连月"。以此获得姑母和诸伯叔的欢心。王凤临死前，把他托付给太后和成帝，使他做了黄门郎，不久，又升迁为射声校尉。永始元年（前16年），元后要成帝追封王曼为新都哀侯，王莽嗣爵为新都侯，迁骑都尉、光禄大夫、侍中（宿卫近臣）。王莽虽封侯，而态度愈益恭谨，以邀取名誉。他倾家财赈施宾客，招纳名士，结交公卿大夫；又揭发外戚定陵侯淳于长的罪过，获得了忠直的名声。

成帝绥和元年（前8年），在太后的安排下，王莽代王根为大司马。他爵位愈尊，矫情伪饰愈甚。妻子见客，衣不曳地，布蔽膝，人以为使婢。第二年，成帝死去，刘欣以元帝庶孙继承皇位，是为哀帝。哀帝祖母傅氏和母亲丁氏两家外戚集团因近亲关系把持朝政。王莽暂时告退回到自己的封国，伺机再起。

哀帝是一个短命天子，只做了五年皇帝就死去，元后即日起收取了传国玉玺，召王莽进宫，于是王莽在元后的诏令下重新做了大司马辅政。公元1年，王莽奉元后命立中山王刘衎为帝，是为平帝，年仅九岁。元后以72岁高龄临朝称制，一切政事悉由王莽处理。

二 井底奇石上的血色"文告"

不久，平帝崩，王莽不想让一个已成年的刘氏子弟立为皇帝，不受他的控制，于是他立年仅两岁的刘婴为皇帝。此时，他渐渐地暴露出要当皇帝的野心，立一个傀儡便于他掌握，处心积虑地想尽了办法，导演了一出闹剧：

一天，京城附近的某县县令上奏，说村民从井底挖出一块奇特的石头，要当面献给太后，于是太后召集群臣上朝，同来观看这块石头有什么奇怪。

县令亲自扯下蒙在石头上的大红绸缎，大家一看惊呆了，只见这块石头从上到下纯白的颜色，没有一点瑕斑，上圆下方，像是件精工细作的工艺品。更加奇怪的是，石头正面书写着八个血红的大字"告安汉公莽为皇帝"。

孝元太后一看吃惊不小，心想，难道老天真的要刘家的天下灭亡吗？

此时，众大臣纷纷说："太后，依臣等看，此乃天意，不是人为因素所能阻挡住的，况且皇帝年幼，安汉公又德高无量，不如顺从天意吧！"

孝元太后坚决不肯："这万万不行，刘家200年的天下怎能从我手中断送。"

有一位大臣道："太后，'为皇帝'意思是让安汉公摄行皇帝之事，暂时代行天子之职，等皇帝长大成年后，再归权于皇帝不就行了吗？还望太后三思而定。"

众大臣又齐声附和，这时的孝元太后年迈体衰，而朝中文武大臣又多系王莽的心腹，不得已，她只得下诏书封王莽为"假皇帝"，让他也穿龙袍戴龙帽，面南背北。王莽开始假装推辞，在众大臣的极力推举下，他才半依半就当上假皇帝。

但王莽不满足于当个假皇帝，他的目的是当一个真龙天子。他又指使手下人做了两个铜箱，一个里面写着"王莽乃真龙天子"，另一个里面写着"高祖让位于王莽"。

大臣们又纷纷议论，都劝王莽自立为皇帝，大家也可以当上一个开国元勋，一生以推让出名的王莽这回可不再推让了，当仁不让，他在祖庙里拜受了铜箱，下诏道："王莽无才无能，受神灵指示，又受高祖让位于我，为真龙天子，我虽无心当皇帝，但恐怕天命难违，王莽不敢不受，只好勉力而为之！"

公元九年，王莽称帝，西汉灭亡，他改国号为"新"。

王莽当皇帝之后，有一件心事一直压在胸口，那就是传国玺仍在自己的姑母王政君那里，用什么法子才能将传国玺归为己有，以便成为"名正言顺"的皇帝呢？

他想到了一个骗玺的合适人选，这就是他的心腹党羽王舜。

当时，孝元太后住长乐宫里，而传国玺也就藏在那里，这个老妪自从侄子当上皇帝之后，才渐渐觉察出他的异心，以至于后悔当初不该扶他上台。现在她唯一能做的事，就是死死地抓住手中的印把子，不让汉家的传国玺落入旁人之手——依封建的传统观念而言，她王政君生是刘家的人，死是刘家的鬼啊！

三　王莽篡汉夺宝玺

孝元太后担心夺印的事终于发生了。那一天早晨，她刚刚起床尚未梳洗，宫外就有人通报："安阳侯王舜求见！"

这王舜与王莽同一辈分，也是孝元太后的侄子，平日里他为了巴结王莽，宫里宫外，凡发生了什么事，或听到些什么，都要暗地向王莽报告。但在孝元太后这里，他装得十分恭谨，说话时唯唯喏喏，使得她"雅爱信之"，对他深信不疑。

王舜进屋，在客厅里等候了一会儿，孝元太后从帷后走出，当她听到王舜是奉新皇帝之命，专门来索传国玉玺的，不由怒火中烧，指着他的鼻子大骂道："你们王家父子宗族还不是依靠汉家王朝的权力，才有今天的富贵荣华。可是，你们不仅不知恩图报，却乘人之危，夺取国家，这样无情无义的人，死了连猪狗都不如。天底下的人，难道还有比你们兄弟更卑鄙无耻的人吗！"老妪语及于此，悲不自胜，"你回去禀报你的新主子，就算他以'金匮符命'为新皇帝，变更朝纲的服制，也应当重新刻制新玺，传之于万世，何至于袭用这枚亡国不祥的传国玺呢？我这个汉家老寡妇，已到垂暮之年，风前残烛之人，欲与这传国玺一同下葬，

243

你们永远休想得到它!"语毕,泪不自禁,沾湿衣襟。而其旁伺立的老臣,也一个个涕泣满面。王舜看到这场景,知道硬夺会闹出人命,那样王莽就会把罪责推到他身上,于是装出一副十分同情的样子,良久良久,他才细声慢语地劝慰孝元太后道:"臣等曾经也在新皇帝面前劝过他,但新帝不可谏止,他是不听大家劝说的了,一意要得到传国玺。您老人家是知道他脾气的,终不能一直将玺放在身边呀!"老妪听到王舜一番又是劝解又是威胁的话语,知道今天若不交,明天王莽也不会放过她。"养虎遗患",她今天才理解这句话的真正含义,不由长叹一声:"唉——!"乃从匮中拿出传国玺,重重地往地上一摔,同时怒斥曰:"我老且死,与你们王氏兄弟,从此一刀两断!"

王舜既得传国玺,急急向王莽报告事情经过,传国玺虽缺一角,但印把子毕竟牢牢掌握了,王莽不由喜从中来,他一面命人用黄金包镶,一面为孝元太后置酒于未央宫,"大纵众乐"。[4] 由此而始,后世便把传国玺称为"金镶玉玺"。

四　史家对元后掷玺的评说

关于这段史实,司徒掾班彪(班固的父亲)对孝元皇后作了恰如其分的评价,他说:"三代以来,《春秋》所记,王公国君,与其失世,稀不以女宠。汉兴,后妃之家吕、霍、上官,几危国者数矣。及王莽之兴,由孝元后历汉四世为天下母,飨国六十余载,群弟世权,更持国柄,五将十侯,卒成新都。位号已移于天下,而元后卷卷犹握一玺,不欲以授莽。妇人之仁,悲夫!"[4]

班彪说道,汉兴之世,国家几次遭到危难,皆因后妃之祸。及至王莽篡汉代立,作为历汉四世为天下母的孝元太后,虽然权柄被侄子夺去,但是她仍紧紧地握住传国玺,不愿把它交给王莽。妇人的仁义,令人悲叹啊!

[4]《汉书》卷九十八:"元后传"。

第四章　玺文乃"虫鱼鸟迹"

一　段氏店铺的一枚古玺惊动朝廷

后唐清泰三年(936年)十一月,末帝李从珂见大兵压境,在无路可走的情况下,和皇后携传国玺登上元武楼自焚而死,从此玉玺下落不明。

又过了大约不到200年,北宋绍圣三年(1096年),古都咸阳有一个叫段义的古董商,在城内一家店铺里看到有枚古玺,烨烨有光彩,遂驻足把玩。

段义虽为商贾,却很有点学识,他见这枚玉玺的螭纽不同凡响,又见玺文如鸟兽虫篆,于是以重金购下。通过店铺老板,段义打听到,这枚玉玺的来历是这样的:河南乡(疑傍咸阳的渭水南岸——笔者考述)乡民刘银材要扩建房舍,他和家人在自己的宅基掘土时,无意中挖到了这枚玉玺,当时已近傍晚,玉玺出土时闪光透亮,人皆异之。段义虽然不识印上的文字,但他猜想这是一件至宝,于是连夜赶到京城,把它交给了礼部的大臣。

第二年,也就是绍圣四年(1097年),宋哲宗颁诏,命礼部御史台"以下参验",对这枚玉玺进行鉴定。

二　13名老学究的参验

一直到了北宋元符元年(1098年),经过翰林学士蔡京等13名大学问家一年半时间仔细研究,考证总算有了结果。这13名官员的奏书是这样写的:

按咸阳县民段义所献的玉玺,色绿如兰,温润而有光泽,其文曰"受命于天,既寿永昌"。其背(玺印上端)有五龙相盘的螭纽,纽间有小孔,

第五篇

用以穿丝绶。又得玉螭首一，白色膏，亦温润，其背亦螭纽五盘；纽间亦有贯组小孔，但无文字，与玉玺大小相同。[5]

在奏书的结尾一段，蔡京等认为：

臣等以历代正史考之，玺之文曰"皇帝寿昌"者，这是晋玺；曰'受命于天"者，这是后魏的玺印；称作"有德者昌"的，是唐玺；"惟德允昌"者，石晋的玺。只有称"既寿永昌"者，才是真正的秦玺。今得此宝玺于咸阳故宫一带，其玉乃蓝田之色，其篆文与李斯小篆的风格正合。饰以龙凤鸟鱼，乃虫出鸟迹之法，它跟今所传古书，莫可比拟，非汉以后所作明矣。

今陛下嗣守祖宗大宝，而神玺自出，其文曰"受命于天，既寿永昌"，则天之所畀，乌可忽哉？汉晋以来，得宝鼎瑞物，犹改庙改元，况传国之器乎？其缘宝法物礼仪，乞下所属施行。[6]

在这篇洋洋洒洒的文章里，不仅对传国玺下了肯定的定义，断为真玺，而且还建议皇帝举行庆贺大典。

哲宗皇帝接受了这些老学究的建议，并下诏礼部、太常寺"按故事详定以闻"。

礼部官员奏道："五月朔，故事当大朝会，宜就行受宝之礼。依上尊号宝册议，有司豫制缘宝法物，并宝进入。俟降出，权于宝堂安奉。"

按照传统的仪规，在受玺的前三日，差礼部官员奏告天地、宗庙和社稷。受玺的前一天，哲宗皇帝在内殿不上朝，整天必须吃斋，不得荤食。京城的街口墙上醒目地贴着"天授传国受命之宝"的文告。

迎玺的这天终于到了，一大早，皇宫内的大庆殿装点得金碧辉煌，哲宗坐在龙椅上，接受百官的朝贺。段义身着皇帝亲赐的金织衣袍，手捧披着红绸的金匮，在蔡京等13名文官的簇拥下，缓步走上殿去。哲宗接受传国玺时，深有感慨地说道："这枚传国之宝历经劫难，今天终于回到大宋朝廷，这是一种好的兆头。朕御服其玺，世世传受！"

三　姑妄存录：传国玺被冯道私藏墓中

笔者曾看到一个叫"柯林"的网民所发的帖子，他在一篇题为《沧桑世事》中写道，据民国年间，时任蓝田县县长、喜好玉石收藏的童冠文推考，传国玉玺

---

[5]《宋史》卷一百五十四，《舆服六·宝印》。
[6] 同上。

可能被五代的冯道私藏。但是，该网民的帖子无任何出处。

　　冯道，历史上确有其人，历仕后唐、后晋、后汉、后周和辽的大臣，字可道。瀛州景城（今河北沧州西）人。唐末，冯道事幽州刘守光为参军。刘守光败后，冯道事河东节度使李克用，为掌书记。李存勖即位，以冯道为翰林学士。明宗时任相。冯道历5朝11帝，不离将、相高位，容身保位，未尝谏诤。晚年自称长乐老。

　　尽管"柯林"的说法没有来源，笔者亦姑妄存录，以供好事者一哂。

　　后唐末帝李从珂与曹太后刘皇后等在亡国之际，登玄武楼自焚而亡之时，冯道正是当时的重臣。末帝李从珂掌理朝政，冯道为三公之一的司空，李从珂在玄武楼自焚而死，传国玉玺自此不知去向，莫非传国玉玺被冯道收藏？这时，一个更大胆的想法使他（即童冠文——笔者注）心头为之一震，传国玉玺会不会就在冯道的墓中？这样一想，他心头的疑云便一点一点地散开了，立时感到云开日出，豁然开朗起来，看来传国玉玺很有可能就在冯道的墓中。

　　原来冯道不仅是一个善于观望形势、舍弱趋强、无所建树的大官僚，而且还是一个私藏国宝、老谋深算的人。他把传国玉玺私藏起来而没有献出来，大概是出于这样的考虑。也许即使献出来他也不可能当更大的官了，他深知自己的官职已经够高了，纵使献宝邀功也是白搭，所以便藏了起来。而他死后，却让这稀世珍宝陪伴着他那丑恶的肉体，成为千百年来的一大谜踪。

第五篇

第五章　鄠县富绅献假玺

明朝弘治十三年（1491年），陕西的鄠县（今改为户县）出了一件奇事：

该县有一富绅，名毛志学，于渭水之阳漫步时，在河滨一带捡到一枚玉玺，玉玺的印文是"受命于天，既寿永昌"。与历世相传的秦始皇传国玺不同的是，这块玉玺的色质呈白色微青，其纽与传国玺一样，也是螭纽。

明朝时，传国玺早已失踪，因此，现在它又在民间显世，是一件十分重大的事情。当时，任陕西巡抚的熊翀以为这是一枚真的秦始皇玉玺，于是派府中官员将它呈献给明孝宗。但是，玉玺才送到礼部，便被挡了回来。

原来，这是一块假玺，据礼部尚书傅瀚考证，这块造假之作与真传国玺相比照，有四大明显的破绽：

首先是真玺的螭纽浮雕特征为五龙相互盘在一起；而假玺的螭纽仅有一条龙，此作伪者一也。

真玺的螭纽上方，缺一小角，这是因为汉孝元皇后摔坏的，史有明载；而假玺的螭纽则完损无缺，此作伪者二也。

真玺在缺角的一旁，刻有魏（曹操）录；而假玺与之不同，此作伪者三也。

再者，真玺刻文，出自李斯之手，这在陶宗仪《辍耕录》等书中俱有印模文字传世；而假玺的印文，与真玺的鱼鸟篆文也大不一样，此作伪者四也。

这位礼部尚书可谓学富五车、才高八斗，他列举史书上的一件件记载，以史实验斥了造伪之作。他指出："今天所进上的这块假玺，与宋、元两代所得之玺，我怀疑都是后世描摹秦玺的印文后而刻的。自而言之，宋、元所得之玺也属矫伪之作，只不过它们的复制水平比毛志学所献的这块玺要高明得多，故当时不易被识出罢了。"

对于世间为何会连续出现仿冒的假玺，傅瀚道出其中主要的原因是"君臣色喜，以夸示于天下"。他是这样说的：

我认为玺印的最大用途，是用它来识辨文书，以防小人诈伪，而不是把它仅仅当作一种宝玩啊。自从秦始皇用蓝田玉制成传国玺，汉代以后传袭用之。由此演绎出一场场巧取豪夺的争斗，还说什么得到它就能受天之命，稳坐江山。殊不知要治理好国家，不是靠什么玺，而是靠德政。所以有不少朝代遍索传国玺不得，便伪造出假玺，并用它来欺世惑众。若是一旦真的获得秦玺，则君臣色喜，以夸示于天下。这些丑事真让人贻笑千年。

为了劝告弘治帝，要他打消念头，傅瀚用了这样一个典故，他说道："太祖高皇帝初定天下时，他老人家自制一代之玺，且印文各有其深刻的含义，凡盖印时，随事而施。只有我大明朝这样的玺印，才称得上为一代受命之符，而垂法万世。而为什么要借此假玺呢?!"

弘治帝听完他的这番话不由得连连点头称是，遂将毛志学献上的这块假玺却而不用。[7]

这块被剔出的假传国玺，后来不知是谁又将它放入宫殿的宝库中，直至乾隆皇帝撰写《国朝传宝记》时，才从诸宝印中发现了这块假玺。这位才学过人的皇帝眼光锐利，他一语道出了假玺的作伪之处："按其词虽类古所传秦玺，而篆文拙俗，非李斯虫鸟之旧明甚。独玉质莹洁如截肪，方得黍尺四寸四分，厚得方之三。以为良玉不易得则信矣。"

[7]事见《明史》卷六十八，《舆服四·皇帝宝玺》。

第五篇

第六章 南明存档：永历帝携玺奔缅

公元1659年（清顺治十六年），崇祯皇帝的堂弟朱由榔在清兵的围剿下，从云南昆明仓皇出逃到缅甸。其时，追随者甚众。

据《小缅纪年》卷十九记载，逃缅时，当这一年的二月初。永历帝（即朱由榔）及其官员二千余人，从大盈江乘船赴阿瓦（今上缅甸曼德勒附近之一小镇，中国史书又称赭泾）落脚。这追随永历帝的二千余人中，分为两部分人马：一部分是以永历帝朱由榔为首的皇族宗室、各部大臣及眷属；另一部分则是以李定国、白文选为首的武将及其所部。

永历帝带领他们在阿瓦旧城（距曼德勒约3公里）辟一片荒地，拾草搭屋。对于这个逃难的皇帝位于阿瓦的朝堂，史载"草房十六间，以编竹为城"。其余的文武大员也纷纷自备竹木，结茅为舍。

由于阿瓦小城陡然增加了许多陌生的异域人，当地的缅甸百姓便经常拿出瓜果、米面等，与他们互市，于是阿瓦竟成为一座热闹的市镇。但是由于人数众多，缅甸王朝对他们又不太友善，不久这些落难者在生活上便陷入困境，以至总兵邓凯在永历的"朝堂"上大骂缅王朝。

在这样的窘迫境况下，永历帝被逼无奈，只好把传国玺拿出来敲成数块，分给官员以解决断炊问题。继而，生活所迫，为了活命，不少臣子也顾不得所谓"君臣大义"，而陆续离永历帝而去，到别的地方谋生了。

关于永历帝朱由榔携玺奔缅一事，宁超《桂家、敏家及其与乾隆年间的中缅之战》（载《东南亚史论文集》，河南人民出版社1987年版，一文中约略述及。

250

第七章　乾隆帝说：秦玺煨烬

清高宗弘历，也即历史上所称的乾隆皇帝，在他亲自撰制了一篇《国朝传宝记》内中讲到了这样一件事：

乾隆三年(1738年)，主掌漕运的大臣高斌到江苏宝应监督疏浚河道时，他的部下秦进在河底获一玉玺，"古泽可爱"，玺文又与史书上所记载的秦玺一模一样。但乾隆帝还是看出这枚玉玺是好事者仿刻所为，于是将它放在其他殿内，只当作一件"玩好旧器"而已。

这位颇有学识的天子细细考证史料后认为，秦始皇传国玺早在清泰三年(936年)丙申十一月，就已随唐末帝煨烬，关于这一点，古人考述甚详，后世何必再孜孜求索？

乾隆帝还认为，即使秦玺尚存世间，为什么非要把它与本朝的传宝(指清世祖顺治帝遗下的玉玺)同放一处呢？

下面刊录的是高宗御制《国朝传宝记》的全文，以供方家通人辨识。[8]

国朝受天命，采古制为玺。掌以宫殿监正，袭以重录，承以案几，设交泰殿中，以次左右列，当用则内阁请而用之。其质有玉，有金，有香檀木。玉之品有白，有青，有碧。纽有交龙，有盘龙，有蹲龙。其文自太宗文皇帝以前，专用国书，既乃兼用古篆。其大小自方六寸至二寸一分不一。尝考《大清会典》，载御宝二十有九，今交泰殿所贮三十有九。《会典》又云："宫内收贮者六，内库收贮者二十有三。"今则皆贮交泰殿，数与地

[8]载《清史稿》卷一百四：《舆服志三·皇帝御宝》。

251

皆失实。至谓"皇帝奉天之玉"即传国玺，两郊大祀及圣节宫中告天青词用之，此语尤诞谬。大祀遵古礼，用祝版署名而不用宝。圣节宫中未尝有告天事，或道录祝厘，时一行之，亦不过偶存其教耳，未尝命文人为青词，亦未尝用宝。且此玺孰非世之传守，而专以一宝为传国玺，荒亦不经。盖缘修《会典》诸臣无宿学卓识，复未尝请旨取裁，仅沿明时内监所书册档，承讹袭谬，遂至于此。甚矣记载之难也。且《会典》所不载者，复有"受命于天，既寿永昌"一玺，不知何时附藏殿内，反置之正中。按其词虽类古所传秦玺，而篆文拙俗，非李斯虫鸟之旧明甚。独玉质莹洁如截肪，方得黍尺四寸四分，厚得方之三。以为良玉不易得则信矣，若论宝，无论非秦玺，即真秦玺，亦何足贵！乾隆三年，高斌督河时秦进属员睿宝应河，所得玉玺，古泽可爱，又与《辍耕录》载蔡仲平本颇合。朕谓此好事者仿刻所为，贮之别殿，视为玩好旧器而已。夫秦玺煨烬，古人论之详矣。即使尚存，政、斯之物，何得与本朝传宝同贮？于义未当。又雍正年故大学士高其位进未刻碧玉宝，一文未刻，未成为宝，而与诸宝同贮，亦未当。朕尝论之，君人者在德不在宝。宝虽重，一器耳。明等威，征信守，与车旗章服何异？德之不足，则山河之险，土宇之富，拱手而授之他人，未有徒恃此区区尺璧，足以自固者。诚能勤修令德，系属人心，则言传号涣，万里奔走。珍非和璧，制不龙螭，篆不斯籀，孰敢不敬信承奉，尊为神明。故宝器非宝，宝于有德。古有得前代符宝，君臣动色矜耀，侈为瑞贶者。我太宗文皇帝时，获蒙古所传元帝国宝，容而纳之，初不藉以为受命之符。由今思之，文皇帝之臣服函夏，垂统万世，在德耶？在宝耶？不待智者而知之矣。善夫唐梁肃之言曰："鼎之轻重，玺之去来，视德之高下，位之安危。"然则人君承祖宗付畀，思以永膺斯宝，引而勿替，其非什袭固守之谓。谓夫日新厥德，居娄虑危，凝受皇天大宝命，则德足重宝，而宝以愈重。玺玉自古无定数，今交泰殿所贮，历年既久，记载失真，且有重复者。遂加考正排次，定为二十有五，以符天数。并著成谱，而序其大旨如此。

又《盛京尊藏宝谱序》曰：

乾隆十一年春，阅交泰殿所贮诸宝，既详定位置，为文记之。其应别贮者，分别收贮。至其文或复见，及国初行用者，为数凡十。虽不同现用之宝，而未可与古玩并列。因念盛京为国家发祥地，祖宗神爽，实所式凭。

朕既重缮列祖实录，尊藏凤凰楼上，觐扬光烈，传示无疆。想当开天之始，凝受帝命，宝符焕发，六服承式，璠玙孚尹，手泽存焉。记不云乎，"陈其宗器"，弘璧琬琰，陈之西序，崇世守也。遂奉此十宝，赍选盛京，镌而藏之，而著其缘起如此。

乾隆皇帝说："漕运大臣高斌在乾隆三年督浚河道时，他的属下秦进于宝应河内挖到的这方玉玺，即润泽又可爱，而且还与《辍耕录》里所记载的蔡仲平（史称蔡平仲，未知孰是）版本十分符合。我认为，这实际上是一些好事者所为，就将它放到配殿里，当作一件古玩旧器罢了。其实，关于秦始皇传国玉玺毁之于火中，古人关于此事考述得十分详细了啊！即使这方传国玺尚存在世间，为什么非得一定要将它与本朝的国宝放在一道呢？"

继而，这位皇帝又阐述传国玺与帝王治政的关系，说得很有见地，他是这么说的：传国玺虽然珍贵，终究是一个器物而已！如果国君的德行不足，那么江山社稷就会遭到危险，一个富足的国家就会被拱手交给他人。而决不会仅仅靠这区区一方的玉玺，就能稳固江山的。所以说，对于宝器之物，不是不要珍爱它，更应珍爱的是德行啊！

乾隆皇帝最后说，"玺玉的命运自古以来就没有一个定数，今天（指乾隆十一年春某日——作者注）我经过仔细考证，把一些质地润莹的玺定为二十五枚，并一一将它们著录成谱内，核阅之后，交泰殿贮于凤凰楼上，用以传示无疆！"

由此看来，乾隆皇帝考证到最后，对传国玺的存亡还是疑团难解，以至于疑信参半，最终还是将那枚考为"伪玺"的传国玺收入密阁之中。

第八章　传国玺印文及螭纽版本

一　毕景儒本

查阅《蓝田县志》，其上记秦始皇传国玺之形制、有五个不同的版本。

一为毕景儒本，印文曰"受天之命，皇帝寿昌"。字体与李斯鱼虫篆不类。毕本在印文旁有两行说明，其文引《辍耕录》云："或谓玺文曰'受命于天，既寿永昌'；或谓玺文曰'受天之命，皇帝寿昌'。盖秦别有'受天之命，皇帝寿昌'一玺，又非元成宗时所得。"

（图5–2）

二　向巨源本

二为向巨源本，印文曰"受命于天，既寿永昌"。图旁亦有注云："石得于乾之永寿。高尺，径三寸二分，深八寸七分。容七升二合。无铭识。按此亦昌与叔先生所藏，故入志。"此一版本最为关注者。

（图5–3）

三　蔡平仲本

三为蔡平仲本，印文曰："受命于天，既寿永昌。"图旁无注文。此图与向巨源本接近，但印文篆体不如向本丰满、遒劲，笔画较简，似仿制向本所为。

（图5–4）

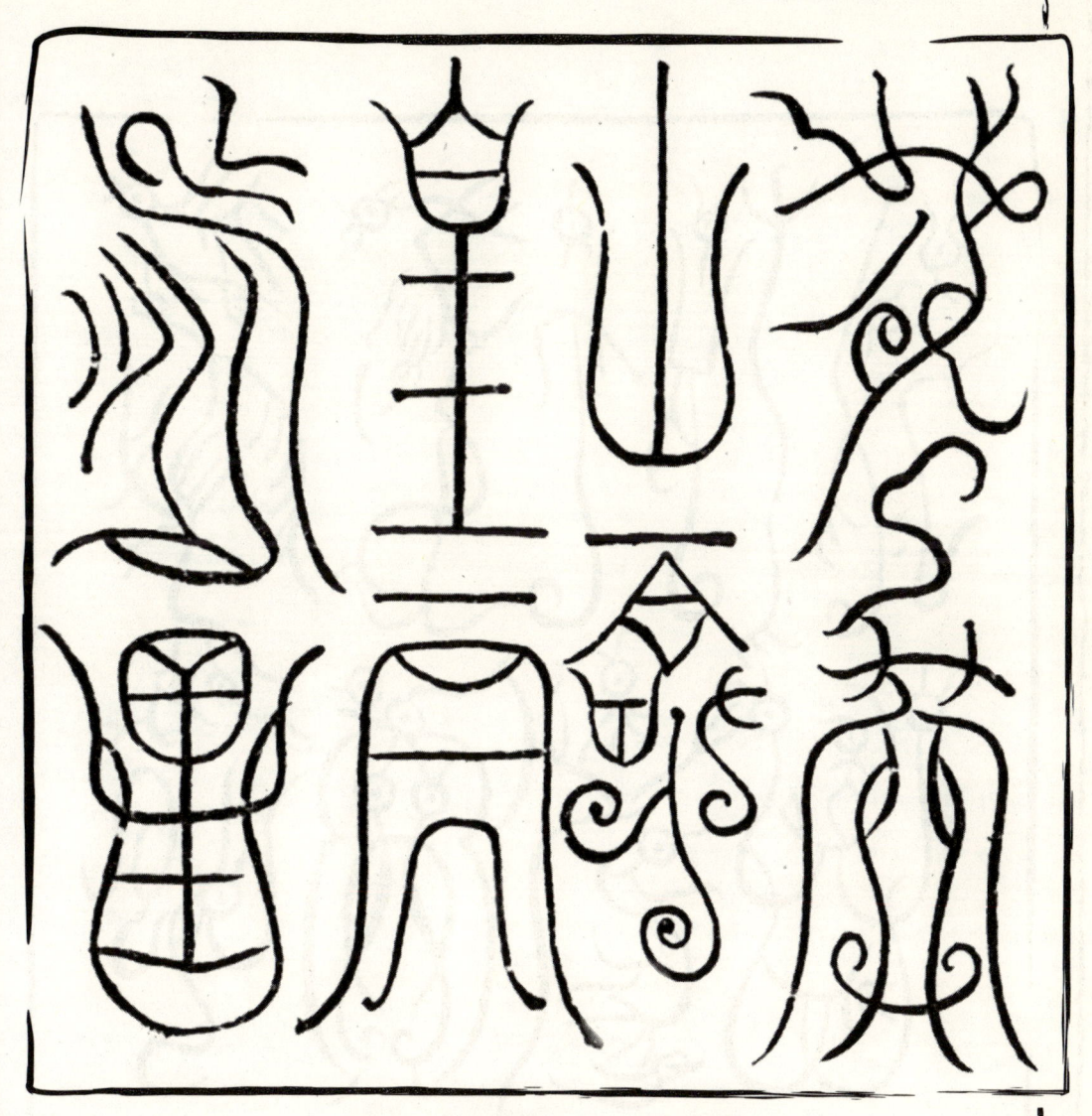

图5-2 传国玺印文之一：毕景儒本

第五篇

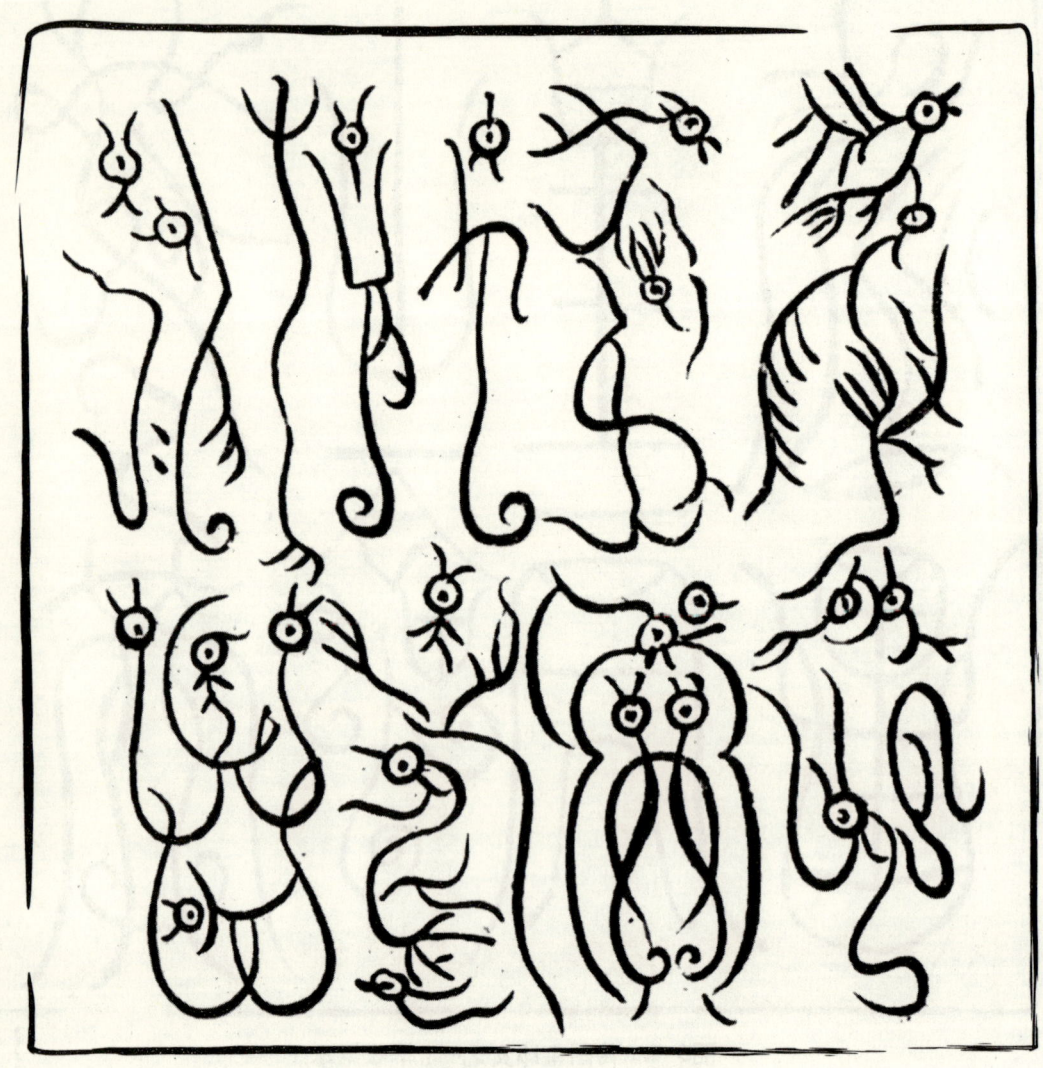

图5-3 传国玺印文之二：向巨源本

图5-4 传国玺印文之三：蔡平仲本

第五篇

四 蓝田县志本

笔者翻阅清代旧志时,在方志的扉页上,竟然看到传国玺还有一个版本,故暂时名谓蓝田县志本,考其印文,发觉系仿制毕景儒本,现姑妄存之。(图5-5)

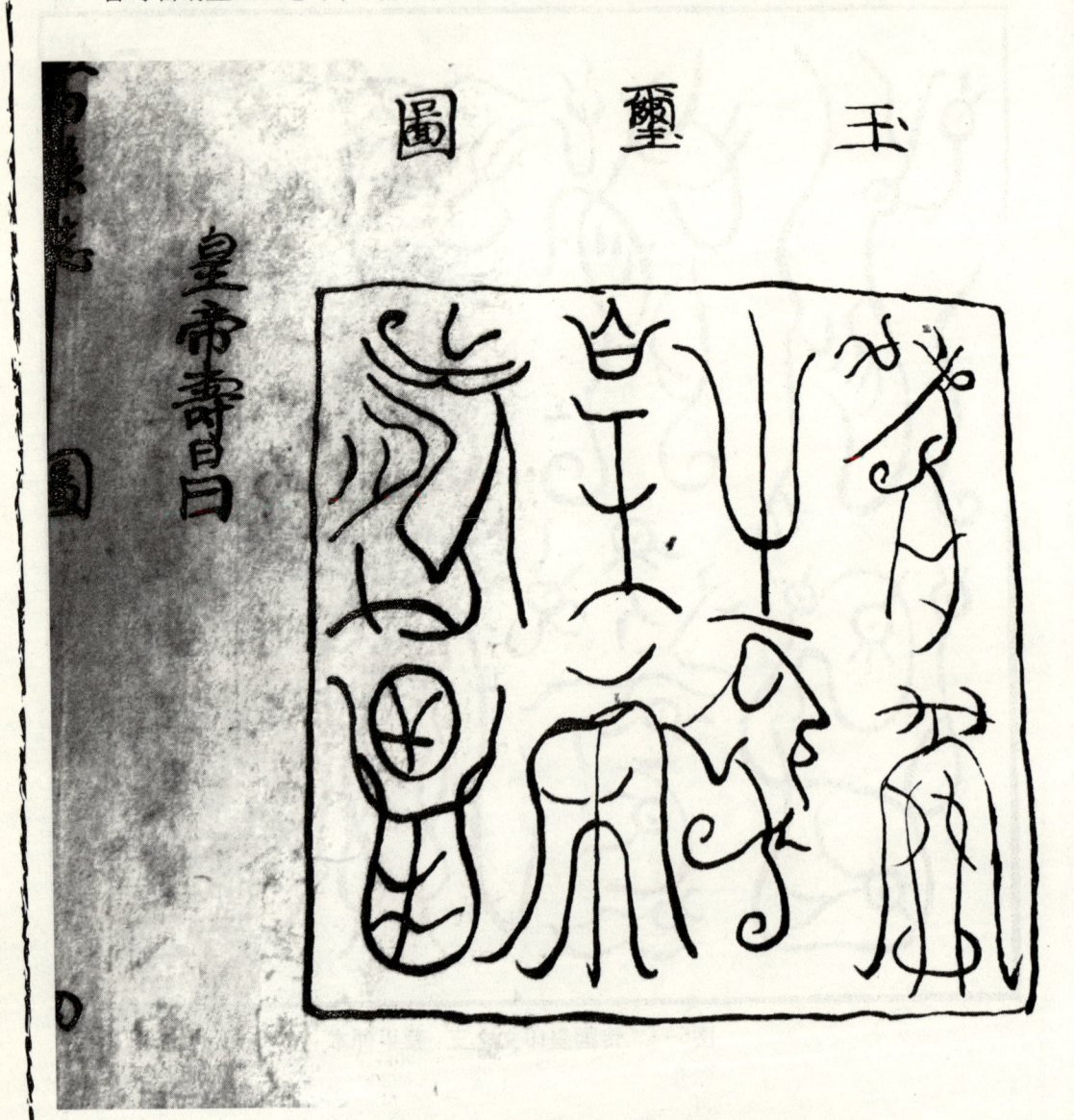

图5-5 传国玺印文之之四:蓝田县志本
这一版本的玉玺图,与毕景儒本相似。可能是蓝田县志的修纂者根据毕景儒本描摹而成,然其描摹之技粗劣,不及毕景儒本精细。

五 螭纽本

除去上述的 3 幅图，县志中还有螭纽一个版本，考其图，与其说是五龙相交，毋宁说是两个阴阳相抱的太极图更为合适。图中有注云："秦传国玺，以蓝田水苍玉为之，刻鱼、虫、鹤、蟮、蛟龙，皆水族物。大略取此义，以扶水德。秦得蓝田玉，制为玺，八面正方，螭纽。命李斯篆文，以鱼鸟刻之，文曰：'受天之命，皇帝寿昌。'或曰：'受命于天，既寿永昌'。"注文下面还有一行小字，说明史料源自《太平御览》引《玉玺谱》。（图5–6）

图5–6 传国玺螭纽

第五篇

六　结语：秦始皇传国玺"现世"蓝田

秦始皇传国玺，其形制到底如何？查考资料，参照诸家之说，可得出如下的结论：

玺的材料系用蓝田玉制成。其尺寸，依古制，玺方四寸，纽交五龙（即螭者）。印文曰："受命于天，既寿永昌。"

1992年7月，笔者在陕西临潼休养时，顺道赴蓝田勘访，欣悉蓝田玉石科技人员通过查阅大量史料，并依据县志记载，将传国玺的重量及尺寸换算成公制单位，从选材到治印，历时三年，终于将这枚传国玉玺（复制品）重现于世。

同月7日，笔者在文汇报以《秦皇传国玉玺复制现世》为题，向学术界透露了这一信息，报道的全文如下：

本报西安专讯（记者徐作生）　失踪2000多年的秦始皇传国玉玺，而今在陕西蓝田县"现世"。这枚雕有"受命于天，既寿永昌"印模、重1.7公斤的玉玺，宝光熠熠，令海内外无数宝石巨贾叹为观止。

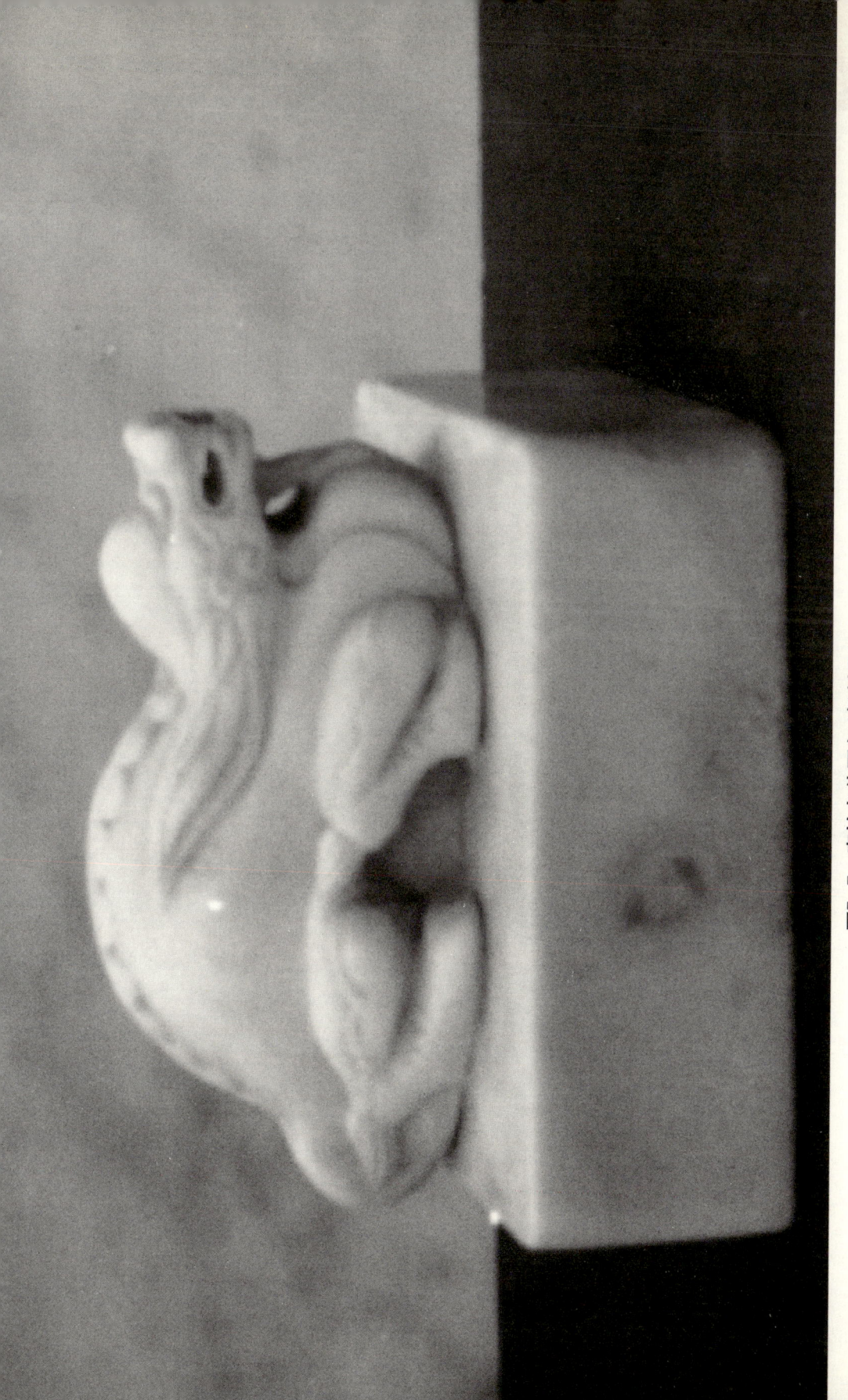

图5-7 秦始皇传国玺(复制品)

第五篇

　　玺是古代皇帝的宝印。在无数宝玺中,秦始皇传国玺被称为历朝相袭的玉玺,至五代时突然失踪。千百年来,有关它的种种传说无不充满神秘的色彩,清末代皇帝溥仪被逐出宫时,警察总监张璧和鹿钟麟等仍在追索其下落。据蔡邕《玉玺谱》载:"始皇初定天下,刻传国玉玺,其玉出蓝田山。"蓝田玉石厂科技人员通过查阅大量史料,并依据县志记载,详细考证了传国玉玺的形制,并将重量及尺寸换算成公制单位,从选材到治印,历时三年,终于将这枚传国玉玺重视于世。

　　新制的传国玉玺长11.3厘米,宽10.2厘米;玺印上端刻螭形浮雕。印模原文"受命于天,既寿永昌",仿李斯鱼篆体刻成。

(本文获《文汇报》短新闻优秀奖)

图5-8 秦始皇传国玺印模(复制品)文字

第六篇

宝山烽堠留谜文
——上海外高桥海域履险

第一章　宝山烽堠神秘失踪

那是 30 年前的梦了。30 年前，我还是一个在小学念书的学生，头脑里充满神奇、浪漫的幻想。

记得那一年暑假，我随外祖父乘海轮到南海普陀山礼佛。当轮船喷着浓烟，鸣响汽笛，驶出吴淞口，经过长江与大海交汇口的高桥海滨时，外祖父告诉我，这里就是万里长江的入海口了。老人指着海滨对面一座小岛对我说，那就是长兴岛。

我在阳光下眯起眼睛向岛上望去，但见一座座农舍掩映在朦朦胧胧的一片绿色之中。然而令我感兴趣的还是高桥海滨，那儿的沙滩上，有不少人在涉水嬉戏。外祖父告诉我，在海滨浴场的东北面，有一道残存的土堤，这道土堤在古代就是老宝山城堡，当时墙壁由两层青砖砌成，很坚固。后来砖头统统被当地村民拆去造房子，只留下这道土堤墙芯了。外祖父还告诉我，古书上有记载说，明朝永乐年间，在老宝山城堡海滨，曾经建造过一座高大的烽堠，高 30 丈，直径 100 丈，比上海的国际饭店还要雄伟！后来这座烽堠突然神秘地失踪了。

"外公，什么叫烽堠？"我好奇地问。外祖父慈爱地抚摸着我的头，说道："烽堠，又称烽火台。古代边防常有外敌入侵，于是人们就构筑土堡哨所，一旦发现敌情，点燃烟火来报警，这种土堡哨所就叫烽堠。""那为什么海边也建造烽堠呢？"我打破沙锅问到底。外祖父摇摇头："孩子，外公只知道这些，等你长大了，兴许能解开这个谜。"

神秘的宝山烽堠，它为什么建在海边？它后来到哪儿去了呢？难道天外来客把它运到另一座星球上去了吗？我望着湛蓝湛蓝的大海，大海不答，只有浪花"啪哒、啪哒"地拍击着船舷……

第六篇

第二章　踏访"恐怖水域"
——实地勘察图录之一

一　海图上的"恐怖水域"

　　宝山烽堠所留下的谜文，一直到我长大后仍在脑海留存。
　　1968年，我中学毕业后分配到交通部上海航道局工作。一次，我随"航锋三号"轮到长江入海口的大戢山灯塔送补给，无意中我从海图上发现：外高桥一带离岸线一公里左右的水域，有一"恐怖水域"存在。船上的一位"老航道"告诉我，早在清朝初年，这里就常常发生海损事故。船舶稍有不慎，驶入恐怖水域区内，就会发生触礁搁浅，以致造成船毁人亡的惨剧。同治初叶，被清政府委以海关总税务司的英人赫德，在长江口及中国沿海勘察航道时，测出了外高桥水域的这一片危险区，因为这一带水底均为平坦的泥沙质，怎么会出现"暗礁"，他也弄不清这一危险区究竟为何物构成。为了洋人的自身利益，赫德乃倡议仿效西人导航新法，在长江入海口首先建设大戢山、佘山、花鸟山三座灯塔，"以为便利航行，发展贸易，增加税收之计"。赫德去世后，其后任又相继对长江口航槽进行复测，并于1916年正式将外高桥危险区在海图上标出，从那时起，这个神秘而恐怖的水域便成了航船的禁区。
　　"老航道"漫不经心的叙述，却在我脑中激起一个联想：外高桥不就是明代的老宝山城堡吗？那么，宝山烽堠位于城外海边，它会不会就是民国年间所绘的海图上的"危险区"？于是，童年时期听说的那个神秘失踪的圆锥体建筑物又在我的脑海中朦朦胧胧地浮现出来。

二 海豹轮老船长侃古

自此以后，每逢船一靠岸，我便钻进上海图书馆，从浩如烟海的史料、方志中寻找答案。根据地方志记载得知，明朝中叶以后，因长江迅速北坍，宽阔的喇叭口（即长江入海口）在强大海潮、波浪的冲刷下，发生内坍现象。明万历十年（1582年）七月，海潮以排山倒海之势，将30多丈高的烽堠及老宝山城全部摧坍于海，从而在今天的外高桥深泓岸线区，形成了一条约4公里长、1公里宽的"沉石带"。为了证实这一论点，必得找到宝山烽堠的实物依据。于是我向"海豹"轮老船长顾凤祥（现已故）请教。

顾凤祥老人祖居吴淞镇，解放前就在国民党浚浦局工作，对外高桥一带的水域地理极熟。他告诉我说，宝山烽堠是明朝永乐皇帝亲自批准建造的。当时，为了加快进度，皇帝颁制诏书，调动了海运将士数千人，日夜挖土垒山，仅仅用了不到10天的时间就造好了。烽堠完工后，永乐皇帝还写了一篇长达千字的赞颂文章，刻碑纪念。"那么，皇帝的这块御碑现在还能找到吗？"我不由打断老船长的话，急切地问。老人点燃了水烟，咕噜咕噜地吸了几口，然后缓缓地答："这块碑上刻有两条龙，约有5尺来高。民国初年，我和小伙伴背着竹篓一起到外高桥海滩上捉蟹时，还在草丛里看见过，现在兴许还能找到它。"

永乐御碑在民国初年仍在！老船长的话使我的心为之一震。然而，其时我曾利用假日，两次往返高桥海滨寻找，均无着落。

三 乡绅护碑传佳话

1985年7月，我在江苏太仓出席郑和下西洋580周年纪念大会期间，趁便前往高桥乡乡志编修组打听，在编志人员的前引下，终于将御碑找到。

宝山烽堠碑，全称《永乐宝山烽堠御碑》，明永乐十年（1412年）五月立。碑文系成祖朱棣亲撰。碑正中上方有"御制"两字，双龙盘旋左右，刻工精巧，形态逼真。

《永乐宝山烽堠御碑》原竖在上海川沙县高桥镇东北7华里处的烽堠脚下（即成祖赐名的"宝山"），依傍海滨。万历十年坍陷入海，唯独这通御碑幸存下来，长期峙立于旷野荒草之中。

民国年间，当地有一个名叫钟人杰的乡绅，家住高桥乡钟家弄。一天，钟人杰在钟家弄清浦溪踱步时，于东桥头草丛之中见有一巨大的碑倒伏着，命人将石碑扶起，足有一人多高，碑的上端刻有云龙图案。钟精通古文，知道这块御碑非同一般，遂在自家花园的湖心建一亭子（也就是今天的高桥中学湖心亭中），置碑、挂匾以志其事，从而使这一重要历史文物赖以保存至今。（图6—1）

第六篇

图6-1 明成祖御制《永乐宝山烽堠碑》
该碑藏于上海市浦东高桥镇高桥中学内。

四 永乐宝山烽堠御碑释读

碑通高146厘米,宽96厘米,厚30厘米。阴刻,楷书。碑文虽漫漶数字,然绝大部分字迹仍清晰可辨。现加标点,谨录如次:

《永乐宝山烽堠御碑》
御 制

宝山之（此处漫漶数字）

嘉定濒海墟，当江流之会。外即沧溟，浩渺无际，凡海舶往来，最为冲要。然无大山高屿以为表识。遇昼晴风静，舟徐而入，则安坐无虞。其或昼夜，烟之晦冥；长风巨浪，帆樯迅疾，攸忽千里；舟师勿戒，瞬息差矢。触坚胶浅，遄取颠踬，朕恒虑之。今年春乃命海运将士相地之宜筑土山焉，以为往来之望。其址东西各广百丈，南北如之；高三十余丈。上建烽堠，昼则举烟，夜则明火。海洋空阔，遥见千里，于是咸乐其便。不旬日而成。周围树以嘉木。间以花竹，蔚然奇观。先是，未筑山之前，居民恒见其地有山影，及时筑成，适在其处，如民所见者。众曰："是盖有神明以相之故，其兆先见，皆称之曰'宝山'。"因民之言，仍其名而不易，遂刻石以志之。因以诗曰：

沧溟巨浸渺无垠，混合天地相吐吞。
洪涛驾山嶵嶪奔，巨灵赑屃相嘘喷。
挥霍变化朝为昏，骇神唬魄目黯昏。
苍黄栅髀孰为授，及起兹山当海门。
孤高靓秀犹昆仑，千里示表□烽燉。
永令汛济无忧烦，"宝山"之名万古存。
勒铭悠久同乾坤。

永乐十年五月

为便利广大读者通达文意，现将碑铭译成白话：

宝山、嘉定濒临海滨，正当长江入海口。其外即海天苍茫，浩渺无际，凡是海舶、沙船来往进出长江均须经过此地，地势极为重要。然而，千百年来，由于没有大山高屿作为航行的标识，船舶常常会发生意外。若是白昼，遇到风平浪静的好天气，船儿慢慢驶入，随时注意，则可以安然无虞。然而碰到阴天，茫茫大海之上，像是全被烟雾笼罩住，使航海的人员无法辨别方向。船被暴风巨浪挟持急驶，转眼之间，被卷到千里之外。舟师倘稍一疏忽，瞬息之间将会全军覆灭。那坚硬的礁石，那暗藏的浅滩，那奔腾咆哮、抛掷得船跌跌撞撞的惊涛骇浪，是多么危险啊！为此，我常常替他们焦虑。 今年春天，我下令命海运将士勘察地形，在海滨合适之处，构筑土山一座，使来往航行的海船可以作为标识，不致迷航触礁。这

第六篇

座土山东西长一百丈，南北也同样一百丈；高三十余丈。上面建造烽堠。白天时，燃起烽烟，夜晚时，则点起大火。海洋空阔，行船人远远便可望见烟火，他们都高兴地说，船员比以前行驶要安全多了。这座便于舟师航行的烽堠，不过十天就完成了。烽堠周围植满树木和青竹，游人前来参观，一个个叹为观止。先前，在没有建立烽堠之前，当地居民常常看见海滨一带有山影，及至烽堠筑成，恰巧座落在看见山影的地方，就像老百姓以前所见到的山影模样。当地居民都啧啧称奇说："这大概是神明相助的缘故，还是将它取名为'宝山'吧！"于是，根据老百

图6-2 宝山烽堠实景图
本图依据明成祖御制《永乐宝山烽堠碑》铭文内容绘制。

姓的口碑，朕便将烽堠定名为"宝山"，继而命工匠刻石以作纪念。为了表达百姓的欢欣，特作诗一首：

　　沧茫的大海啊，浩渺无垠；
　　含混的天地啊，波浪吐吞！
　　洪涛翻滚，像一座座山峰奔腾，
　　巨船失控，在波峰浪谷中颠簸翻腾！
　　惊涛骇浪，令神灵也胆怯三分！
　　然而，人的力量胜过洪涛巨浪，
　　这屹立海滨的烽堠，宛若一座排浪的海门！
　　它孤高靓秀，可比那莽莽昆仑！
　　千里之外的游子，当你们返航之际，
　　看到这巍峨的标识，便会解忧安魂！
　　呜呼！"宝山"这一名字将万古长存！
　　而我的这篇勒铭，也将与乾坤永在共存！
　　　　　　　　永乐十年五月

　　通过永乐皇帝的这篇御制碑文，我们可以清楚地了解到，将近600年前建造的这座宝山烽堠，堪称我国沿海的一座雏形灯塔，其作用既不同于中国内地的烽堠用于防敌报警，也不同于泉州姑嫂塔那种由地理位置而形成的天然导标，而是明朝政府为保障郑和船队进出长江口，所专门营造的航行标志。这座烽堠对研究郑和下西洋时期我国的航海航标史，具有十分珍贵的史料价值和实物价值。

第六篇

第三章 "闻得宝山山不见"
——实地勘察图录之二

一 万历十年：烽堠坍陷入海

由明万历《嘉定县志》记载可知，宝山烽堠未筑之前，外高桥地区有清浦镇，"其东北距海，西濒吴淞江（今称黄浦江），多渔盐芦苇之利，田土丰腴，人民殷富，为通邑诸乡之冠"，可见这个濒临江海之滨的渔镇不但交通便利，而且当地百姓的生活也是十分富足的。洪武年间，这里有灶户五千七百余丁，人烟很稠密。

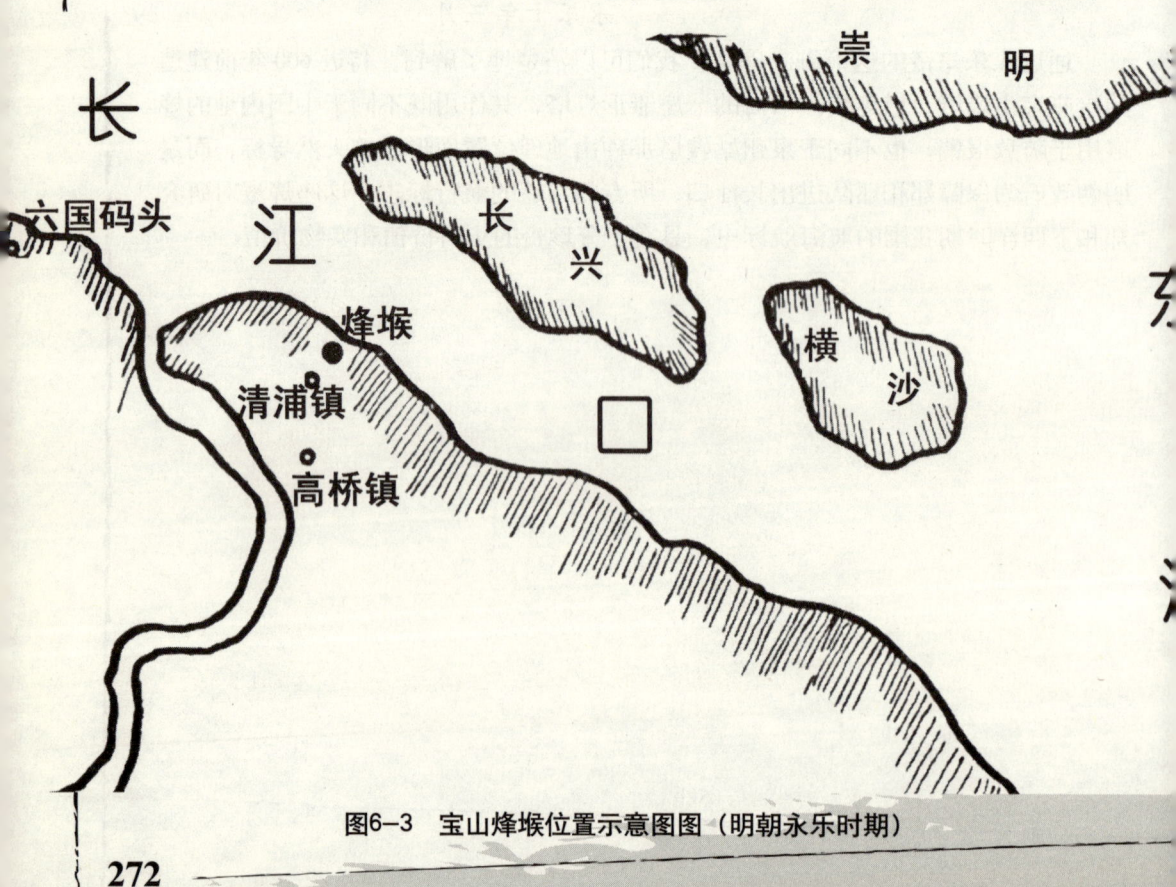

图6-3 宝山烽堠位置示意图图（明朝永乐时期）

洪武十九年（1386年），镇海卫指挥朱永奏建清浦旱寨，配备镇海卫指挥一员、千户二员、百户四员，领兵四百兵。按明卫所军制："大率五千六百人为卫，千一百二十人为千户所，百十有二人为百户所。"浦东高桥海滨的清浦旱寨军队编制系千户所编制，虽然领兵不满员，但卫指挥却亲驻在所，可见其海防地位之重要。洪武三十年（1397年），太仓卫指挥刘源向朝廷奏请获准，在原清浦旱寨之右侧建造土城。周广一百八十步，高一丈六尺，广二丈五尺。城完工后，改名为"江东寨"。

　　自永乐十年（1412年）宝山烽堠筑成后，烽堠之麓的兵营江东寨遂改名为宝山所，宝山之名由此始。

　　明正统九年（1444年），都指挥翁绍宗奏请朝廷获准，于宝山所土城左侧改建砖城，历时五年，至十三年（1448年）才竣工，楼堞、铺舍、廨署（古代地方长官办公的处所）一应俱全。从地理形势上看，这座砖城与洪武朝的土城宛如两道屏障，而宝山烽堠，则如立于这屏障之外的卫士，警惕地看守着海面，指引来往的航船平安地行驶。

图6-4　老宝山城堡南门遗迹
史载"城隘出入仅一门采樵之路"，即此。

第六篇

明代末叶，苏、浙、沪海滨常受倭寇骚扰。为了保护烽堠不致受到倭寇破坏，整饬兵备右参政王叔杲与副帅都督黄应甲，"以旧城去山较远，且城隘不足资控御"，于万历四年（1576年）联名奏请朝廷，改建其城于宝山之麓。奏章详细分析了宝山地形的重要性，其文云："其地南距川沙，北距吴淞二镇，皆五十里，而近吾吴门户地。初有旱寨，兵额四百余，属寨废而徒在故寨右，曰'新城'，去山十余里，不足瞭望；去民家远，缓急不足以收聚。而城隘出入仅一门采樵之路，扼守不足以坚其便，毋若依山为堡，广其隍，崇其墉，坚其壁，以北控川沙而南控吴淞诸戈船。嫖姚校尉诣幕府受约束，分水陆出哨，而宝山之瞭望，指掌于数百里之外，于形势最便。"朝廷大司马议可，即命郡丞施之藩总理，历时二年，于万历六年（1578年）建成于宝山之麓。改建后的宝山城，其规模比正统间所建的砖城更大，设施也更完备。其城周长四百九十五丈，高二丈六尺二寸；计有城门四座，瞭望台十二座，窝铺十六个；吊桥三座，壕沟长六百八十九丈四尺。城内建有中丞官署、兵备官署、海防丞厅、练兵厅、千户所厅各一，军士宿舍六百八十楹。经朝廷批准，正式命名为"宝山守御千户所"，隶太仓卫管辖，除内设正千户、副千户等官员外，额设士兵1977名，与明代卫所兵制相比较，不再是不足额的千户所编制，而是大大超额的千户所编制了，与此前的兵数相比，整整扩大了五倍。扩建新城，增设兵额，其缘由与嘉靖间倭患有着密切的联系。据《宝山续志》卷一记载，嘉靖中，倭寇如雀而至，侵入宝山，故这一带被害最剧。

万历十年（1582年）七月，"潮决于李家浜，坍及于城"，由于宝山海滨发生大面积海坍，致使烽堠及宝山城堡全被海潮淹没，所幸的是，烽堠脚下的那座御碑被保存下来。

烽堠坍没以后，渔人在附近海面捞起许多巨木。1987年夏，我在高桥乡海滨村寻找烽堠遗迹时，于该村村民沈国勇居处发现了清代宝山城堡残迹。这座城堡是清康熙年间重建的，它距离明万历旧城西北2华里。城堡的城墙均为双层青砖砌成，墙厚约3米，双层青砖墙之间以黄土夯实。城毁后，残墙的双层青砖均被村民拆光，现在所能见到的，仅是光秃秃的一道一百多米长的土墙而已。在沈国勇居处对面，有城堡门洞一座，为1978年修复，砖志上铸有"宝山"、"松"两种字样。城墙内外还有护城河，至今在城外西北角尚能找到外城河的遗迹，最宽处逾4米。

清代宝山城方广64亩，民谚谓"闻得'宝山'山不见，站在南门看北门"，可见其城规模之小。据村中的老人相传，此城原来预算要造640亩，由于县官贪污经费，被查处后革职，后来由苏州府海防同知李继勋督造。清代驻防于此，有守备署，因海溢倾圮，四座城门中仅存一座，即南门城洞。（见图6-4）

二 "恐怖水域"帽子彻底摘掉

根据实地勘察及史料记载,可证实明代宝山烽堠及明代宝山城堡塌陷入海处的确切地点,在今海滨村东偏北 2 华里以外的岸线水域,也即海图上所标示的"危险区"。

1988 年 12 月,《中国航海》发表了我的论文《考永乐烽堠御碑的一个新发现》,引起了史学界和航海部门的极大关注。翌年 9 月 27 日,《文汇报》以《外高桥摘掉"危险区"帽子》为题,播发了一条令人兴奋的消息:上海航道设计研究所的关于长江口外高桥"危险区"内航道工程可行性研究报告宣布,"恐怖水域"帽子已被彻底摘掉,从而标志上海浦东开发一大障碍已被排除。经勘测及研究查明,若将这个"危险区"排除后,可使外高桥岸线水深达 10 米,可望疏浚成能通过万吨轮的航道和开发成港口区。原来外高桥共有 11.8 公里岸线,由于排除了"危险区",外高桥地区的开发将很快进入实质阶段。有关部门对航道工程已着手准备,港口、电力部门一些单位已在海滨村(即清康熙三十三年所建的老宝山城)东北的长江口岸边打桩建造码头。

据专家介绍,外高桥岸线利用余地很大,可以建造几十个万吨级码头,由于条件较好,开发后的港区可以停靠第三代集装箱船。

第六篇

第四章　海疆烽堠与边塞烽燧
——实地勘察图录之三

一　古代海疆、湖泊中的烽堠

元明以来，我们中华民族的祖先就已开始利用天文和地文航海。天文航海，就是指在海上观测天体确定船位的技术，又称天文导航。明朝有一部名为《顺风相送》的书中曾说："永乐元年奉差前往西洋等国开诏累次较正针路，牵星图样，海屿、水势、山形，图画一本，山为微簿。"史书记载告诉我们，郑和奉诏出使西洋，使用星辰定向及"牵星"术就属于天文航海。地文航海，就是根据地面物标确定船位和引航。郑和下西洋时，以"针路"导航，以海屿、山形、灯塔等为航行标志，就属于地文航海。作为地文航海的中国古代灯塔，见于史书记载的唯永乐朝宝山烽堠。

宝山烽堠因为是用于航路标志，所以其形制与一般内地及边塞的烽堠也就有所不同。以排列于苏州、无锡一线的太湖烽燧为例，由于它的作用是防敌报警，故构造时就必得考虑实战需要。据《吴郡图经续》记载和烽燧内出土文物证实，这些烽燧大多沿着高40–50米的山烽蜿蜒排列，表面为土筑。外形似圆锥体，平顶，高5–6米，底径约30米，顶径约10米。这些烽燧内部还各有一个石窟。石窟内壁光整，可用以藏兵和武器。太湖烽燧中，又以苏州七子山烽燧墩最为著名。墩的占地面积、大小不一；墩内呈巷道式的石室状，一端垒绝，一端可以出入。两侧用块石叠砌，顶部覆以长条石，再掩土而成。烽燧墩，当地人民又称它为藏军洞，显然是一种军事设施。

也有自然景观形成的灯塔，如位于青浦县沈巷镇西南泖口的泖塔，建在泖河内小洲上。唐宋时此地有泖湖，为江南水乡胜景，泛舟游湖者甚众。唐乾符年间（874—879 年），僧人如海在湖中心筑约二亩台基，建塔于其上，并凿井造亭，名"澄照塔院"。砖木结构，五层方形。当年既是湖中览胜之处，又是晚间行船之灯塔。明代以后，泖湖淤积成田，灯塔之用不复，但仍不失为河上一胜景。

图6-5 唐代僧侣所建的灯塔：泖塔

二 古代边塞烽燧

其次，又以边塞烽燧为例：在祖国遥远的西部地区，沿古丝路一线，至今仍遗存许多用于防敌报警的烽燧，保存较完好的有土垠烽燧、克孜尔尕哈烽燧、沃依塔拉烽燧及木垒烽燧、塔什吐尔烽燧。

土垠烽燧在新疆巴音郭楞蒙古族自治州若羌县东北罗布泊北岸。地当汉代通西域的丝绸之路北道之要冲，为汉代重要烽燧遗址。呈长方形，土筑，上有举烽火用的木杆、苇炬，台旁有守军住室，四周还有不少储粮用的方形井穴。在此曾发现汉黄龙元年（前49年）和元延五年（前8年）的木简，是研究汉代边防建筑的重要遗址。

木垒烽燧在新疆昌吉回族自治州木垒哈萨克自治县境内24公里的大石头乡，是唐代"独山守捉"的遗迹。"守捉"是军事据点的意思，唐代为了确保来往于"丝绸之路"上的使者和商队的安全，沿途设置"守捉"。"独山守捉"地扼巴里坤至哈密一线之重镇，地势十分重要，是当时从巴里坤至木垒途中的必经之地。

第六篇

　　塔什吐尔烽燧在新疆托克逊县城西约 50 公里的阿拉沟口。为汉唐时期在车师国境所建立的烽燧。塔什吐尔是维吾尔语，意思是"石塔"。该塔周 60 米，高约 40 米，用石堆砌而成。这里曾出土残旧文书，记载着这一带的烽燧名称、里数以及守边将士的姓名等。

　　2002 年秋，笔者偕妻赴甘肃、新疆一带，作西域访古之旅。其间，考察了敦煌、吐鲁番一线的边塞烽墩，被它们那挺拔、苍凉的身姿而叹服！

图6-6　在阳关古城附近的一座烽墩前留影

　　又承新疆自治区库车县文化局钟文珠局长函示，库车县有克孜尕拉罕烽燧，俗称烽火台，古人用于报警点烟火用的台墩，位于县城西北 10 公里处，始建于汉代。烽燧东西长 6 米，南北宽 4.5 米，残高 13 米，夯土筑。筑层厚约 15 厘米，上部有木骨层，间距 1 米。烽燧南边中上部因风化已显出凹槽，顶部为土坯垒砌。

图6-7 克孜尔尕罕边塞烽燧

在库车老城以北8公里处。筑于粗砂岩基台地，表层为含沙质黏土。烽堠高约16米，兀立荒丘，十里可望。底面东西长5米，南北宽4米，黏土板筑，夯层厚12.5-15厘米。修筑时围板两接，中间形成接缝，烽台南面迎风，经常年风蚀，表面呈弧形，接缝处凹进，呈现双塔合抱形态，古风浓郁，堪称边塞烽堠中的"双子星"。

三　宝山烽堠形制还原

通过实地勘察可以看出，宝山烽堠与边塞烽燧最大的不同之处就在于：宝山烽堠用于导航标志，里面没有任何军事设施。白天举烟，夜则明火，使进出长江口的海舶时时刻刻能望见它的形影；而边塞烽燧只在有敌情时才燃放烟火。

从形制上说，宝山烽堠要比太湖烽燧及边塞烽燧大10倍以上。据永乐朝大学士杨士奇所撰的《平江侯陈瑄神道碑铭》所载，为了建造这一烽堠，朝廷动用了20万兵士，昼夜不停地挖土垒山，从而使清浦镇海滨呈现出一派热闹非凡的景象。

又，从成祖碑铭及方志记载中可知，宝山烽堠基脚以巨木为桩，上垒土而成，高30余丈（为90多米），东西各广百丈，南北如是，（面积近10万平方米）。刚开始建成时，山顶平旷，四周树木、花草郁郁葱葱，逢四时八节，准许游人到山顶上的龙王庙和观音殿（也叫天妃宫）烧香（见图6-2）。白天，灯手们在烽堠高高的顶端燃起烟雾，夜晚则点亮松明子，海上船舶即便在雾雨天航行，亦能平安地进出长江。因而，当地百姓称它为"宝山"，成祖遂亦以此赐名，"宝山"之名一直沿用至今不改。

第六篇

第五章 宝山烽堠设计者陈瑄
——实地勘察图录之四

一 老宝山城隍庙里有座"神"

1984年夏天，笔者在今高桥乡海滨村老宝山城东城头实地勘察时，发现有一座保存完好的城隍庙。耐人寻味的是，庙内供奉的城隍是人而不是神，这就是督造宝山烽堠的平江伯陈瑄。

陈瑄（1365–1433年），字彦纯，原为建文朝右军都督佥事（官职相当于今军政机关中的师级长官），朱棣率"靖难"之师逼至浦口时，他以舟师迎降，从而帮助燕兵渡江南下。成祖即位后，以陈瑄助其夺国有功，封平江伯，充总兵官，兼督漕运大权。当时，郑和下西洋官兵的配置或调动，均由他总掌。陈瑄见宝山海滨地势低洼，无标识可辨，且又是长江和东海的交汇之处，航道上浅滩多，稍有不慎，郑和舟师便会出事。永乐十年春，他上奏成祖："嘉定濒海地、江流冲会，海舟停泊于此，无高山大陵可依。请于青浦筑土山，方百丈，高三十余丈，立堠表识。"成祖接到奏章，立即下诏建造。

烽堠建成之后，成祖又亲自为之定名，赐曰："宝山"，并亲为文记之（《明史》卷八十六：《河渠四·海运》）。在这篇御制碑文中，成祖发出了"舟师弗戒，瞬息差失。触坚胶浅，遄取颠踬，朕恒虑之！"的喟叹，表达了一个国主对出使西洋将士的关怀。在封建时代，一个皇帝能做到这一点，已是很不容易的了。

陈瑄去世之后，宝山军民感其恩德，乃于老宝山城东口建造了一座高大的城隍庙，将陈瑄当作神明一样供奉起来。"文革"浩劫中，高桥一带的庙祠几乎拆毁殆尽，而唯独这座城隍庙被保存下来，可见厥功尤著。

二 他是明朝的水利部部长

1991年10月，我专程赴江苏高邮、淮阴、洪泽等地，勘访陈瑄事迹，并有幸在高邮市地方志办公室主任王鹤同志的引领下，见到了陈瑄第19世裔孙陈惟栋先生。陈惟栋向我出示了清同治年间续修的《陈氏宗谱》。按《谱》所载，陈瑄祖籍四川，至其祖考始迁至合肥。永乐元年（1403年），陈瑄总督海运，他的领导职务，等于今天的国家水利部部长，一上任，陈瑄就遇上海溢堤圮，自海门至盐城共有130里。他调动了40万兵士挑土筑堤，修造了一座长达1800多丈的防波堤，保住了海门、盐城一线的数十万民众的生命财产。陈瑄一生在仕凡32载，为我国的河运、水利事业作出了巨大的贡献。宣德八年（1433年），他以69岁高龄，带病在淮安一带勘察水利，死在任上。宣宗皇帝听到讣闻，十分哀恸，特地派官员致祭，还停止朝事一日，为陈瑄举行国葬，追封他为平江侯，赐谥号"恭襄"，命工部营葬。

图6-8　陈瑄后裔整理先祖治水事迹
陈瑄后裔陈惟栋在高邮镇政府办公室搜寻和修纂陈氏宗谱。摄于1990年秋。

三　明武宗赐匾"德缵禹功"

陈瑄的墓在南京市与江宁县交界的映龙山，墓地较大；墓前石人石马至今仍存。陈瑄墓前原有祠堂一座，是墓的地面建筑，祠堂匾额为正德十年(1515年)明武宗所赐，额曰"德缵禹功"；赐联曰："肇运金汤数十载，敷土奠川当朝中流资砥柱；开漕利涉千万年，河清海晏今时江汉永朝宗。"祠堂现已改为陈庄小学，其柱础为龙鱼图案，象征陈瑄一生治水、征服蛟龙的功绩。墓前原有碑铭一通，现已移至南京博物馆。碑铭为明代著名大学士杨士奇所撰。杨士奇在《平江侯谥恭襄陈公神道碑铭》中说，陈瑄生前与他同朝30余年，相交甚笃。陈瑄死后，其子陈仪跑到杨的处所，请杨为他父亲写一篇神道碑铭，于是杨士奇一气呵成了洋洋3000字的碑文，作为对故友的悼念。

第六篇

图6-9　陈瑄墓葬图

按《陈氏宗谱》记载,其谱系自陈瑄的父亲陈友闻起,凡录"瑄、佐、豫、锐、熊、尧、王、应、启、治、尔、国、宏、朝、永、贞、大、业、惟、修、德、荣、宗、必、读、书",计26世。谱系所示辈分与《明史》卷一百六《功臣世表》所记完全相符。

其时于高邮镇政府供职的陈惟栋先生告诉我,其先祖陈瑄一生治水,客死于淮安。当地人民为了纪念他,遂于清江浦畔建造了一座陈公祠,关于这座祠庙,《明史》上也有记载。淮阴市政府副秘书长周默还专门派车带我参观陈公祠遗迹。祠庙坐落在淮阴市光华化学厂内,倚傍清江浦。

据县志记载,陈公祠始建于明宣德八年(1433年),也就是陈瑄去世的那一年,成化十年(1474年)重建。现存正屋5间,左右厢房各3间,前门屋3间,建筑面积共474.5平方米。在前屋内壁镶嵌石碑两块,其中一块为宣德八年宣宗和正统六年(1441年)英宗遣官谕祭共勒之石,碑高2.6米,宽1.15米;另一块是明弘治七年(1494年)孝宗遣官谕祭之石,碑高2米,宽1米。据方志所载,

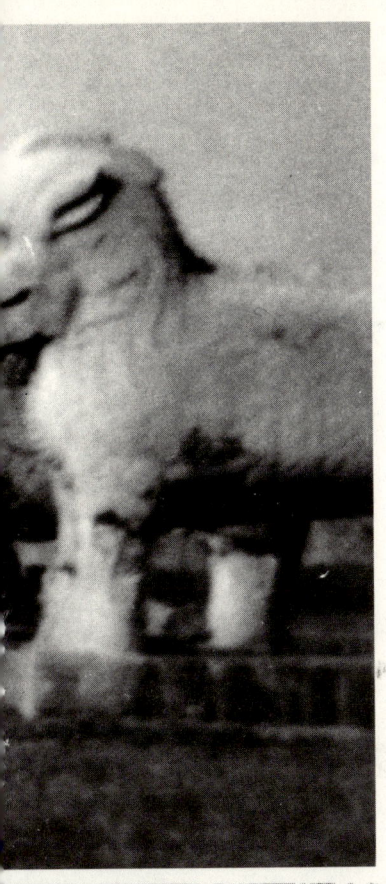

祠内还有恭襄侯基图记碑等数块，皆已无存。

陈惟栋还告诉我，陈瑄卒后，其后裔世袭平江伯，传至明亡，爵除。明万历中（1596年），陈瑄第七世孙陈王谟由京师出镇淮安，总督漕运，入掌前军府事。陈王谟老年以先祖陈瑄克尽厥职，病死在高邮，遂率子孙世居高邮。现在高邮城东8公里的陈总兵庄，即陈瑄后裔聚居地。陈总兵，就是陈总兵官，是明王朝赐于陈瑄及其后裔的爵号。

图6-10 明武宗御赐匾额"德缵禹功"。陈瑄后裔在宗祠前留影

283

第六篇

第六章 宝山烽堠系郑和舟师的遗物

一 明人王世贞的"一家之言"

明人王世贞曾撰《宝山堡记》，述及宝山烽堠系郑和下西洋船队航行的导标，说当时中贵人（太监）郑和率领船队出使西洋，凡进出长江口，也都以这座烽堠为标识。

王世贞生于明嘉靖五年(1526年)，其时距永乐朝仅100年，因此他所撰的《宝山堡记》，对当时的历史记录有一定的可信性，可惜，这仅是他初步的推论，未作任何考证，也未能引起后人重视。

让我们再仔细读一下《永乐宝山烽堠御碑》碑文，文中说，"帆樯迅疾，倏忽千里；舟师勿戒，瞬息差矣。触坚胶浅，遄取颠踬，朕恒虑之"。又说，"今年（指永乐十年——作者注）春乃命海运将士相地之宜筑土山焉，以为往来之望。"这"舟师"，即郑和庞大的船队；这"海运将士"，即郑和下西洋的官兵。按刘家港天妃宫《通番事迹碑》、福建长乐《天妃之神灵应记碑》，以及费信《星槎胜览》等碑文、史料佐证，郑和下西洋船队均称为"舟师"。郑和等人于宣德六年(1431年)辛亥所撰的《娄东刘家港天妃宫石刻通番事迹碑》的碑文中，有"神灯烛于帆樯，灵光一临，则变险为夷，舟师怡然，成保无虞，此神功之大概也"之句，再对照成祖御制宝山烽堠碑碑铭，"是盖有神明以相之故，其兆先见"，两者似同出一语！另外，陈瑄总掌漕运，并握有郑和下西洋官兵的配置和调动的大权。此事可从《明实录》记载中看出：《宣宗实录》卷十记述这么一件事：

洪熙元年（1425年）十月庚寅，当时的工部尚书吴中向仁宗皇帝题奏：营造献陵（即仁宗朱高炽的陵寝），需要从南方调动大批人力、物力，先用下西洋官兵1万人，均为江南属卫。为便于舟楫之行，平江伯陈瑄改从山东、河南诸属卫中抽调了 15000 人，以便第二年冬赴献陵用工，这样可两全其美，互不相扰。仁宗下诏同意了这一方案。

二 郑和航海图中的宝山

可以确证宝山烽堠是郑和舟师遗物的另一论据是《郑和航海图》。《郑和航海图》原名《自宝船厂开船从龙江关出水直抵外国诸番图》，载茅元仪辑《武备志》中。图中分别绘明了航线所经各地的方位、航道的远近以及航行的方向。图中列举自太仓至忽鲁谟斯针路，在往返航程图中，均标有吴淞江、宝山一线。明茅元仪《武备志》卷二百四十亦有记：

（启程）太仓港口开船，用丹乙针，一更，船平吴淞口。

（返程）用辛酉针，三更，船取南汇嘴收洪，平宝山。

平者，即船身正横与某地（岛）相平。

徐玉虎先生《郑和时代航海术语与名词之诠释》亦云，"'平'或与'并'通，即傍也。平与傍皆系双声之转声也。所谓'船平吴淞江'，'船平招宝山'，意谓船傍吴淞江，或船傍招宝山航行也"，与笔者说的是一个意思。"丹乙针"指的是海船在大洋中航行之时，其所取方向，系采针位图（根据罗盘针方向位所定的图）中之单一针之航向。"更"者，我国古代计时之法，合每昼夜共十更。按，海船航速，以"更"为计算单位，然其一更的里路，诸家说法不一。目前史学界流行的说法是远航标准为每更 60 里，近航之标准为每更 40 里。若遇逆风，逆流与退潮，里数则再递减。[1]

据史家考证，《郑和航海图》的编纂年代当在郑和第六次下西洋后，其下限定在宣德五年 (1430 年) 最末一次下西洋前。这就准确无误地告诉我们，宝山烽堠在明代初期就已被郑和收入他的航海图中。（图 6-11）

[1] 徐玉虎：《郑和时代航海术语与名词之诠译》，载《明代郑和航海图之研究》一书，台湾学生书店印行1976年版。

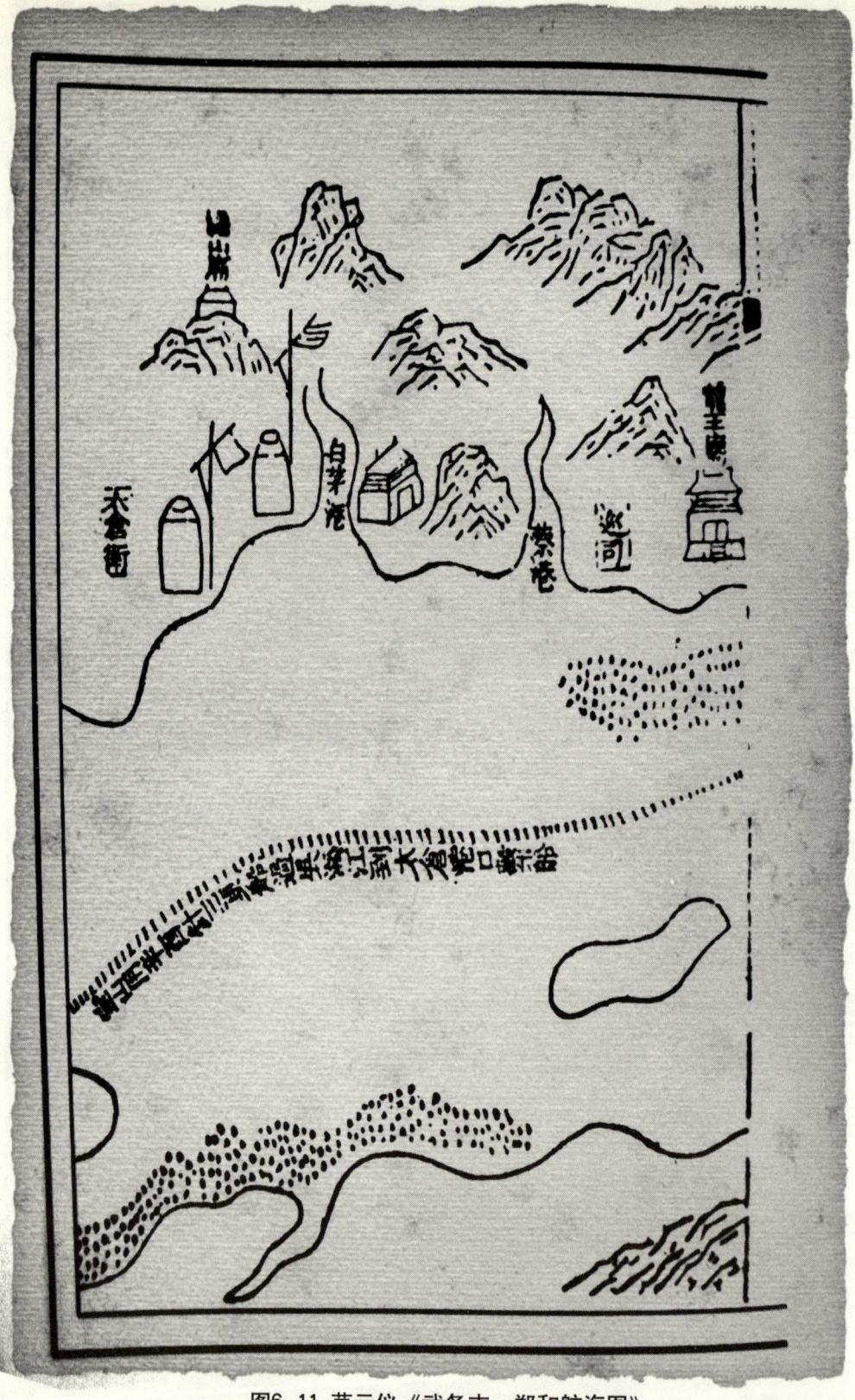

图6-11 茅元仪《武备志·郑和航海图》
图中航道标有"宝山用辛酉针，三更到太仓港口系船"字样。

第七章　宝山管辖"天下第一都会"
——实地勘察图录之五

一　高樯大桅集如森林

宝山烽堠落成之后，它在海运方面发挥了巨大的作用，尤其是郑和舟师每次出使西洋必经此地宝山，从而使其名越传越广。正如成祖所说的，"永令汛济无忧烦，'宝山'之名万古存"。唯因如此，宝山所成为一个繁华的海滨集镇，而它的辖地也随之扩大。宣德年间，明廷决定将烽堠以北70里的刘家港归属嘉定府宝山所管辖。

刘家港是距明初的京师最近的海港，这一优越的政治地理位置使它受到朝廷的重视。据《太仓旧志》记载，刘家港在元朝时便成为海运漕粮的基地，"诸番因得于此交通市易"，日本、高丽等国的船只咸集，刘家港因此被称为"天下第一都会"，有"六国码头"之称。特别是宝山烽堠建成之后，各国贡物较前益加丰厚，贡船舟师俱泊浏河口天妃宫前。宣德元年（1426年），郑和等勒文于石，立于刘家港天妃行宫之壁，外国贡使络绎而来，而番商洋贾慕浏河口之名，帆樯林立，于是议设市舶提举司于太仓，专管通商收税之事。

刘家港有繁荣的集市，这是作为郑和下西洋大型船队的大本营必不可少的条件。刘家港的港市上为太仓州城，下为浏河老镇。以浏河老镇为例，当时栈房商行众多，其中有专门接待各国商人的营房栈，有楼房七进、富冠一镇的项共泰豆行是内河客商汇集最盛之行。镇中为大集市，有绸缎铺、当铺、钱庄等。一切买卖无不悉备。新浮桥以西的大街专营杂货、小货等零星物件。《新浏河志》附集中曾这样描绘浏河老镇："渔盐之利，闽越之货，为一郡饶，神宫金碧照耀，最为壮丽。"当时的刘家港的码头设施一般都建在北岸，码头泊位众多，粮船商舶，高樯大桅，集如森林。

浏河老镇的主要码头在天妃宫以东至浏河入海口一段。靠近天妃宫的是南货码头，专门装卸苏州郡城水运来镇的货物。南货码头的近邻是船埠头，各路小船聚集在此装卸。再往东是看仓码头，以停靠南方海船为主。在此附近有一条小台湾街，汇聚着闽广沙船。看仓码头的东首，有一摆渡口，系浏河镇至崇明航线的渡船及官船停泊之处。再往东，就是五杨池，有大杨树五株，可供海船带缆。

图6-12　六国码头边的古街遗韵

二　天妃宫：郑和下西洋总指挥部

浏河镇以"六国码头"之称，在明永乐、宣德两朝度过了它最繁盛的历史时期。这里值得一提的是浏河天妃宫。

图6-13　郑和下西洋总指挥部天妃宫
天妃宫在太仓浏河镇。

天妃宫位于浏河镇北濬漕口，是当年郑和率海运将士朝拜进香的地方，实际上也是郑和下西洋操办实事的总指挥部。此庙现存后殿大楼一幢，开阔约20米，进深15米，五架梁、前后轩、前带廊，楠木梁柱，气势轩昂，殿楼的枋子和门楣上雕有精细逼真的海浪托日和巨龙戏水的图案。天妃宫东南隅建有碑廊，廊内贮有历代有关天妃宫史迹的碑刻十三通。据费信《星槎胜览》载，记有郑和七次下西洋往返年月和抵达国家的《通番事迹碑》石刻曾嵌于天妃宫大殿壁内，可惜因光绪年间大殿焚圮，这一名碑也从此湮失，1984年修建天妃宫时重刻了此碑。

　　纵览上述史料，我们可从中看出，六国码头刘家港，这一个郑和船队聚居的大本营，竟然归属于一个宝山所来管辖（这种归属关系一直持续到清代），足见宝山烽堠在郑和下西洋时期所显示出来的重要性。

图6-14　天妃宫内的郑和塑像

第六篇

第八章 从宝山千户所到浚浦局
——实地勘察图录之六

笔者在本篇第三章述及，自永乐十年（1412年）宝山烽堠筑成之后，烽堠之麓的兵营江东寨改名宝山所（编制为千户所——作者注），宝山之名由此始。

岁月沧桑巨变，传衍今日，这个"宝山"已经成为上海北部地区的一个有着123万人口、区域总面积达415平方公里的大区！

图6—15 西方列强延揽疏浚工程
宝山烽堠坍陷入海后，外高桥水域逐渐淤塞。这是浚浦局挖泥船在施工。载清光绪年间浚浦局档案。

明成祖时代，建造宝山烽堠的初衷，除了给郑和下西洋舟师指航，还为更多的海船大舶引航。到了万历年间，虽然烽堠坍陷到海中，堵塞了一部分航道，但是在航行业还很落后的古代，船舶吃水浅，若是借着涨潮的水位，即使是百吨的沙船也能从容地在长江口一带自由进出。所以，那时人们还不是十分重视长江口及黄浦江航道的疏浚工作。明代至清初，宝山烽堠所在地的高桥沿海均设墩讯，有宝山所、黄家湾、周家浜里外墩等。这些墩讯，均筑于地势较高的地方，它们实际上是起监视作用，及时给过路航舶发出大风或搁浅的海警信。

清道光二十年五月（1840年6

月),《南京条约》把上海辟为通商口岸。上海开埠之后,外国商船吨位不断提高,而长江口、黄浦江浅滩众多,于是西方列强普遍关注这一带航道的疏浚治理。

此事一直拖延至光绪三十一年(1905年)。是年九月初六日,光绪帝在南洋大臣的奏折上朱批"知道了"三个字,同意设立浚浦工程总局,此即今天的交通部上海航道局前身。

光绪年设立的浚浦局,其一切事务由江海关道(即上海海关)税务司管辖,因此,浚浦局的主管权不言而喻被西方技术人员所操纵。那时,无论是长江口外、吴淞口航道的挖泥船船长和老轨(即轮机长的俗称),还是东海沿海岛屿大小灯塔上的主管,使用的多为洋人。

2005年12月26日,适值上海航道建局一百周年纪念,笔者从一百年前浚浦局档案里,翻拣出珍贵的图片数帧,刊载于此,以飨读者。

图6-16 在"恐怖水域"参与疏浚施工的洋水手
载清光绪年间浚浦局档案;地点:外高桥宝山烽堠坍陷处。

第六篇

第九章　今日中国沿海灯塔
——实地勘察图录之七

世事沧桑。经过了五百多年的悠悠岁月，宝山烽堠——这座曾在明代海运中发挥过重大作用的灯塔，渐被历史的尘烟所湮没。

同治八年（1869年），清政府在海关总税务司赫德的倡议下，首先在大戢山岛建造起第一座灯塔。

大戢山灯塔又名葛兹拉夫灯塔。据《中国沿海灯塔志》（以下简称《灯塔志》）记载，同治初叶，除在这里设置大戢山灯塔之外，还在大戢山岛之东设置花鸟山灯塔，南面设置佘山灯塔，并称长江口"三大卫士"。

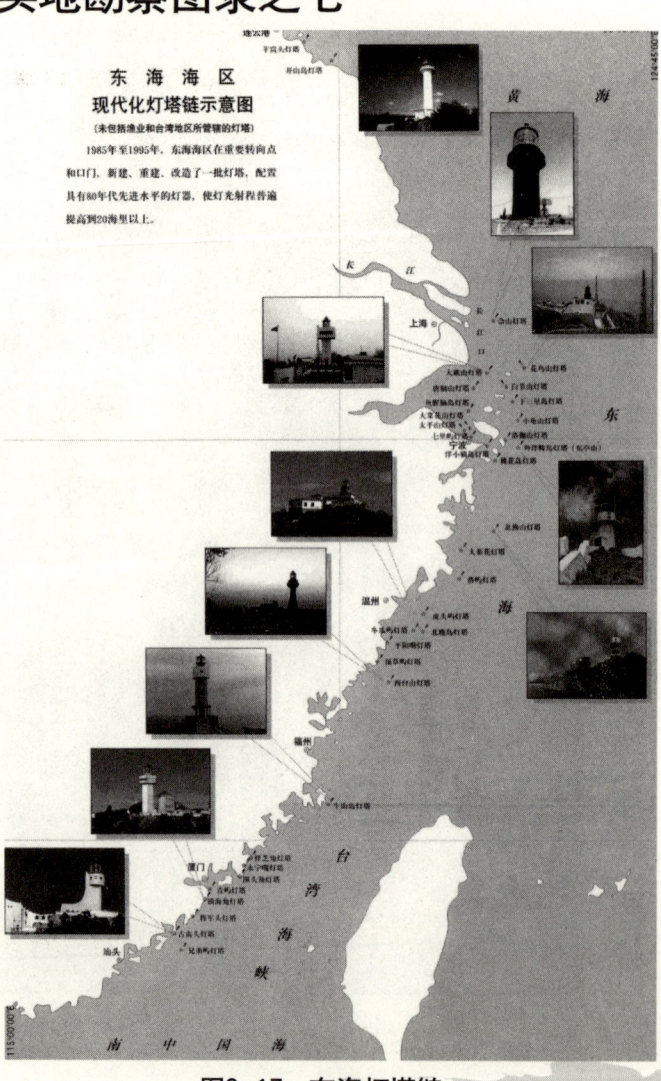

东海海区现代化灯塔链示意图
（未包括渔业和台湾地区所管辖的灯塔）

1985年至1995年，东海海区在重要转向点和口门，新建、重建、改造了一批灯塔，配置具有80年代先进水平的灯器，使灯光射程普遍提高到20海里以上。

图6-17　东海灯塔链

这"三大卫士"规模最大者，首推花鸟山灯塔。为使读者能直接了解其历史状况，谨将《灯塔志》"花鸟山灯塔"述引如次：

花鸟山灯塔，为卫护扬子江口三大灯塔之一，距大戢山东偏北约26海里，对于取道近海航海线经由舟山群岛而南驶之船只，是无直接功用，然其指导由上海直达日本以及经过太平洋之远海航路，厥功则伟。该灯塔适居航路分野交叉之地，北往船只因得恃以测定航行正路，以避鸡骨礁之险。该塔建于同治九年，亦为海关海务科筹备灯塔计划中首先所筑之一也。该塔灯设置之初，即具特殊优点，原为旋转镜机，每一分钟旋转一周，且用四芯灯头，燃以植物油，烛力三万八千支。迨光绪二十五年，改置十二加伦压油灯，并配以六芯灯头，烛力增为四万一千支。自民国五年，复改置头等镜机，旋转于水银浮槽之上，并装置煤汽灯头，配以五十五公厘白炽纱罩，每十五秒闪光一次，烛力增至五十万支。民国十二年，花鸟山始增置头等雾笛一只，该雾笛直径8叶，系以12马力引擎三架压缩空气以策动之。民国十八年，该站又复置无线电桩，以作试验，功效特殊。该塔为圆柱体，上段饰以黑色，下段白色。花鸟山灯塔实开标识之先河。

由史料可知，这座"实开标识之先河"的花鸟山灯塔，其发光装置一开始仍以原始的方法，用植物油点燃照明，而光束的强弱以"烛力"为单位，这一"烛力"，也就是一支蜡烛的光度，由此可想而知，其灯束射程是多么有限。即便如此，它也比五百多年前的宝山烽堠又大大前进了一步。

图6-18 北麂山灯塔
射程25海里。位置：北纬27度37分，东经121度12分。

图6-19 黄礁灯椿
在台湾海峡厦门海域。为红光。

图6-20 老铁山灯塔
射程25海里。位置：北纬38度43分，东经121度7分。设有无线电指向标。

图6-21 南山头灯塔
射程20海里。位置：北纬39度54分，东经119度36分。设有无线电指向标。

图6-22 闻名于世的东望洋灯塔

295

第六篇

1950年，花鸟山灯塔险遭一次灭顶之灾。当时，国民党"忠义救国军"张六（浦东人）和王八妹（平湖人）部队来到岛上，企图炸毁灯塔。灯塔看守人员甘孝谷苦苦哀求说，如果灯塔被炸毁，不但他个人要遭失业痛苦，更要紧的是昼夜来往于这条航路的行船会被浪涛吞没，遭触礁的危险。甘孝谷的话打动了在场的士兵，他们谁也不肯动手炸灯塔，张六和王八妹无奈，只得自己动手，拆掉乙炔灯喷火嘴，放去旋转台水银缸里的水银后，退出花鸟山岛。

历史又翻过了一页。今天的花鸟山灯塔又变得怎样了呢？一个冬天的岁末，我随镇海航标区补给艇前往岛上访游。

花鸟山灯塔为黑白两色相间的圆塔，远远望去，标志十分醒目。灯塔总高为89米，标身16.5米，闪白15秒，射程达24海里。岛上装有雾笛及无线电指向站。雾笛每60秒鸣响5次，听程3.8海里，即使在雾雨天，船舶只要借助雾笛声响，便能确定船位方向。花鸟山灯塔现已被舟山市定为重点文物保护单位。我翻开灯塔日志，上面记叙甚为详细，摘录一章，读者可从中一览其全貌：

交通状况：盘山小道，宽约0.5米，夏季路被草遮，雨水和露水湿裤。

登陆状况：西南一小码头，古塔下。南有陆军大码头，离塔约10里，步行约45分钟。

交通往返：①从上海至泗礁，再从泗礁乘班船（隔日一班）至花鸟岛。②从定海至泗礁，继由泗礁乘班船。因系水路，故受天气影响。

补给状况：由镇海航标区每月补给一次，主要是物资器材，主副食品自行就地解决。

花鸟山灯塔四周，牛山濯山，草木绝少。小码头西坡之上，辟有菜圃，灯塔人员闲暇时种些蔬菜瓜果，自给自足，过着一种陶渊明式的隐居生活。岛内有好几处村落，村人多以捕鱼为生。《花鸟岛灯塔志》记云，"每值夏日，土人或来捕鱼，致灯塔附近所建茅屋鳞次栉比，殆备为临时休憩及曝晒鱿鱼之用者。渔夫以竹篮五六，贯穿成组，前者最小，依次增大，牵以绳索，以资捕获"。这种牧歌式野趣也真令大城市的人向往不已。

新中国成立前，花鸟山灯塔在洋人控制之下。灯塔主任叫"头脑"，由洋人担任；灯塔工人叫"灯夫"，全是中国人。那时的灯塔等级森严，头脑住在灯塔的上房，门口养着一条大狼狗，灯夫是不能轻易走进上房的，否则就得挨揍。今天，灯塔主任都是从有经验的灯塔工人中提拔。塔上配备8名看守人员，每人一年可下岛休假两个月。

在岛上，对灯塔工人来说，最珍贵的莫过家书一封。与他们的交谈中，我问道：目前灯塔上最困难的是什么？"找对象。"众人异口同声地回答。我到过长江入海口的几座灯塔，几乎都碰到小伙子找对象难的问题。为此，航标区工会副主

图6-23　白节山灯塔
作者青年时代曾在此生活过一段时光。

第六篇

席老陆认真地说:"以后我们不能只在生产上搞立功授奖,谁能帮助三个灯塔工介绍成功对象,我们就给红娘请功。"

在长江入海口的灯塔中,像花鸟山这样规模较大的灯塔。灯塔工的生活还不算太孤寂,灯塔上配有彩电和四喇叭录音机。特别是改革开放以来,岛上渔村兴建了不少文化设施,每逢周末,那些青年灯塔工便雀跃着奔下塔来,到舞厅去享受他们青春的欢乐。

然而,也有一些孤岛,由于面积小,没有居民,灯塔工人的一切生活来源全靠岛外补给。如长江口外的白节岛灯塔,面积只有一个篮球场大,人称"喝碗稀粥兜一圈"。可是,就在这种艰苦的环境里,七位灯塔工人团结一致,克服了种种困难,战胜了酷暑严寒、台风海啸,年复一年地保证灯塔按时发光,为国内外船舶安全航行作出了贡献。特别是灯塔主任叶中央一家四世同行,祖父、父亲、自己和儿子都从事航标工作,坚守灯塔岗位,这种献身精神实在值得钦佩。1986年,白节灯塔在上海市班组成果发布会上获得二等奖,灯塔主任叶中央也多次被评为区、处、局级先进个人。1987年4月7日,当时的交通部部长钱永昌写信给白节山灯塔全体职工,赞扬灯塔工人身居孤岛、默默奉献的高尚品质和献身精神。

【附录一】

明·杨士奇《平江侯谥恭襄陈公神道碑铭》

太宗皇帝初自北藩举兵,内向至江上,都督陈公瑄具舟迎济。事平,上正大统,录功赐公奉天翊卫推诚宣力武臣,特进荣禄大夫柱国,封平江伯,赐诰券。陈氏,家合肥,其先世具余所著其先公墓碑。公字彦纯,自少颖敏不凡,好善恶恶,内笃孝行。洪武中,侍父官成都习兵,略精骑射。以武臣子选侍大将,尝从出郊,遥望孤雁,命众从者射,不中,最后命公发一矢,毙之。有鸥翔于上,命公射,应弦而坠,自是屡试皆奇中。众大服,而公不自为能。朝廷命总兵者作蜀府宫城,遣将伐材于山,所引失律,且材不中度。又所经瘴地,士多死。总戎察公可用,遂命之。公善抚绥,明号令,别取善道七百里以入,先期而还,士不病,所得材皆适用。总戎者嘉之,又命董缮作,具有条理,遂从征南番岩州、中亭及散毛镇南,咸建劳绩。代父职,为成都右卫指挥同知。父坐旧累谪戍辽阳,公伏阙奏请代行。特诏父子并免复职。卫卒数辈,号波狙诈,狭制上下为众患,公次第悉去之善类,以安从征越口。讨建昌酋长伊埒特穆尔;逾梁山,平星寨,破宁番诸蛮;驻西河口,谕降夷人数千。从总帅复征盐井,平三山寨及小伯夷进攻。卜木瓦寨据要害,立堡以断贼路。官军分三队进,公居中,已而左右两队弗支奔还。公所统仅百余人,冒险先登。贼数千围公,公下马率众且射且战。贼疲,稍却。公亦伤足,裹创进战。自己至酉贼败走,公全所统而还。复从征余寇贾哈喇。时寇众数万,据险以拒。官军分三道,公军后进,由番西涉打中河,得间道,乃出奇兵,作浮梁渡河。既渡,撤梁以固士志。遂压寇境,寇凭险迎敌,一日十三战,夺其险,明日复力战,凡七合,寇大败,遂入其垒间,锐卒出哨令,望见前军旌旗,即举炮,俾知已败寇,乃遣五百军断寇走路。寇穷出降,械贾哈喇京师,抚辑其余众。公及麾下皆被赏赐。从蜀献王巡边,招抚边夷,兼理茶马之政,边人悦。

299

戴灌口、都江堰坏，民苦水患，公修其堤防，躬督工，作为坚久计。矜恤无告，出资置义田二百亩，于成都积所入租。凡贫不能衣食、不能婚嫁及死不能殓葬者皆给之。会云南兵征百夷，以功升四川行都司都指挥同知，遂进右军都督府都督佥事。太宗皇帝知公才可任，时北京军储不克，命公岁董运百万石，道海给之。公措置井井，并建百万仓于直沽尹纪湾城。天津卫籍兵万人戍守，公善任，使均劳逸，秋毫无取，于下凡漕徒奸弊扫除一清。漕舟所经海岛，夷人畏惮官军，悉闭匿。公下令俾出为市而遣官监临。平其直，军无敢哗人，两便之。舟还，值倭寇劫沙门岛，公率众追至朝鲜境上，焚寇舟殆尽，寇以杀、溺死者甚众。奉命率舟师于闽海备倭寇者。三海溢，坍没堤岸；扬之海门历通口北，至盐城凡八百里，奉命以四十万卒修之。航海至者，茫洋莫知所停泊，往往胶浅。公于太仓相可泊处，以二十万卒，筑高丘二十丈，延亘十里，为表识。众便之，称宝山。事闻，上亲制文树碑焉。既建北京，罢海漕，浚济宁、临清河通南北，往来仍属公。董饷运，公建议造浅舟二千艘，初岁运二百万石，为之有方，后增至五百万石，国用以足。若疏清江浦，引水由管家湖入鸭陈口达淮，以免淮河风涛之患，就管家湖筑堤亘十里，以便引舟。浚仪真、瓜洲二坝潮港之没；凿吕梁、徐州二洪巨石，以平水势。筑沛县刁阳湖、济宁南望湖长堤。开泰州白塔河通大江，筑高邮湖堤，堤内凿渠亘四十里以通舟，南北造梁以便陆行。自淮至临清相水势高下，建闸四十有七，以时启闭，皆舟楫通行永远之利。于淮滨作常盈仓五十区，以贮江南输税。于徐州、临清、通州皆建仓，以便转输。虑漕舟昧河深浅，自淮底通州滨河置舍五百六十八所舍，置卒俾导舟可行处。缘河堤凿井树木，以便夏日行者。凡于事，虑之周而行之果。仁宗皇帝初临御，下诏求言。公首言七事大：既谓南京国之根本，宜为久远巩固之计，选将益兵以严守备，长民长兵皆宜。择贤能然后政举，而下不失所贤能。推举在核实，乞选朝臣之公正者分巡天下。考察百司、政事得失，进廉能黜贪酷，则官得人心而治可兴。今府州县学教官多不得人心，乞令风宪考察，罢黜别选。今中外军伍多缺，盖由所管头目私役扰害不胜，致俱逃逸，乞敕都府兵部都司严切禁约，就行清理老疾者，令户丁代逃逸者责限追捕，户绝者验实除豁。

伍籍又边防之要，在兵食足。近岁如开平等处城不足兵，兵不足食，所守何由完固？乞选武臣之有方略者，授以精兵，足其衣食，给之坚利器械，俾日教习。如有沃壤，令兼务耕守。今漕运唯江西、湖广、浙江及苏松诸郡，去北京甚远，漕河又有洪闸浅冻之阻，往复逾年，集费数倍，正粮上通公租，下妨农务。乞自今令运于近便淮安、徐州等处收贮，别令官军运至北京，则民力可苏，农务不妨。各处官军每岁漕运毕财力殚乏，到家又修理坏船，运来岁粮劳勤可怜。其所管头目又加别役以重困之。乞行禁约，今后漕运军士不得再有别役，马船、快船唯二三百艘者可行于漕河，所载不过五六十石，每船已有额设水夫，今又于缘河拘集军民听候，日久衣食艰难有至行乞者。乞自今罢之。上览奏嘉叹，命有司咸即施行，赐敕奖谕，有老成忠爱之诚也，褒加之，重赏赐诰，追封其曾祖皆平江伯，命子孙世袭。宣宗皇帝临御，命公镇守淮安，兼督漕运。公至，察宿弊之，为民厉者悉革之。豪猾奸宄皆敛避。境内以宁，时已罹疾，而躬勤旦夕，莫靡有滞事。疾间入朝，深被嘉劳，赐宴赏还。至淮安无几，疾复作。上闻，特敕劳问。时子仪在侍卫，令挟医驰驿往侍，竟薨，宣德癸丑十月十一日也，春秋六十有九。讣闻，上悼叹，辍朝一日，追封平江侯，谥恭襄，赐祭，命工部营葬。公为人豪爽英毅，弘度伟略，伦辈推服。公余披阅载籍，考知往古成败治乱之故。喜近逢掖士，时相讲议；善交际，能推利为义所至。以济人为心，多所建置，人用德之不忘。家有乐善堂，恒举邹孟氏"仁义忠信"、"乐善不倦"之语，以勉子孙。配某氏，封夫人。子男五。佐袭平江伯，后公数岁卒。次俨，次仪，今为勋卫，好文事，精武略。次伦，次侃。女三。李芳，江阴卫指挥同知张英其婿也。一未行。孙男三，裕，今袭干江伯；佑，倮。女七。公葬，以薨以明年五月。墓在江宁县大山之原。余与公同朝三十余年，相知且好，于是仪以状，求著神道之碑。故按状叙而铭之。铭曰：

翳公挺出何桓桓，武兼勇智追前闻。
材艺夙试卓寡伦，峨冠三品承考勋。
蛮溪獠洞狻猊群，负险弗犹狞且峻。
公奋扫刮迅拔尘，涤荡腥秽宁边民。

第六篇 附录

宝山峰溪留迷文

有口誉望齐峨岷，口徽来东卫宸垣。
遭承兴运效骏奔，录劳疏封昭鸿恩。
貂蝉口玉衣绣麟，报赐志企古尽臣。
单心毕虑靡夕昕，沧溟范洋渺涯垠。
岁漕万艘奄然臻，有梗于海威赫震。
斩鲸戳鳄焚甲鳞，崇表海岸亘长云。
云章龙彩天垂文，南赋北贡艰以辛。
逾淮历济抵天津，疏堙凿坚劬且勤。
坦行如砥咸者忻，猗嗟公笃孝与仁。
厥旋诸时绩弗泯，爱国亦有嘉谟陈。
功戴册府被后昆，大江之阳归有坟。

302

【附录二】

明·郑和
《娄东刘家港天妃宫石刻通番事迹碑铭》

敕封护国庇民妙灵昭应弘仁普济天妃之神,威灵布于巨海,功德著于太常尚矣。和等自永乐初,奉使诸番,今经七次,每统领官兵数万人,海船百余艘,自太仓开洋,由占城国、暹罗国、爪哇国、柯枝国、古里国,抵于西域忽鲁谟斯等三十余国,涉沧溟十万余里。观夫鲸波接天,浩浩无涯,或烟雾之溟蒙,或风浪之崔嵬。海洋之状,变态无时,而我之云帆高张,昼夜星驰,非仗神功,曷克康济?直有险阻,一称神号,感应如响,即有神灯烛于帆樯,灵光一临,则变险为夷,舟师恬然,咸保无虞,此神功之大概也。及临外邦,变蛮王之梗化不恭者,生擒之,其寇兵之肆暴掠者,殄灭之。海道由是而清宁,番人赖之以安业,皆神之助也。

神之功绩,昔尝奏诸于朝廷,宫于南京龙江之上,永传祀事。钦承御制记文,以彰灵贶,褒美至矣。然神之灵,无往不在。若刘家港行宫,创造有年,每至于斯,即为葺理。宣德五年冬,复奉使诸番国,舣舟祠下,官军人等,瞻礼勤诚,祀享络绎,神之殿堂,益加修饰,弘胜旧观。复重建姐山小姐之神祠于宫之后,殿堂神像,粲然一新。官校军民咸趋乐事,自有不容已者,非神之功德感于人心而致乎?是用勒文于石,并记诸番往回之岁月,昭示永久焉。

永乐三年,统领舟师往古里等国,时海寇陈祖义等,聚众于三佛齐国,抄掠番商,生擒厥魁,至五年回还。

永乐五年,统领舟师,往爪哇、古里、柯枝、暹罗等国,其国王各以方物珍禽异兽贡献,至七年回还。

永乐七年,统领舟师,往前各国,道经锡兰山,其王亚烈苦奈儿,负固不恭,谋害舟师,赖神灵显应知觉,遂擒其王,至九年归献。

寻蒙恩宥，俾复归国。

永乐十二年，统领舟师，往忽鲁谟斯等国，其苏门答剌国，伪王苏干剌，寇侵本国，其王遣使赴阙，陈诉请救，就统领官兵剿捕，神功默助，遂生擒伪王，至十三年归献。是年麻剌郎国王，亲率妻子朝贡。

永乐十五年，统领舟师往西域，其忽鲁谟斯国进狮子、金钱豹、西马。阿丹国进麒麟，番名祖剌法，并长角马哈兽。木骨都束国进花福鹿，并狮子。卜剌哇国进千里骆驼，并驼鸡。爪哇国、古里国进縻里羔兽。各进方物，皆古所未闻者。又遣王男、王弟捧金叶表文朝贡。

永乐十九年，统领舟师，遣忽鲁谟斯等各国使臣，久侍京师者，悉还本国。其各国王，贡献方物，视前益加。

宣德五年，仍往诸番国开诏，舟师泊于祠下，思昔数次皆仗神明护助之功，于是勒文于石。

宣德六年，岁次辛亥，正使太监郑和、王景弘，副使太监朱良、周满、洪保、杨真，左少监张达等立。